玉泉河的美人鱼

王继霞／著

三辰影库音像出版社

责任编辑：朱江

图书在版编目（C I P）数据

玉泉河的美人鱼 / 王继霞著. -- 北京 : 三辰影库
电子音像出版社, 2017.9
ISBN 978-7-83000-277-0

Ⅰ. ①玉… Ⅱ. ①王… Ⅲ. ①中篇小说－小说集－中
国－当代②短篇小说－小说集－中国－当代 Ⅳ. ① I247.7

中国版本图书馆 CIP 数据核字 (2017) 第 196658 号

书　　名	玉泉河的美人鱼
作　　者	王继霞
出 版 人	王六一
出版发行	三辰影库音像出版社
社　　址	北京市朝阳区北苑路媒体村天畅园 4 号 1306 室
网　　址	http://www.sunchime.cn
印　　制	北京毅峰迅捷印刷有限公司
开　　本	880 毫米 ×1230 毫米　1/32
印　　张	8
字　　数	176 千字
版　　次	2018 年 1 月第 1 版
印　　次	2018 年 1 月第 1 次印刷
书　　号	ISBN 978-7-83000-277-0
定　　价	36.80 元

谨以此书献给我的母亲孙文秀

目录

Contents

夜奔

一

母亲来电话说，儿子，你爸还剩下最后一口气，就想看你最后一眼，你快回来吧。母亲用哀求的语气保证：这一次是真的。

高逸江挂掉电话，三步并做两步往楼下冲，到了外面，蓦然回首，隐约看见熟悉的窗口映出一个孤单的身影。他知道那是米兰，他也知道即使在家里米兰也会戴着硕大的口罩。没有人能看到这个女人的脸，当然也没有人有兴趣看。可是在这个世界上，只有这个女人会目送他出门，她的一只眼睛已经失明了，所谓目送因此打了折扣；也只有这个女人会守着一星灯光等他回家。

天气糟糕透顶，狂风大作，黑云蘸了水，大巴掌似的从天上摁下来。

逸江开着他的二手吉普车，如箭离弦般地往老家跑。雨下起来了，顷刻间暴雨如注，天地间漆黑一团。本来担心这样的天气高速公路会关闭，但为车进出的关卡敞开着，收费站的姑娘表情冰冷而僵硬。上了高速公路后，他发现，这个夜晚，这个世界上仿佛只有他一个人在赶路。前方、后方都难得见到车辆，阴森漆黑的高速公路上只有他的车发出一点微不足道的亮光和声响。雨刷器的摆速无法满足驱雨的需要，车子仿佛是在大海里航行。

爸，你要等着我，等我。逸江的眼眶湿润了。泪眼朦胧中，他看到父亲佝偻着身体一瘸一拐向他走来，其实父亲的腿不瘸，但常年超期超量的劳动负荷使他腿部关节严重受损，走起路来一瘸一拐的。

高逸江是家里的老三，却是目前唯一的儿子。他姐姐十八岁时出嫁，姐夫婚后好吃懒做，是九道沟村著名的“二流子”。姐姐没出阁时眉目清秀，没笑也像是笑，透着喜兴，婚后渐渐变得愁眉苦脸，即使没什么愁事，也是一副愁苦的表情，好像她已习惯了那副表情，就像习惯往脸上涂抹大宝 SOD 蜜。他哥哥在姐姐出嫁那年，也跟村里人去山西挖煤了。早几年还寄钱回家，后又捎信说在外面找了个媳妇。媳妇也没带回来过，再后来，就没了消息。山西有人带来口信，说是死在煤井下了。他在山西哪里，又在哪口井挖煤，家里人无从知晓。

逸江曾想去找，被母亲拦下，母亲说，上哪找？再把你丢了咋办？这就是他的命。家里就指望你了，你还是好好念书吧。在逸江儿时的记忆中，父亲爱说爱笑，营务庄稼是一把好手，唱起“讨吃调”常惹得大姑娘小媳妇又是脸红又是笑又是唾骂。哥哥出事后，他没见父亲掉过泪，父亲依然如故地牵着家里唯一的一头老黄牛去放牛，在贫瘠的土地上种山药——多年后城里人不屑地对高逸江纠正：山药指的是淮山药，你说的那个是山药蛋，应该叫土豆。高逸江才一脸惊异地发觉，原来叫了几十年的山药竟然叫错了。错了吗？可是生活中错了的又岂止于此？

父亲只是变得越来越沉默，一天难说一句话，“讨吃调”更是再也不唱了。有时候逸江觉的父亲的存在一如不存在。

那一年高逸江在坝源县第一中学读高二。

一道闪电从远处深邃的夜空里扑面而来，逸江不禁打了一个激灵。这样的夜晚令他胆寒。二十多年的光阴被一道道闪电击穿了，宛如轻烟，淡了，散了。他清楚地看到了读高二的自己：清瘦的脸，黝黑，鼻子像希腊人一样又高又直，嘴唇和下巴的线条显得忧伤。他穿的那身衣服明眼人一看就知道是用家里土布缝制的。

那个初夏温暖的午后，他和同村的贾壮在学校袖珍似的操场上打篮球。他站在篮板下拍了几下球，准备投篮，忽然瞥见一个女孩子从他们班教室走出来，女孩子穿一件棉布白裙，宽宽的，带着自然的褶皱，走起路来腰身一收一放，起伏不定。她走过匝地的树荫，阳光穿过银杏树叶子，筛下点点光斑，明明暗暗的，没来由地叫他不安。

他手里捉着球，脖子像鹭鸶似的越抻越长，贾壮捅捅他的胳膊肘，说：看什么呢？小心看到眼里拔不出来。

逸江回过神来，挠挠头发，有点羞涩地笑笑，把球传给贾壮。

贾壮和逸江是光着屁股一起长大的，小学、初中都是同学，后来又一起考入这所全县唯一的高中，也是县里的最高学府，俩人要好得形影不离。贾壮个儿不高，寸头，壮实，眼神很亮，无处宣泄的荷尔蒙憋出一额头青春痘。贾壮投了一次篮，没头没脑地说：“麻杆”那小子，我现在咋越看他越不进眼？干脆叫上哥几个收拾他一顿！“麻杆”是他们班长，叫张少山，他发育得太玉树临风了，麻杆一样飘过来，让人提心吊胆，怕他随时会跌倒在地“咔嚓”一声断成两截，贾壮就给他起了外号——麻杆。

壮壮，班长咋惹你了？逸江不解。像金庸武侠小说里的江湖门派一样，班上的同学基本分成两派，一派是高逸江、贾壮、“几何”这些从农村来的，父母大多是“修理地球”的；另一派是“麻杆”、欧阳木兰（刚才惊鸿一现的穿白裙的女孩子）、李晓莲这些家在县城的，父母大多是国家干部，端的是金饭碗、银饭碗，他们吃的、穿的、用的与高逸江他们相比明显不同。据说“麻杆”的父亲是县财政局局长，欧阳木兰的父亲是县里鼎鼎大名的欧阳副县长，用新世纪的语言说，他俩就是县级的“官二代”。在 20 世纪 90 年代，“拼爹”这个词尚未进入国人的词典，不过“学好数理化，不如有个好爸爸”这一类理论也已经深入人心。逸江对“麻杆”的印象还不错，因为“麻杆”身上似乎并没有县城孩子身上那种令人生厌的优越感，他对同学们都很友好，前几天他还带来几件自己的旧衣服，给班上家庭困难的同学穿，确实解了他们的燃眉之急。重要的是旧衣服都洗得干干净净，叠得整整齐齐，让过于自卑而又过于自尊的农村同学感到诚挚的同窗情谊，没有一丝施舍的意味。

“麻杆”没惹我，可是你没见他每天早自习、晚自习在教室后头那片空地上来来回回地走，拿本书摇头晃脑地念，鬼才知道他念什么呢，只要欧阳木兰走过去，他那两眼就大放贼光，就字正腔圆地念“唧唧复唧唧，木兰当户织”，你说可气不可气？更可气的是欧阳木兰好像也不恼，有一次我亲眼看见她还对“麻杆”悄悄笑了一下，脸红红的，这不是鼓励“麻杆”继续念么？欧阳木兰轻易不跟男生说句话，对哪个男生笑过？凭什么对他“麻杆”笑？她咋不对我笑呢？贾壮越说越气愤，简直要拍案而起了。

贾壮的话分明不合逻辑，有点孩子气，有点无厘头，甚至有点可笑。逸江却没有意识到，他的心重重地一颤。

晚饭照例是粗硬的玉米面馍，每咽一口嗓子眼会拉得生疼，菜由值日生用铁桶从学校厨房提到宿舍，大家排队打菜，每人一碗，面目模糊的山药、豆角，身份可疑的菜叶潜伏在黄褐色的菜汤里，偶尔也能从中捞起一块肉——差不多相当于中彩的概率，虽然那年月彩票尚未进入寻常百姓家。坝源县一中以难以下咽的学生餐著称，也因此极大地提高了坝源县一中的美誉度和学生家长的满意度。当时流传的一个段子是：一位妈妈颇为欣慰地对别人说，一中给学生盛菜的桶让狗舔，狗都不舔，狗精着哩，狗嫌难吃哩。这是否有悖常理？当然不。坝源县人相信，娃娃们只有挨了饿，吃了苦，才能用功读书，发奋努力，这种自然朴素的教育思想与“天将降大任于斯人也，必先苦其心志，劳其筋骨，饿其体肤”的理念可谓一脉相承，不谋而合。那晚，高逸江中彩般幸运地从那碗黄褐色的菜里夹到一块肉，一块颤巍巍的肥肉，他甚至来不及嚼，便贪婪地囫囵一口咽下肚——颇有猪八戒食人参果之意趣。彼时，他全身的骨节肌肉嘎巴嘎巴地生长着，血液像涨潮的小河汩汩滔滔地流淌着，他年轻的身体渴望营养，像干旱的土地渴望春雨。

贾壮拉着他往操场跑，说有事找他，逸江一边跑一边咽下最后一口玉米面馍，显然意犹未尽。

到了操场，贾壮从兜里掏出一块白面饼来，递给逸江，仗义地说：

“我上星期回家带来的白面饼，还剩两块，咱俩一人一块。”

又说：“逸江，咱俩是不是铁哥们儿？”

“当然，壮壮，两肋插刀！”

贾壮忽然显得有点忸怩，有点羞赧，这种表情出现在一向豪爽的贾壮脸上，逸江觉得胳膊上立即起了一层鸡皮疙瘩。半晌，贾壮郑重其事地递给逸江一张叠得方方正正的纸，逸江疑惑地打开一看，惊着了，因为他手里拿的是传说中的情书，货真价实的情书，贾壮写给欧阳木兰的情书。再往下看，他几乎屏住了呼吸，因为他被贾壮的文采给惊着了。从先秦的“执子之手，与子偕老”（美中不足的是，“偕”写成了“谐”），到汉代的“有一美人兮，见之不忘，一日不见兮，思之如狂”，唐代的“身无彩凤双飞翼，心有灵犀一点通（美中又不足的是，“犀”字少写了一个点），宋代的“人生自是有情痴，此恨不关风与月”，逐一被用来佐证他对欧阳木兰忠贞的爱情。

贾壮说，逸江，明天早晨你值日的时候帮我把这封信夹到欧阳木兰的书里，她会看到的。说着，他又捧起那封信，用一种无限深情的语调念了起来。黄昏时分的那抹余光，给他的脸镶了一道光亮的金边，他额头上的青春痘那么饱满，那么茁壮，那么繁茂，像即将绽放的艳红花蕾。

逸江从未像这一刻这样佩服贾壮，他想自己是写不出这样如泣如诉的情书的，自己也绝对没有勇气像贾壮那样声如铜钟、激情四射地表达爱情。不过佩服之余，他又有些迷惘：贾壮写作文的时候，怎么丝毫看不出他的文采呢？语文老师给贾壮的作文评语，长点的是“狗屁不通！”“放狗屁！”，短点的是“狗屁！”（当然老师不忘用刺目的红笔和怒放的笔迹强化效果）难道贾壮的文采只有遇见欧阳木兰，才能像“万斛泉涌，不择地而生”？

壮壮，逸江的声音不知怎么有点艰涩，他说，追“冷妹妹”的难度系数五级，太难了，其实你可以换个人，比如追李晓莲，或者追周芳，或者追……

我贾壮要么不追，要追就追“冷妹妹”，我不怕难，越难就越有挑战性，我天生喜欢挑战！贾壮斩钉截铁地打断逸江的话。因为欧阳木兰对待男生态度冷傲，她在班里年龄又最小，贾壮就免费赠她外号一枚——冷妹妹。

为什么让我去送情书？逸江抗议。

因为你明天值日呀，还因为，你忘了吗？你从小树立的远大理想就是当一名地下工作者。贾壮挤挤眼，嘻笑着在逸江肩上轻轻打了一拳，这意味着抗议无效。

第二天，高逸江果然顺利地把那封情书夹在欧阳木兰的语文课本里。贾壮太了解他了，他从小就想当送信的地下党员，可是到了真正像个地下党员般送信的时候，他送的却不是情报，而是情书，情报与情书虽然只有一字之差，却谬以千里矣。逸江不禁在心里苦笑。

课间休息时，逸江发现那封情书被揉成一团，扔在欧阳木兰的课桌下。

又是夕阳西下时，在操场，贾壮背靠着篮球架，默默收起那封皱巴巴的沾了泥污的他的平生第一封情书。天际最后一抹残红映照着他脸上“风萧萧兮易水寒”的悲壮表情。

逸江不知道该怎样安慰他的兄弟，这次“兵败滑铁卢”显然让贾壮很受打击。

大约十天后，贾壮又把送情书的光荣任务交给逸江。贾壮胸有成竹地说：明天是五月十五号，是“冷妹妹”的生日，我这封情书就是送给她的生日礼物。

你怎么知道她的生日？逸江惊得张大嘴巴，忘记合拢。

山人自有妙计。贾壮故弄玄虚，得意地说，只要我想知道我就能知道，这叫“知己知彼，百战不殆”！

只是一瞬间，贾壮脸上的得意消失了，取而代之的是一抹阴云。他下意识地低头踢着脚下一颗小石子，闷闷地说：逸江，你猜欧阳木兰会接受我的爱吗？我那么那么爱她，她为什么不能接受我？我并不要求她也爱我，不，我没有那么贪心，我只希望她接受我的爱就足够了。

她会接受吗？贾壮抬起头，一脸期待地望着逸江，好像此刻逸江就是欧阳木兰的代言人。

当然会接受。逸江十分肯定地点头。

于是，逸江又一次客串了送“信”的地下党员。

欧阳木兰显然不喜欢这份生日礼物，因为课间休息时，逸江发现贾壮的第二封情书被毫不容情地遗弃在地上，已经粉身碎骨。

逸江尽可能地收集了一些“残骸”，他交给贾壮时，贾壮捧着那些脏兮兮的碎纸片，好像捧着自己碎了一地的心。二度“兵败滑铁卢”让贾壮受了内伤，他一言不发地走了，满脸“壮士一去兮不复还”的惨淡。

仅仅隔了一个星期，“壮士一去兮又复还”，借用新世纪的语言说，贾壮满血复活了。他又带着一封文采加十分、痴情加二十分的情书来找逸江。

历史再次重演……

周末，高逸江正在宿舍整理数学的课堂笔记，“几何”冲进来，他上气不接下气地说：快，欧阳木兰在路上被几个社会青年拦住了，快……

不等“几何”说完，逸江已经飞奔出去，骑上他那辆破旧的自行车往学校外面跑，“几何”追了几步，跳上逸江的自行车后座。“几何”名叫葛庆安，他家在九道沟村邻近的一个村子里，家里兄弟姊妹多得像糖葫芦似的能串一大串，他是夹在中间的一个。一件衣服要上面的穿几茬才能落到他身上。每周回家他妈都要给他备好一周的玉米面馍和咸菜，他就日日靠咸菜和玉米面馍为生。但他的学习成绩在班上一直名列前茅，经常和欧阳木兰争夺第一名的宝座。他在数学方面有着惊人的天分，即使数学课上他刚从睡梦中被叫醒，也能在数秒钟之内解出黑板上一道别人还没来得及看懂的立体几何题，任同学们羡慕的、嫉妒的、有点恨的目光，和以强硬闻名的数学老师含笑的欣赏的目光，像轻柔的蜘蛛网披在他身上。鉴于此，“外号专业户”贾壮理所当然地赠他外号一枚——几何。

逸江不顾快要散架的自行车噌噌嘎嘎的呻吟，把车轮蹬得简直要飞起来。他们从学校大门出来，径直上了那条从一中通往县城的唯一的公路。

欧阳木兰是在放学回家的路上被三辆自行车包抄截住的，一个尖嘴猴腮的瘦猴子似的男人抓住她的飞鸽自行车车把，她挣扎了几下，不得不停下来。环顾四周，公路两边是一片旷野，荒无人烟。

哥跟了你好几天了，你这小丫头真是迷死人不偿命啊。一个大块头男人傻呵呵地笑着说，走，跟哥去看录像，录像厅是我一个哥们儿承包的，看录像不要钱。

欧阳木兰气鼓鼓地说：“让开，我还要回家写作业呢。”

怪不得哥听说人家叫你“冷妹妹”，真够冷，好，有个性。一个脸上有刀疤的男人说，哥就好这一口，够冷才够味儿，热了哥还不稀罕哩。

“刀疤”男伸手想摸欧阳木兰的脸，木兰一偏头，躲开了，脸涨得通红。

“把你的脏手拿开！”高逸江恰在这时赶到，大吼一声。

“大块头”轻蔑地上下打量逸江，说：你吃饱了撑的敢管爷的闲事，去，回家找你妈吃奶去。说完，三人爆发出一阵狂笑。

逸江瞄准“大块头”的鼻梁，结结实实就是一拳，笑声戛然而止。逸江从小干农活，并不缺少力气，但他毕竟缺乏打架的经验。很快，逸江和“几何”被打倒在地。

逸江用手护住自己的脑袋，拳打脚踢中他蓦然看见站在路边一棵杨树下的“麻杆”，“麻杆”的脸色那么苍白，逸江忘记了疼痛，心里涌上一种怜悯的情绪，对“麻杆”的怜悯，因为这一瞬间他深刻地了解了“麻杆”的悲哀，类似于温室里长大的花的悲哀，失去了血性的男人的悲哀。看得出来，“麻杆”多么想冲上“战场”，可他一动也不能动，像个被钉子钉住了尾巴的壁虎一样。与此同时，逸江感觉到热滚滚的血液从身体深处源源不断地涌出，沸腾翻滚，回旋上升着涌向他的四肢和大脑——他摇摇晃晃地站起来了。

敢打我兄弟？爷跟你们拼了！贾壮仿佛神兵天降，把书包抡得呼呼生风，他的书包已经过改良，里面装的不是书本，而是一块砖头。逸江和贾壮并肩“作战”，像两只刚下山的小老虎，颇有威风凛凛的气势。

我们是白刀会的，敢跟我们作对，小兔崽子不要命了？“瘦猴”男胳膊碰上贾壮的书包，疼得龇牙咧嘴，寒光一闪，他亮出一把明晃晃的折叠刀。

命算什么？贾壮抹一把顺着耳朵淌下来的绛红色的血，目光变得冷如刀锋，嘴角却有隐隐的笑意，生死关头他居然不忘“吊书袋”：舍得一身剐，敢把皇帝拉下马！

一场混战拉开序幕。同班的杨斌、杜志学、陈凯杰也陆续赶到，投入“战斗”。暮色渐浓，惯常在这片坝上地区肆虐的黄风刮起来了，猛烈的风席卷着沙砾从他们身边呼啸而过，沙土像雨一样落在他们的身上。风声、打斗声、撞击声、粗重的喘气声，每一种声响都透着腾腾杀气，让人毛骨悚然。有人受伤了，血在昏暗中发出腥气，还有股奇异的香味儿。

最终，高逸江一方首战告捷，三个“白刀会”落荒而逃。

几天后，父亲风闻逸江打群架的事，一向沉默寡言的父亲突然暴怒，不顾逸江旧伤未愈，把他摁在炕上，用鞋底子狠狠揍了他一顿。一边打一边咆哮：“叫你不学好！叫你打群架！你还敢不敢？”

后来的事情可以用新世纪的语言系统作如下表述：恨铁不成钢的父母们纷纷祭出鞋底子、笤帚、皮带等“上古神器”，犯错的孩子们心领神会地喊出通关密语——以后再也不敢了，才又一次顺利度过成长历程中的“生死劫”。

打架事件后，高逸江走在校园里，感觉到同学们——尤其是女同学们目光中的崇拜，好像他是传说中的战斗英雄，这让他足足兴奋了半个月。

当然也有小小的失望，因为那样的目光中并没有欧阳木兰的。

二

高逸江冒险加快了车速。车仪表上显示，时间已经是夜里十点二十分。风似乎慢慢温顺起来，但倾注过来的雨越来越大了。回家的路有三百公里。幸好油箱里的油是满的。外面喧嚣，车里却是寂静的，夜路漫漫，他的思绪一会儿飘远，一会儿又飘近。忽然想起不知在哪里看到的句子：天为什么会下雨？因为它爱上了大地。雨点撞击的声音，是它的心跳声。

——就像高逸江无可救药地爱上了欧阳木兰。

暑假快结束的一天，母亲包了莜面饺子让高逸江给他二姨送去。逸江不赶时间，轻松地骑着那辆快要散架却硬撑着不肯散架的自行车，走了二十多里路进了县城，经过粮食局、电影院，从县医院家属大院边上的巷口进去，朝着青龙河的方向骑，再过了青龙河上那座小桥，拐个弯就到二姨家了。青龙河虽然小，但来历不凡。传说古时候这沟里并没有水。那时天上玉皇大帝一位下凡游乐人间的女儿到了这里，爱上了带兵驻守在这儿的一位将军，女神身披战袍，英姿飒爽，将军骑汗血宝马，舞青龙剑，谈笑间强敌灰飞烟灭，可是女神推迟了归天的日期，后来玉皇大帝大发雷霆，命令她立即上天，如在两天之内还不上来，他就要把这位女儿就地变成一座土山。但女神不能割舍人间的爱恋，违抗了父命。她发誓即使化作人间的泥土，也要厮守在将军身边。两天后她就变成了一座普通的黄土山。将军悲痛欲绝，日日在她变成的土山下面跪着哭泣，直至死在这山脚下。传说正是他的眼泪流成了这条小河，他的青龙剑也溶入河中。人们把女神变成的土山叫做神女山，把这条泪水流成的小河叫做青龙河……

天气晴朗，天空如同一匹扯得极紧的蓝布，从地的这头一路蒙到地的那头，找不见一丝皱褶瑕疵。快骑到青龙河的时候，一幅绝美的图画跃入逸江的眼帘，那图画是属于世外桃源的。青龙河清凌凌的，蓝得透明，一个少女坐在河畔绿雾蒙蒙的柳树下，她专注地看着一本摊在膝头的书，乌黑的发辫扎着漂亮的紫色蝴蝶结，几丛马兰花在她身旁盛开，蓝莹莹的，像几簇燃烧着的蓝色火苗。身不由己地，逸江把车子停在桥边，走过小桥，径直走进那幅图画。

直到少女抬起那双会说话的大眼睛，无言地问他：你有什么事？逸江这才意识到自己突兀的出现，他需要找一个借口，急中生智，他说：“欧阳木兰，暑期的历史作业我记得不太清楚，好像漏了两条，你记了吗？能不能让我看看？”

是，少女正是欧阳木兰，可是今天的欧阳木兰似乎与平时不同，具体哪里不同，逸江一时也说不上来。木兰从书包里找出笔记本，让逸江看她记的历史作业，木兰的笔记干净、清爽、一目了然。两人核对完历史作业，又聊了起来，因为两人距离很近，逸江只觉得她呼气如兰，散发出一种让他心醉神迷的幽香。木兰告诉逸江，她喜欢诗歌，逸江对此并不意外，因为木兰的每篇作文几乎都被老师当作范文点评的。她如数家珍地说起徐志摩、席慕蓉、泰戈尔的诗，后来木兰迎风伫立，朗诵了惠特曼那首著名的诗《啊，船长！我的船长！》：

Oh Captain! My Captain! Our fearful trip is done,
啊，我的船长！我的船长！我们可怕的航程已经终了，
The ship has weather'd every rack, the prize we sought is won,
航船闯过了每一道难关，我们追求的目标已经达到，
The port is near, the bells I hear, the people all exulting......
港口就在面前，钟声响在耳边，我听见人们狂热地呼喊……

欧阳木兰朗诵诗歌的样子太迷人了。她的目光里充满了骄傲，她有一种清丽绝俗的气质，不染一丝人间烟火。逸江想起那位化身为神女山的女神，哦，原来这世上真有女神啊！

逸江的英语水平基本上停留在哑巴英语的层次，但他也听得出来木兰的英语发音似乎比英语老师更纯正些。木兰说，她爸爸出差到北京给她买了一套典范英语磁带，对她纠正发音帮助很大。

再后来，两人的话题转到当时热播的电话连续剧《西游记》，逸江提了一个问题：木兰，你猜沙和尚的担子里挑的究竟是什么东西？如果是衣物，这师徒四人从没换过衣服，如果是食物，可每次他们不是去求斋饭，就是孙悟空去采野果。

木兰想了想，说，不知道，你说是什么？

逸江循循善诱，你想，历经九九八十一难，风里来雨里去前后十

几年，他们一直是师徒四人，注意，是四个人。

他故意停顿一下，卖个关子，说，所以担子里一定是一副麻将。

欧阳木兰被他逗笑了，双目弯弯，露出雪白整齐的牙齿，她的笑声真好听，银铃般的、清甜的。逸江的心里突然升上来一种甜，那甜一下子占满了他的心，像河水一下子把干涸的农田灌溉了一样，他甚至能听到自己干涸的心田在嗞嗞嗞地吸水。与此同时，逸江发觉今天的木兰与平时究竟哪里不同了，在学校，男女同学间几乎不说话，谁和异性同学多接触，就会被同学们打入另册，而木兰对待异性同学的“冷”更是堪称楷模，可是在青龙河畔，神女山脚下，木兰对他一点也不冷，今天的木兰是开朗的、活泼的、天真的，还有一点点小淘气。

多年以后，逸江还会记起那个奇妙的下午，一些清甜的笑声在他心底响起。

开学，他们升高三了。欧阳木兰对高逸江恢复了一贯的冷淡和疏远。

只有一次，欧阳木兰面对面走过来，在与高逸江擦肩而过的那一刻，她的目光蜻蜓点水般在他脸上停留了一下。逸江觉得，她那双会说话的眼眸在那珍贵的数秒钟之内已经对他述说了万语千言。这当然是他的幻觉，但是他放任自己被这样美好的幻觉感动得热泪盈眶。

夜深了，高逸江辗转难眠。他们班有一间女生宿舍，一间男生宿舍。全班十几个住宿的男生睡在一张大通铺上。为了避免纠纷，班主任老师为每个人精确丈量出足够放置一套被褥的“领地”，刚睡下的时候虽然人挨人、铺挤铺，也还有点样子，等一睡着就乱了套，有的把脚伸出搭在你的身上，有的把头斜枕在你的胸上，而你又枕在了别人的背上，整个场面像地震之后的定格。

逸江闭着眼，听到身边同学的鼾声，了无睡意。他又嗅到了那种让他心醉神迷的幽兰般的气息，那气息无影无踪却又无处不在，那是木兰的气息。

他悄悄起来穿好衣服，轻手轻脚地打开宿舍门。踏着一地斑驳的月色，他去了趟厕所，从厕所回来经过一棵大槐树，他站住了。猛一抬头，湛蓝深邃的天空有一个大月亮，缺了半边，却那么亮，那么宁静。一阵风吹来，槐树的叶子"索索"地响，地下树叶的影子也随声"索索"地晃动。他心里涌上来一种广袤的温柔，在这无边无际的温柔中，他清晰地忆起初见欧阳木兰的情景，一切恍如昨日。

去年，高二刚开学，他分到这个文科班，班主任给大家分配了座位，新的老师，新的同学，新的课本，新的生活，一切似乎都是崭新的。那天，木兰只是随意地穿了件浅蓝色的夹克，长发只是随意地扎了马尾，脸上没有任何化妆品的掩盖。他就像看见日出，看见彩虹，看见一轮明月照亮波光粼粼的大海那样看见了木兰。

从那天起，逸江有了一个新习惯。木兰的座位在他前面一排，他习惯偷偷看她，她读书，记笔记，写作业，有时候和别的女生扎堆嬉闹，有时候把贾壮之流写给她的纸条撕得粉碎，天女散花般扔在地上，还有时候她安静地用手托腮，看着窗外。那一对眼眸真大，真黑，真深，像两泓幽暗的深潭，长长的小扇子似的睫长轻轻煽动，逸江就忍不住想探究，是天际飘浮的那一朵云彩，还是窗外那棵榆树上鸟儿的鸣叫吸引了她的注意？她坐在教室里，可她的思绪显然飘浮在一个遥远的地方，那地方是神秘的吗？是旖旎的吗？是不为人知的吗？是诗情画意的吗？

某天上早自习，逸江又习惯性地从语文书下面偷偷看木兰，他的同桌“几何”凑到他耳边悄声说：书，拿倒了！逸江定睛一看，果然，语文书上的每个字都头下脚上十分辛苦地“拿大顶”，他赶紧把书正过来，脸像炭火一样发烫。一整天，他克制着自己不能朝木兰那个方向看。到了晚自习，像有股无形的力量在吸引他、左右他，他又“犯戒”了，他又偷偷瞟一眼木兰、再瞟一眼木兰……可是如果他发现木兰朝他这边看，十次有九次他会慌乱地移开视线。他自己也无从解释，他有勇气迎上“白刀会”的刀子，为什么却没有勇气迎上那一缕让他梦萦魂牵的目光？

——那种矛盾，那种青涩，那种青春的烦恼，是不是让人自然联想到伟人歌德和他少年时代的化身维特？

此刻，站在宿舍外面的大榆树下，逸江痴痴地想，木兰在家干什么呢？她还在做习题吗？或许，她瞒着父母偷偷抄写席慕蓉的诗集？不，夜深了，她一定已经入睡了。逸江想象着木兰熟睡的样子，感觉到自己的血一下子变得那么热，岩浆一样在他的血管里奔涌、燃烧，但是他马上打断了自己的思想，他命令自己不能往下想了，不能，因为刚才溜出去偷懒的“理智”又回来了。欧阳木兰是谁？欧阳木兰是他高逸江心目中的女神，无可替代的女神，她是干净的，纯洁的，圣洁的，他绝不能允许自己对她有丝毫的亵渎和冒犯，绝不能。

风乍起，几片树叶随风飘落。逸江攥紧了拳头，手心渗出汗来，他突然发力奔跑，他跑得那么快，那么仓皇，好像有一个魔鬼在身后追他。他跑进宿舍，几乎一步就跨上床铺，把自己的身体准确地掷在被子上，一动也不动了。

期中考试贾壮没有参加，他作为家中的独子请假回家料理丧事了。

贾壮爸爸在农闲时帮村长家盖房子，房子快盖好了，一根房梁没有任何预兆地掉下来，恰好贾壮爸爸拎着水泥桶经过，那根房梁不偏不倚砸在他脑袋上，村里用拖拉机把他送到县医院去抢救，半路上他就咽气了。贾壮爸爸一直是家里的顶梁柱，贾壮妈妈体弱多病，干不了什么农活儿，他的两个妹妹一个读初三一个读初一。贾壮爸爸没有留下一句话就匆匆撒手人寰，生活的重担一下子落在儿子尚显稚嫩的肩膀上。

贾壮又回学校上课时，已经临近元旦了。一天晚上贾壮告诉逸江，他和母亲商量过了，他准备去山西挖煤了。他说：我大妹二妹都是念书的料，牺牲我一个成全两个大学生，这笔买卖值！贾壮用的是一种兴高采烈的语气，好像他占了什么大便宜。有时候声音也会骗人的，即使贾壮的声音是快乐的，逸江还是能看出贾壮的郁闷与悲伤。

逸江轻轻在他肩上打一拳，默默点头。逸江太了解他的兄弟了，贾壮的字典里有“责任”有“担当”，就是没有“逃避”。事实上失去父亲的贾壮不再是一个男孩了，他已经长成那种无论发生什么事都咬牙扛的男人，他一直有那样的潜质。

高三的新年晚会上，贾壮唱了崔健的摇滚乐《一无所有》。全场掌声如潮，所有男生女生都把手掌拍红了，班主任只好出面制止，因为担心教室的房顶要被这样的声浪掀翻了。

贾壮是在元旦过后的第三天出发的。那天黎明，天边刚泛起一片鱼肚白，逸江把贾壮送到九道沟村东头的老杏树下，贾壮背着简单的行李冲他挥挥手，笑了笑，一转身大步流星地渐行渐远，随即消失在晨雾里。时值寒冬，老杏树黝黑的枝杈横七竖八地刺向天空，如同无奈的手臂赤裸裸地伸展着，树端那个硕大的鸟巢也空无一物。逸江忧伤地想起了早逝的哥哥，哥哥也是在这样的黎明离开村庄，也是走这条路去了山西煤窑，可是哥哥再也没有回来……

春风又绿坝源县，高考的压力和氛围日益浓重，每个高三学生的心上都仿佛压着一座喜马拉雅山。或许你有一万个理由诅咒高考，但是如果没有经历高考那段特殊的日子，又怎么能算是完整的人生?

四月，学校组织植树活动。高逸江所在班的植树地点选在麒麟山上。大家从书山题海中一下子投入到大自然的怀抱，简直有点不知所措，就像被关久了的笼中鸟，一旦被放出来却忘记如何在天空中自由飞翔。不过很快，他们快乐好动的天性在明媚的春光里，在轻柔的春风里，在满世界的绿意里苏醒了。不少男生很快完成了自己的植树任务，又主动帮助女生提水、挖树坑，女生也大大方方地接受男生的帮助，大家一起很默契地分享着劳动的快乐，在他们年轻的身体里，每一个在象牙塔里久已沉寂的细胞都活跃地跳起舞来。

逸江的视线依然习惯性地追随着木兰的身影。木兰、李晓莲、周芳几个女生已经植完树了，她们在草地上轻灵地跑来跑去，扑蝴蝶，摘野花。木兰干活儿出了汗，把外套脱了，穿一件浅蓝色泡泡袖衬衫，脸上洋溢着微笑，胸前捧着一束五颜六色的野花，真像一个私下凡间的小仙女。

忽然木兰惊喜地说：看，那边的马兰花开得多好！逸江顺着她手指的方向看过去，在他们植树的这片乡野近旁，有一条很深的沟渠，像固定在大地上的一道裂痕、一次闪电，蓝莹莹的马兰花就开在沟对面的石崖下。不知怎么，逸江的脑海中浮现出几天前抄在笔记书上莎士比亚的一句话：爱情就像是一朵开在悬崖峭壁上的花，想摘取就必须要有勇气。

大家尽情地说着，笑着，玩着，闹着，谁都没有留意，临近中午的时候，从西南面的山后突然铺过来一片乌云。不多时，这黑云彩就漫过头项，遮住太阳，布满了整个天空。刹那间，电闪雷鸣，狂风大作，一场大暴雨说来就来了！

班主任招呼大家快找地方避雨。顷刻间天地间已变成白茫茫一片，可怕的闪电不时在空中曲折地划过，雷声和狂风暴雨搅在一起，震耳欲聋。不多一会儿，沟沟渠渠里传来了滔滔的流水声。他们近旁那条深沟秒变成了一条河，混浊的洪水翻滚着浪头，粗暴地吼叫着。

半小时以后，雨势渐小，大家纷纷从避雨的地方出来，聚集到班主任周围。班主任想叫班长赶快清点人数，才发现班长没在这儿，他问：“班长呢？谁看见班长了？”

李晓莲怯怯地报告：老师，班长说他要去沟那边摘马兰花，他想送给欧阳木兰，我叫他别去了，可他说从沟底下过去，很快的，一会儿就回来，后来就下雨了，再后来，我就没看见他了。

班主任还年轻，不到三十岁，是全校学历最高的老师，也是第一次被委以重任担任高三毕业班的班主任。他目瞪口呆地听李晓莲说完，惊恐地想：张少山怎么会跑到沟里去？这孩子不会被刚才的洪水卷走了吧？不，不会，当然不会！他像从一场噩梦中突然惊醒似的，顾不得平日的儒雅风度，急得直跺脚，喊：快找，大家分头找！

班长……

麻杆……

张少山……

天晴了,雨后的彩虹瑰丽无比。大家一声声呼唤着这个亲爱的同学,却始终听不见那一声熟悉亲切的回应。时间一分一秒地流逝，太阳快下山了，他们满身泥泞，精疲力竭，依然执著地寻找着。不祥的预感在每个人心头挥之不去，有的女生已经哭起来了。哭声和已经嘶哑的呼叫声在沉沉暮霭中不停地撞击，好像许多颗心碎在那里面，碎成一丝一丝，一粒一粒的。

第二天，坝源县一中和县里都派了许多人在麒麟山一带搜寻张少山，消息不胫而走，坝源县人的心都为这个后生揪紧了，多么企盼奇迹出现，多么企盼他能生还。

傍晚，人们找到了张少山的尸体。看到他血肉模糊的脸，让人感觉他是个玩脏了没来得及洗干净的孩子。

无情的山洪吞没了他鲜活的生命。他再也不能陪爸爸下象棋了，他再也不能帮妈妈洗碗了，他再也不能和同学们一起迎着朝阳骑车上学了，他再也不能摇头晃脑不厌其烦地念“唧唧复唧唧，木兰当户织”了。再也不能。

张少山的人生永远定格在了十八岁。

三

二十二年前，七月，阴雨连绵，除了辍学的贾壮和已逝的张少山，全班四十一名莘莘学子参加了高考。

葛庆安（“几何”）以坝源县一中文科总分第一的成绩考上了北京一所大学。

陈凯杰考上了张家口一所师范学院。

欧阳木兰高考时发挥有点失常，她的总分虽然上了河北师范大学的录取分数线，但权衡再三，她决定复读一年，因为她的目标是中国政法大学。她对自己有信心，不想给自己的人生留下遗憾。这是一个让她日后悔青了肠子的决定。

高逸江以两分之差名落孙山。他已经做好了回家务农的思想准备，这时恰逢二姨父承包了县毛纺厂，问他愿不愿意到厂子里干，他有什么理由不愿意？就这样他幸运地进毛纺厂当了工人。逸江在车间干了些日子的挡车工，快退休的老司机找到逸江二姨父说，逸江这后生能吃苦，也心灵手巧，又是高中毕业生，有文化，就让逸江跟他学着开卡车吧。逸江二姨父答应得痛快，说：“行，这是好事啊。”

老司机没有看走眼，逸江还真是当司机的料，他勤学苦练，一摸就通，不到半年就考取了驾驶证，独立开车了。对待汽车，他一点也不马虎，为了洗干净一个螺丝帽，他可以把饭丢下不吃。汽车在他的眼里是有生命的。就像爱马的人看见自己的坐骑一样，他每次向自己的汽车走去的时候，心里就有一种抑制不住的激动和亢奋，甚至要温柔地抚摸一下这个钢铁家伙。他庆幸自己刚步入社会就能从事喜欢的职业，完全沉醉在新的职业生活中。司机工作可以走南闯北，没人成天跟在身边指手画脚，他想走就走，想停就停，两只手把着方向盘，可以随心所欲地把一个庞然大物摆弄得像一只绵羊一般乖顺，虽然风餐宿露，很辛苦，但他心情畅快。

现在他每次回家，母亲都催促他该考虑找媳妇成家的事了，母亲也托村里说媒的二婶帮着物色了几个女子，可是逸江总是说自己年龄不大，不着急，先趁年轻专心工作。母亲瞪他一眼，说：你不着急俺着急，村里跟你同龄的后生都有媳妇娃娃了，娃娃大点的，给孩儿两毛钱，都能打酱油了。

某日，逸江一进家，母亲笑眯眯地迎上来，那神情好似她昨晚出门捡了一颗夜明珠。母亲说：儿子，你二婶帮你相上邻村一个女子，叫彩兰，这次你无论如何要见见人家。彩兰比你小两岁，家里有一个姐姐一个哥，她在村里念到小学毕业后就一直在家劳动。你二婶说彩兰跟你正般配，就是打着灯笼找也找不着这么配的，你二婶那火眼金睛，她说配，准没错！

逸江一听“彩兰”这名字，不由心一动，当然，彩兰不是木兰，可是总算占个“兰”字，聊胜于无吧？逸江在心里笑自己阿Q。

没想到逸江和彩兰一见面，彩兰对逸江就一见倾心了。逸江对彩兰虽然谈不上爱，也颇有好感。这姑娘长得十分耐看，圆圆的脸上有一双清澈活泼的大眼睛，身体发育得丰丰满满，门里门外的活都能干。凭逸江家的条件，能找到这样的媳妇的确该知足了。

事情进展得很顺利，逸江父母对彩兰满心喜欢，彩兰父母也觉得逸江挺可心，两家人热热闹闹吃了顿饭，逸江和彩兰的亲事竟然三锤两棒就定了音。

逸江和彩兰相处着，发现彩兰是个实心眼的姑娘，对他真是巴心巴肺地好。逸江想，投桃报李，他也应该对她好，可是不知怎么，他的心似乎热不起来，血也热不起来。休息日，彩兰到县城逸江的厂子里来看他，给他带来她亲手做的一双千层底的方口布鞋。逸江很配合地试鞋，猝不及防地，一幕往事在他的脑海里重演，那样清晰，那样生动。

时值高二开学后不久，课间休息，教室里像烧了一锅开水般沸腾。李晓莲、周芳、马明娜几个女生叽叽喳喳地说着什么，李晓莲忽然笑得前仰后合，周芳笑得直嚷肚子疼。“几何”和贾壮为了一道几何题争得脸红脖子粗，差点君子动口又动手。陈凯杰在教室后头巴掌大一块空地上开辟了霹雳舞的舞台，“麻杆”、杨斌、崔萍萍、社志学几个围着舞者大呼小叫地喝彩。高逸江就在这闹声、笑声、嘈杂声声声入耳中，趴在课桌上心无旁骛地修理那支漏墨水的钢笔。突然听见有人叫他，他抬头，正对上欧阳木兰一对雾蒙蒙、水盈盈的眸子。

喧嚣中的静默。高逸江，你的作文本？那是欧阳木兰第一次跟他说话。清甜的声音。

欧阳木兰是班里的语文课代表，逸江这才记起来他忘记交作文本了。他把皱巴巴的作文本递给她时碰到了她的小手指头，那一瞬，他体验到一种酥酥的、麻麻的、痒痒的仿佛遭遇电击的感觉，极度润滑中又带有一丝冰凉的感觉，还有种似曾相识的感觉——与君初相识，犹如故人归。

逸江哥，你笑什么呢？逸江回过神来，发现彩兰正用一种奇怪的眼神看着他。

他笑了吗？是，没办法，只要一想到木兰，逸江的嘴角就不自禁地上翘，就会露出那种痴痴的、傻傻的、醉心的笑。为了掩饰他的失态，他夸张地赞叹：这双鞋不大不小，穿着真舒服，穿上都舍不得脱了。彩兰，你的手真巧！

彩兰娇羞地低头，甜甜地笑了。

逸江又问：彩兰，你没量过，怎么知道我的尺寸？

那还用量？你的尺寸早装在俺心里哩。逸江一愣，细细品味，只觉得彩兰这句话竟比十句轻飘飘的“我爱你”更温暖。面对他的心无城府的未婚妻，逸江觉得惭愧了，甚至有点无地自容。他在心里严肃地警告自己：从今往后，你的世界里只有彩兰，没有木兰，你再也不要去想木兰了！再说，想又有什么用？时间过得飞快，转眼间又快高考了，依木兰的天资和勤奋，她今年必定会考上她心仪的中国政法大学。归根结底，他们走的是两条路，而且是永远不可能交叉的两条路。

真的不可能吗？命运这个魔法师却善于将不可能变成可能，也善于将可能变成不可能。

几天以后，一条爆炸性新闻传遍了全县：欧阳副县长自杀了！在这个小县城，所有人几乎都互相认识，假如有一个新人来这里，走到哪里都会被人认出，不出几日也成了旧人。人们在一条街上买菜，谁家今天吃什么，大家全都知道。谁家媳妇和婆婆吵架了、谁家寡妇不安于室了、谁家女人红杏出墙了，诸如此类毫无新意的小秘密都足以刺激人的好奇心，何况这样一条爆炸性新闻？因此，这条消息虽然是以一种极其隐秘的途径传播的，并且严格控制了知情人的范围，而实际的效果却不啻于有人拿着高音大喇叭绕着环城路广播了七八遍。总而言之，除了聋子（例如九道沟村的三后生）、痴子（例如青蒜梁村的四女子）、傻子（例如县城身高不足一米的小老头），坝源人想不听说都难：欧阳副县长自杀了，欧阳副县长割腕自杀了！

欧阳木兰多么希望那只是不攻自破的谣言，因为爸爸明天就会从张家口回来，像他每次出差回来那样，给她带回来最新的高考复习资料。木兰等待着房门吱呀一声拉开，等待着爸爸高大疲惫的身影出现在门口，他脸上的笑容温暖得像一把撑开的阳伞，把女儿一下子罩进去。但是，木兰没有等到爸爸活着回来，她和妈妈一起去张家口把爸爸的遗体接了回来。

木兰爸爸参加地区党委为基层领导干部举办的为期七天的培训班，在培训班结束的前一天晚上，他自杀了。张家口市委招待所的服务员第二天上午去他下榻的房间打扫，服务员轻轻推开卫生间的门，看见他穿戴整齐，躺在放满冷水的浴缸里，浴缸里的水已经被血染成深红。血从他悬空的手臂滴落在瓷砖上。在扑鼻的血腥气中，像很多电影电视剧里出现的情节那样，服务员发出一声惊恐的尖叫！

——如果这只是别人的故事，多好。木兰可以嗑着瓜子饶有兴致地看导演怎样安排剧情下一步的发展，但是很不幸的，这次木兰从观众升级成了故事里的人。

事后，人们发现他用剃须刀在手腕的动脉上狠狠割了三刀，刀刀都碰到骨头，他竟选择这样残忍的方式去往那个只能去不能回来的另一个世界，如此决绝，如此急迫，为什么？人们也发现放在窗台上的烟灰缸里积满了小山似的烟蒂，可以想象在那个夜晚他吸着烟眺望着窗外的火树银花，曾经有过多么艰辛的思考和斗争，他是否想过他一直视为掌上明珠的女儿，想过女儿的命运将会因为他的离世发生怎样的逆转？没有人知道，因为他把答案带进了那个小小的骨灰盒。

很多年以后，微信、微博、虚拟的网络与现实生活的联系日益紧密，所有能想到的问题似乎“百度一下，你就知道”，木兰在百度上搜索了抑郁症患者的症状，困扰她多年的爸爸的死因渐渐明朗。是，爸爸把自己的形象成功地塑造为一个好父亲、好丈夫、好儿子、好男人、好领导、好下级、好公仆，却深深隐藏了内心的躁动、忧郁、焦虑、烦闷、孤独、绝望，深入骨髓的疲惫，他也曾战战兢兢如履薄冰地挺着、挺着，终究挺不下去了，如陷沼泽，越沉越深，无力自拔。“度娘”告诉她，抑郁症已成为世界第四大疾病，人群中有16%的人在一生的某个时期会受其影响，并且据专家们预计，到了2020年，抑郁症有望成为仅次于冠心病的第二大疾病。木兰几乎可以确定，爸爸当年正是那人群中的16%之一。她静静地注视着苹果笔记本电脑淡蓝色的屏幕，想，如果当年爸爸能早点确诊患上抑郁症，如果当年爸爸能及时得到治疗，如果他一支接一支吸着烟思考“生还是死这是个问题”的那个夜晚，他的手边能有一瓶帕罗西汀片（据说是治疗抑郁症的“五朵金花”之一），一切是否会不同？

回到“当年”，人们对抑郁症还一无所知，事实上木兰根本来不及分析爸爸的死因，因为命运的又一次重击接踵而至。妈妈在办完爸爸的葬礼后不久突然中风，住进了县医院。

木兰坐在妈妈的病床前，悲伤成了一团吸满水的海绵，只是流泪。妈妈以前一直保养得很好，脸上虽然也有中年人的沧桑，可皮肤有着长期精心护理的莹润，认识她们的人都说，妈妈和木兰站在一起就像一对姐妹花。仿佛是一夜之间，妈妈整个人都皱了，苍老了。妈妈其实早就长了白头发，这段时间没有染发，新长的发根泛着一层薄薄的白，像冬天田野上那一层薄薄的雪。冬天，是，木兰的世界仿佛从阳光明媚的春天没有过渡地直接进入了寒风刺骨的冬天。

木兰握着妈妈的瘦手说：“妈，还有一个星期就要高考了，我还能不能去？”

妈妈说：“能去。”

木兰又流着泪说：“妈，您这个样子，让我怎么放心去？我还是不去了。”

妈妈说：“不去了。”

木兰妈妈这次中风很严重,她在有生之年再也不能站起来了,瘫痪、痴呆都是中风的后遗症，她的语言神经中枢也受到重创，应答只能重复对方最后两三个字。那两三个字只是条件反射般的重复，好比空谷回音，丝毫不能表达她的意愿。

欧阳木兰，你去高考，必须去。木兰听到有人说话，一回头，看见不知什么时候走进病房的她的同学高逸江：直直的鼻梁，黝黑而光洁的脸庞，高挺的身材，两条壮实而修长的腿，他已经完全褪掉少年的稚气，浑身绽放一种青春的生命力。

你把婶婶交给我,你放心去高考吧,相信我,我会好好照顾婶婶的。逸江的声调里有着男性的、不容人反驳的力量。

有几秒钟，木兰的视线和逸江的胶着在一起，他的目光像不起波浪的水潭一般沉静。

两天的高考结束了。七月的阳光金汤般地泼下来，却没有一缕阳光能照进欧阳木兰空荡荡的心。她从考场出来，无精打采地走在去往县医院的路上。她考砸了。考试时虽然她一再警告自己要聚精会神，不能胡思乱想，可是瞪视着面前的试卷，那些字迹全在她眼前浮动，游移……浮动，游移……浮动，游移……最后，都变成躺在浴缸里的爸爸，他的胸前、臂上、肩上、腿上，全身都开满了大朵大朵的、妖娆的、滴血的红玫瑰，血红的玫瑰的藤蔓缠绕着他的身躯，像五花大绑一样，他的黑紫色的嘴唇上有朵永恒的狡黠的笑。

靠在病房的门框上，木兰觉得浑身像脱力一般瘫软，简直没有力气再往前走一步。她看见高逸江正跪在床前，手里端着一碗粥，给她妈妈喂吃的。她模模糊糊听见病房里其他家属咂舌夸赞：这后生是老人的女婿吧？不嫌脏、不怕累，真比儿子还孝敬哩，这老人有福气呦。

逸江也看见木兰了，他扶着木兰坐到病床前，递给她一杯水，问：没事吧？

木兰说：没事。

真的没事吗？逸江心疼地凝视她，她的脸色那么苍白，那么憔悴。她脆弱得像是一根小草，再也禁不起一点风雨的摧折。

此后，逸江只要没有出车到外地送货，几乎天天来木兰家报道。他像个“活雷锋”似的，帮木兰换煤气罐，帮木兰买面、买米，帮木兰把妈妈从医院接回家。他还给木兰妈妈做了一个虽然粗糙但很实用的轮椅。每次来木兰家，他总要把家里上上下下拾掇一番，该洗的洗，该擦的擦，忙而不乱井井有条，直到房子里桌明几亮一尘不染他才满意。堆在院子里的冬天烧的煤块，他也重新垛得整整齐齐，看上去像一座精心设计的小小的建筑物。

木兰家以前是妈妈主厨，爸爸帮厨，木兰一直远离厨房，现在木兰更没有心情做饭，常常泡一袋方便面了事。可是只要逸江在，他绝不允许木兰这样虐待自己的胃。逸江做馅儿饼，和面、剁馅、调味一气呵成，馅饼烙得两面焦黄、外脆里嫩，每一张都像一个圆圆的金月亮。逸江做的莜面饺子薄皮大馅，味道鲜美，热腾腾的饺子端上桌，个个都是名副其实的“玻璃”饺子，晶莹剔透，像一件件精致的小工艺品。逸江的厨艺着实把木兰给镇住了。逸江最绝的还是搓莜面鱼鱼，揉好面团，他左手右手左右开弓，每只手搓三根面，细细的匀匀的面鱼鱼好像永远不会断，随着他手搓的动作，面鱼鱼在面板上轻轻舞动，舞出波浪般优美的曲线，最后都盘成一个完美的团。这样的莜面鱼鱼，再拌上酸咸适度的调料，即使是木兰这样“嘴刁”的主儿，也能香香地“消灭”一大碗。

高考成绩放榜了，和木兰预计的一样，她今年的总分比去年少了三十多分，距离专科的录取分数线还差十几分。木兰仿佛听见大学的大门在她面前徐徐关闭的声音。她的大学梦彻底破灭了。彻底。从小到大，教过她的老师几乎都说过类似的话：欧阳木兰是我教过的最好的学生，将来肯定要上重点大学的。如今，那些曾让她自豪的获奖证书、奖状、老师和同学的推崇统统成了玩笑。是，只是玩笑。

如果去年她不是那么狷介，如果她能妥协一点，现在她已经在河北师范大学读大二了。难道她该怨恨自己吗？怨恨这个已经被一连串的灾难打击得欲哭无泪的苟延残喘的自己？不，木兰啊木兰，原谅自己吧，因为没有人能拥有预知未来的水晶球。

有一个瞬间，木兰想到了放弃。也许她可以追随爸爸而去？可是她连放弃的资格都没有，因为在这个世界上还有妈妈与她相依为命，她怎么能丢下妈妈？哦，可怜的妈妈，在妈妈的全盛时代，谁不知道欧阳副县长有位漂亮的夫人？妈妈举手投足间流露出来的高贵气质，在坝源县哪个女人比得了？她的人生曾经有多辉煌，她的晚景如今就有多凄凉。

秋风秋雨愁煞人。秋天到了。

某日，欧阳木兰像哄小孩一样哄着妈妈，给她一勺一勺地喂小米粥。突然闻到一股异味，糟糕，木兰赶紧检查，妈妈大小便失禁，又把裤子弄脏了。木兰手忙脚乱地替妈妈换下脏衣服，又穿上干净衣服。接着喂妈妈喝完小半碗粥，木兰自己顾不得吃饭，收拾了碗筷就拿出洗衣盆洗刚才换下的脏衣裳。在那个年代，在木兰生活的这个小县城，人们尚未享受到洗衣机这种高科技产品所带来的便利。

高逸江风尘仆仆地来了，他前几天出车去张家口送货，刚回县里。他一进门就让木兰去歇着，他接着洗衣裳。

木兰顺从地坐在他身边一把椅子上。看着他在搓板上搓衣服的那双有力的大手，她觉得自己烦乱的心慢慢安静下来了，就像一个溺水者踏实地沉到水底，心不再疙里疙瘩地难受了。

洗完衣服，逸江很仔细地把手擦干净，这才从旅行包里取出一件新毛衣。他笑着说：我昨天没事干，逛逛张家口百货大楼，赶巧看上这件毛衣，我想你穿上肯定好看，就买了。快换上，让我瞅瞅。——说是“赶巧”，其实是“蓄谋已久”，逸江早就盘算着想要送木兰一件礼物，昨天在张家口百货大楼他左挑右选，大红的，大绿的，不行，太俗；花哨的，也不行，也俗，木兰肯定不喜欢。直到售货员的语气明显不耐烦了，他才下决心掏银子，他最终选定的这件毛衣是藏青色的，款式雅致，胸前点缀精致的绣花，领口有复古的盘扣。

木兰没有推辞，听话地换上了新毛衣。事实证明逸江的心思没有白费，这件毛衣很衬木兰的气质。

喜欢吗？逸江问。

喜欢。木兰的嘴角抽动一下，算是笑了。这个敷衍的笑却使逸江受到莫大的鼓舞。

木兰又说：以后别再浪费钱买毛衣了，我可以买毛线自己织。

你会织毛衣？

木兰脸一红，说：现在还不会，不过我可以学嘛。

木兰要学着织毛衣？这是否意味着像一朵云一样飘在空中的木兰，要接着地气了？可是，这样的改变是好事还是坏事？逸江的心隐隐地疼。

傍晚，将木兰妈妈安顿好，逸江和木兰从家里出来，信步走着，又走到青龙河边。夕阳的余辉舒缓地铺在河面上，传说中女神与将军的爱情在河下滚滚流淌了千年。

两人站在小桥上，木兰倚着古拙的栏杆，一席晚风拂乱了她的发丝。她轻声说：“逸江，这些日子我家的事太多了，累坏你了吧？”

逸江笑笑说：“不累，真不累，你在这儿，我起的是化学反应，一个人能当仨人用，高中化学是那么学的吧？你就是那个催化剂。”

木兰的嘴角动动，敷衍地一笑，算是对逸江这句玩笑的回应。

两人聊着，不约而同地，他们记忆的风帆驶回高三那场难忘的新年晚会。你一言我一语，两人相互补充着，发现当晚的每一个细节每一个花絮每一声欢笑都深深铭刻在他们的记忆里。对，杜志学逗哏，“麻杆”捧哏，两人合说了一个相声；陈凯杰跳了霹雳舞；欧阳木兰、李晓莲、周芳合唱了小虎队的《青苹果乐园》；高逸江男扮女装，和“几何”

一起表演了黄梅戏《天仙配》中的《夫妻双双把家还》。对，每个节目都精彩极了。当然，逸江和木兰一致认为最精彩的还是贾壮的摇滚乐《一无所有》。那时贾壮准有好些日子不理发了，既节省了理发的费用，又达到了长发飘飘吸引眼球的效果，李晓莲还毛遂自荐担任了贾壮的形象设计师，把一根不知从哪里找来的长长的红丝带系在贾壮像马鬃一样飞扬的黑发上，当贾壮一步跃上三个课桌拼成的舞台上时，怎一个“酷”字了得，他一下子成了大家瞩目的焦点。他把一本代数书卷成圆筒状充当麦克风，但又岂止是麦克风，配合他的动作和口技，那本代数书是吉他，是贝斯，是键盘，是鼓，是小号，天地良心，那本代数书一定是音乐史上最全能的乐器了。他那粗粝的嗓音、摇摆的身体、超强的节奏感，歌声中融着的无法用语言来表达的滚烫的力量，让在场所有人的灵魂都为之震撼，那一刻的贾壮就是崔健，不，他比崔健更崔健！那一刻，整个世界仿佛只有贾壮的歌声，只有潮水般的掌声，在那样的歌声和掌声中，逸江忘了自己，木兰也忘了自己。

木兰完全沉浸在一年多以前的往事的回忆中，她一边说一边笑——她已经太久没有这样开心地笑过了，自从得知爸爸自杀的噩耗后，她就忘记了怎么笑，以为这一辈子都不会笑了。在逸江的视线中，她的大眼睛里闪烁着笑意，含笑的嘴角有个忽隐忽现的小涡儿，整个脸庞都罩在一种特殊的光彩中，显得出奇地美丽。

逸江靠她更近一些，他又嗅到木兰身上那独有的气息，幽兰般的清香。他的自我镇压已到了极限，意志如同一道单薄脆弱的闸门，这道闸门终于被这神秘的幽香的洪流冲垮了。他轻轻把她的头发拂过去，捧起她的脸，然后用手指抚摸她的嘴唇。柔软温暖的嘴唇像风中无声打开的花朵。第一次零距离触碰到这样的美好，他的手微微颤抖，他的心怦怦狂跳，他几乎不能呼吸。

“嫁给我，好吗？木兰！”

逸江很奇怪，是谁在说话？他能看到自己大脑屏幕上闪现的字？要不他怎么把自己的心里话说了出来？他静等了半晌，没听到那个人说第二句话，才猛然醒悟自己在下意识中把心里话说了出来。与此同时，他开始后悔，木兰会拒绝他吧？木兰以后会不会不理他，会不会不允许他再去她家帮忙？如果木兰因此把他看成一个乘人之危的家伙，他要怎么去解释？

木兰静静地看着他，说：“你会对我好吗？”

木兰答应了他的求婚？什么叫梦想成真？什么叫喜从天降？逸江用手一把揽住她的腰，她的腰真细，她柔若无骨，他柔若无骨的姑娘，他柔若无骨的木兰。

我会对你很好很好的……你这么瘦，这么瘦，放心吧，我一定能把你喂得胖胖的……逸江快乐得语无伦次，幸福得头晕目眩。欧阳木兰，欧阳木兰，欧阳木兰……多少个无眠的夜他像咀嚼甘蔗、咀嚼黄连一样咀嚼着这个名字，在他心里这个名字就是完美的代名词。他一直不敢对自己承认，其实从高二他第一眼看到她，他就一直在期待着这一刻。不，为了这一刻，他已在佛前求了五百年！

木兰什么话都没有说，只是轻轻地用手抱住了他，轻轻地倚进了他的怀里，再轻轻地把面颊靠在他宽阔的肩上，像一只折断了羽翼的小白鸽。

这时候，对面的山梁上，飘来了一个庄稼汉悠扬的“讨吃调”——

天上的星星数北那斗，

哥哥那个心上只有你一人。

半夜里想起了干妹妹，

狼吃了哥哥不后悔。

……

晚秋时节，天气不冷不热，阳光不浓不烈。天上薄薄的流云丝丝缕缕，悠然地流过天边，南飞的大雁一排排掠过云端。树叶的着色那么丰富，浅黄、金黄、橘黄、墨绿、深红、火红，像传说至今的盛唐时代的霓裳，色彩绚丽，让人眼花缭乱。丰收的麦场上，金黄的颗粒被赤膊的庄稼人一锨锨扬向蔚蓝的天空，碎雨似的五谷落下来，撒在嬉闹的孩子们身上。几只慵懒的牛羊散淡地点缀在山坡上、田野里，享受着衣食无忧的好时光。高逸江骑着二姨父借给他的摩托车，一路放眼望去，山含笑，水含笑，整个世界仿佛都眉开眼笑，他感到自己周身透明，充满了张力和浮力，好像要飞起来了。

回到家，上了土炕，逸江开门见山地提出要和彩兰退婚。向来慈爱的母亲这次真动怒了，她拍打着后炕说：怪不得彩兰最近老是抱怨你不回村看她，她去厂子里看你，你的态度特别冷淡，俺还安慰彩兰，让彩兰不要多想。儿子，你真动这花花念头？咱们是什么了不起的人家，彩兰哪点配不上你？彩兰哪儿都好，就是文化低点，一个女人家要那么高文化有啥用？能熬着吃还是能煮着吃？

父亲坐在前炕上，抽着旱烟锅一个劲地叹气，像一块冒烟的石头。逸江长大了，工作了，父亲不能再像他上学时打群架用鞋底子揍他，父亲絮絮叨叨说了很多，自从大儿子早逝后父亲一向寡言，从没说过这么多的话。他说：儿子，你说的那个欧阳木兰是个好姑娘，可是她跟你，能天黑了灯一关生儿育女，天亮了柴米油盐、一斤酱油两壶醋地踏踏实实过日子？她爸爸生前是当大官的，你俩本来就不是一路人。你和彩兰好比是苹果树上完整的一枝，在那上面肯定能结出又香又甜的、红脸蛋似的苹果来，现在你偏要把自己的那一部分从上面剪下来，嫁接到另一棵完全不同的树上——天知道那会结出啥样的果子来。儿子，你这是赌博，你这是用你的一辈子赌博么！

逸江姐姐前两天和“二流子”姐夫打了一架，住在娘家。她愁眉苦脸地说：逸江，你就听咱爸妈的话吧，亲娘老子还能害你？你要一意孤行，有你泪流成河的时候！

——姐姐的话一语成谶。

第二天，逸江吃过饭骑着摩托车回县里，远远看见彩兰姐姐站在村东头那棵老杏树下。消息传得这么快？逸江想着，下了车，硬着头皮推着摩托车走过去。彩兰姐姐长得颇有姿色，干活麻利，性子泼辣，无理搅三分，得理不饶人，如果在《红楼梦》里该属于王熙凤那一类人物。她骂起架来鲜有敌手，就算是她的公公婆婆，她一撒泼，两个老人只能装聋作哑，大气也不敢出。果然，逸江刚走近，彩兰姐姐柳眉倒竖，杏眼圆睁，双脚跳起，用手指戳着他骂：俺彩兰说你是个老实人，将来嫁给你不受委屈，谁知你是一条喂不熟的狗！老话说人心换人心、八两换半斤，俺彩兰把一颗热腾腾的心给了你，你当玻璃球扔地上，你还踩两脚。你这负心汉，你这缺德带冒烟儿的，你会遭报应的你信不信？打雷下雨天你可要躲好喽，小心天雷劈了你呦……

逸江任她骂，任她咒，任她戳，任她的唾沫星溅他一脸，只当是洗脸了。他辜负了彩兰，他心里也难过。只是他没有半点回心转意的意思。

逸江从小被大人归为听话的一类，性格软弱，遇事没什么主意，甚至有点“拿不起放不下”，但是这次他一反常态地坚定。没有任何人、任何事能阻止他娶木兰。他以一种奋不顾身的姿态走下去，就算撞了南墙他也不回头，拆了南墙他继续走。

第二年春天，二十二岁的高逸江和二十岁的欧阳木兰终成眷属。

四

木兰妈妈在逸江和木兰婚后一年多去世了。她是在睡梦中停止呼吸的，此前已经昏迷了几天，她走的时候似乎没什么痛苦，这是木兰唯一感到安慰的。熬过这段凄凉、蒙昧的生命中最后的时光，死对她来说可谓是一种解脱。在那个没有病痛的天国，木兰爸爸已经等得太久了，他会再次牵着她的手吧？一如很多年前他们新婚时在北京天安门前照的那张牵着手的合影。

时隔半年多，逸江和木兰的儿子小布丁出生了。

见过小布丁的人都会由衷赞叹，这孩子长得咋那么可爱？细细分辨，这张可爱的小脸上有逸江的脸型、眉毛和鼻梁，又有木兰的眼睛和嘴。当逸江小心翼翼地抱着襁褓中的儿子，紧贴着儿子柔嫩的小脸，感觉那小手的触摸，听着儿子咿咿呀呀的娇嫩声音，他体验到初为人父的骄傲，真切地感到怀里这个软软的、暖暖的、活生生的小东西和自己竟是这样的血肉相连。小布丁见风就长，从一岁开始学走路，到一岁半已能稳步前行，他要向西，你别想让他向东，这小小子有一股子不达目的不罢休的倔劲儿。小布丁的语言也日益丰富，从呀呀学语到会叫爸爸、妈妈、爷爷、奶奶，很快还会说吃饭、喝水、抱抱等简单的词语了。

逸江很快乐，满足是快乐的密码。说实话，儿子的聪明劲儿（他也越来越淘气，越来越难带了），木兰给他织的“爱心牌”羊毛围巾，总是桌明几亮的家，院子里姹紫嫣红的小花园，夜晚像小猫似的蜷在他身边熟睡的木兰，这一切的一切都让他心满意足。如果不是存心和自己找别扭，他有什么理由不满足、不快乐？偶尔，只是偶尔，他觉得这就像一个梦，随时有醒来的危险。

木兰爸爸生前的秘书帮木兰在县文化馆安排了工作，在市场经济大潮席卷大江南北的新时代，县文化馆事实上处于半瘫痪状态，因为组织活动就需要经费，而文化馆不缺才子，不缺才女，不缺书，不缺画，就是缺少人民币。看看报、喝喝茶、浇浇花，这基本就是木兰每天的工作了。木兰的领导是个五十来岁的慈祥的老太太，知道木兰家有小孩儿，时间上尽量照顾她，因此木兰大部分时间呆在家里。

逸江觉得在木兰非常平静的外表之下，很深的地方，有一股不安的潜流，他觉得这一股潜流具有极大地破坏性。每当想到这里，他不由得有些胆寒，还有一点自卑。所以他不太愿意想这些，可他心里隐隐不安着，常常会有一种不祥的预感猝不及防地袭击他，那就是，有一天回家，她不在等他；或者有一天他等她，她却不回来。有一次他从厂子匆匆赶回家，险些儿撞上一辆载满大母猪的拖拉机，遭到愤怒的谩骂。他进了院门，顾不得看看正在小院里玩耍的小布丁，三步并作两步推开家门，进了里屋，却见木兰像平时一样坐在书桌前看一本书。她见他进家，便问他怎么这么早下班，是不是有什么事？他喉头哽塞着，低头支吾着是回来拿一样东西，有东西忘带了。她听了过来帮他一起找，他说不用不用，找到了，说着从大衣柜里胡乱抓了一把东西就出了门。当他走在回毛纺厂的路上时，他看见手里的是她织剩下的一团灰色毛线，他流泪了。

李晓莲家离高逸江家不远，只隔一条小马路。晓莲现在迷上了打麻将，只要听到“三缺一”的指令，饭可以不吃，觉可以不睡，孩子可以不管，脸可以不洗，头可以不梳，像消防队员去救火似的直奔麻将馆去救场，为这事他们小两口没少怄气打架。逸江却鼓动木兰找晓莲去打麻将，他说：木兰，你老这么看书对眼睛不好，你那么漂亮的大眼睛要是近视了多可惜。去，和晓莲相跟上去玩玩，散散心。

又说：清朝有个内阁大学士叫刘墉，他说过“大赌伤神，小赌怡情”，你们女人又不玩大的，怡情怡情也挺好（逸江有限的一点历史知识主要来自电视剧，可知肥皂电视剧在普及历史知识方面的确功不可没）。

再说：赢了算你的，输了算我的，这样行吧？

木兰白他一眼，说：你倒是个有钱人？

三岁的小布丁拿个小铁铲正在院子里的小花园吭哧吭哧地“劳作”，新换的衣裳上全是土，像是刚从土里刨出来的，他头也不抬奶声奶气地给爸爸帮腔，赢了算你的，输了算我的。

一句话把逸江和木兰都逗乐了，木兰亲了亲儿子脏脏的小脸蛋，真去找晓莲了。可是不到半小时，她又回来了。逸江问她，好玩吗？

木兰皱眉，说，一屋子人抽烟，麻将馆里烟雾缭绕的，他们说什么碰碰胡、清一色、杠牌、听牌、八筒、暗七，我一听就头疼，好玩什么？以后不去了。

木兰从书架上抽出那本王国维的《人间词话》，坐在书桌前读了起来。做了妈妈的木兰依然美丽，不，准确地说是更美了。那种成熟的美就像一朵小花蕾儿终于在晨风中绽放，沁着露珠水润润地绽放了。她专注看书的身影渗出一种别样的优雅，而这优雅与小县城里雨后春笋般冒出来的麻将馆、棋牌室、歌舞厅，与县里唯一一家门可罗雀的书店，与这条破败、贫穷、遍地垃圾、散发着腐烂气息的街道都那么格格不入。

小布丁四岁那年，贾壮从山西回来，逸江回村看他。兄弟俩又走到村东头那棵老杏树下。初春，九道沟村周围的田野里，鹅黄嫩绿的青草从去年的一片片枯草中冒了出来，带给人一种盎然的生机。不远处的小山湾里，桃花已经开得红艳艳的，而这棵碗口粗的老杏树，也绽开了一树白粉粉的花朵。

贾壮告诉逸江，他去山西后辗转呆过几个煤矿，后来在临汾一个煤矿算是落下了脚。他在那儿已经成了家，老岳父是当地著名拳师，过五十岁大寿时，前来给他拜寿的门徒有三百多人，都是黑白两道叫得上名号的人物。媳妇从小跟父亲练拳，发育得好，身上该凸出的地方比别的女人凸出一些，摸上去，那手感像凉粉似的。媳妇长相也不赖，人见人爱花见花开汽车见了也爆胎。她为什么会看上贾壮，贾壮自己也觉得匪夷所思。得，只当是走了狗屎运吧。

逸江故意打击贾壮：你媳妇是练家子，估计你在家里没什么地位吧？惹恼了媳妇，九阴白骨爪侍候你，看你小子敢不听话？

贾壮哈哈笑了，甩出一个脆极的响指说：女人嘛，头发长见识短，哄哄她就行。家里无非是些鸡毛蒜皮的事，能有什么大不了的，听她的就听她的。贾壮又犯了“吊书袋”的毛病，“识时务者为俊杰”，她就是想露一手九阴白骨爪，我也不给她机会。

贾壮滔滔不绝地吹得正热闹，忽然沉默了。半晌，轻轻说：你对她好一点。说话时他抬头望着满树雪白的杏花，好像这句话是说给花儿听的。

逸江也不看贾壮，也抬头望着杏花，说：放心，我会对她好的。

两人都没有说出“她”的名字，很有默契的。从高中时代起，逸江和贾壮心照不宣地爱上了同一个女孩。很多事随着光阴荏苒改变了，只有爱，从未改变。他们都是执著的人，至少在这件事上，是海枯石烂地执著。逸江深刻地了解他的兄弟，即使贾壮现在已有妻女，即使远隔千山万水，如果给他的脑子照个 X 光，多半能看到欧阳木兰的影子——神仙挡不住人想人。面对贾壮，他总有种无法释怀的愧疚。

逸江从兜里掏出一卷长短不齐的票子，就像高中时代贾壮从兜里掏出一块白面饼给逸江。逸江说：你数数吧，这是两百块，哥们儿打心眼里想支持你，可是只有这么多，再多了实在没有了。逸江知道贾壮这次回来找亲戚朋友借钱，谋划着想买一个小煤窑。这些年，逸江的日子过得很拮据。木兰爸爸生前是像海瑞那一类的清官，除了留下“一身正气两袖清风”的好名声，再有就是两间平房一处小院，几乎没有留下什么积蓄。木兰妈妈生病前是县粮食局的职工，后来粮食局由事业单位改成企业，又换了领导，报销医药费就越来越难，每次像挤牙膏似的报回一点钱，到木兰妈妈去世时还有厚厚一摞医药费的票据没报销，成了死账。木兰在县文化馆工资不高，逸江所在的毛纺厂这些年效益逐年下滑，常常拖欠工资，逸江父母年纪大了，作为家里唯一的儿子，逸江要定期孝敬些生活费，小布丁正在长身体，大人嘴亏点，也得给孩子吃点有营养的东西，柴米油盐，大事小情，家里处处需要钱。这两百块是逸江瞒着木兰攒的“小金库”，以备不时之需，这次倾囊而出了。

贾壮说：数什么？我还不相信我兄弟？又说：等着，明年我双倍还你。

几年不见，贾壮的模样变了很多，但是眼神依然很亮，和逸江记忆中一样。贾壮雄心勃勃地讲，我筹款买的那个煤窑现在的设备不行，所以老出事故，矿主只会骂人，不善经营，煤就卖不出去。趁着眼下煤价落到了底，我果断出手买下来准没错，一时煤卖不动，总有能卖动的时候呀，到那时挖的就不是煤，是金，日进斗金！

后来，逸江听说贾壮的煤窑不但没能日进斗金，还赔了不少钱。讨债的络绎不绝，把贾壮家的门槛儿都磨低了数寸，贾壮躲在山西不敢回来，讨债的总不能把贾壮的寡母拉去抵债吧？大家只好怨自己不该听信贾壮的鬼话，他只是个煤黑子，哪里是当老板的料呢？呸！

逸江不无惋惜地想，那两百块钱算是打水漂了。

木兰喜欢花，逸江帮她在小院里扎了一圈结实的篱笆，木兰在里面种了好多花，鸡冠花、月季、百日菊、三角梅、紫罗兰……这就是木兰的小花园了。整个夏秋时节，小花园里姹紫嫣红、花团锦簇的。玫红的三角梅仿佛要从篱笆里钻出来似的，三角梅的花朵是单瓣的，乍看很平凡，当这些花儿一丛丛一簇簇开满枝头时，就像天边的云彩那样美艳。百日菊的花期长达三个多月，因此人称“百日菊”，花朵重瓣硕大，赤橙黄绿青蓝紫，花色多样，花形别致，或娇艳，或雅致，或野逸，或孤高，或热烈，千姿百态。

父亲来逸江家，有时会不满地唠叨，院子里这块地可惜了，种这些花花草草中看不中用，要是种点黄瓜、茄子、豆角、西红柿、南瓜，你们一家三口吃菜就不用花钱买了。逸江憨憨地笑，说：这些花是观赏用的，咋没用了？您看，多好看！父亲抽一口旱烟锅，慢悠悠地说：照俺看，碗豆花、山药花、南瓜花更好看。逸江心想，幸亏木兰上班去了，没听见，否则这话木兰肯定不爱听。

父亲也只是说说罢了，儿子已经有了自己的家，再说还给他生了个聪明可爱的孙子，他不想过多干涉儿子的生活。

小布丁的童年几乎是在小花园里度过的。他刚刚会爬的时候，就绕着篱笆爬，好奇地看看这朵花瞧瞧那朵花，用小手小脚摸索着想要进入篱笆里面那个小世界。摇摇晃晃刚会走的时候，他就帮妈妈一起栽苗、浇水、培土，木兰骄傲地夸儿子是她的“小帮手”，事实是“小帮手”经常帮倒忙，还经常把自己弄得一身水一身泥一身土，“小帮手”手不闲着小嘴也不闲着，木兰稍不留意，他就摘几片菊花瓣扔嘴里吃，一丝不苟地实践了千年前屈原所谓“朝饮木兰之坠露兮，夕餐秋菊之落英”。小布丁再长大点，木兰给他一把小铁铲和一个小铁壶，他就像勤劳的小蜜蜂似的在花园里忙碌着，会飞的七星瓢虫、在花丛中翩翩起舞的蝴蝶、一会儿搬家一会儿打仗的蚂蚁都是他的伙伴，风儿吹过，每一朵花每一片叶子都和他窸窣谈笑，用那种只有他们能懂的语言。

小院里经常落下各种鸟，这些鸟是花园的宾客，小布丁像个慷慨的小王子那样用饼干屑、面包屑款待它们，它们振动着翅膀落在小布丁的手掌上、肩膀上，发出悦耳的啼鸣。

夏日傍晚，木兰坐在小院里那把藤椅上，小布丁搬个小马扎坐在妈妈膝前，缠着妈妈讲故事。晚风把鲜花甜丝丝的芬芳送过来，木兰就在这氤氲的花香里娓娓道来。木兰的故事大多都是她自己即兴编的，那个年代国人的词典里尚没有“私人定制”这个词，而小布丁享受到的童话故事不折不扣是妈妈为他“私人定制”的。单就这一点来说，虽然小布丁的童年没有高价的玩具、奢侈的饮食，更没有名牌衣物，小布丁仍然是个幸运的孩子。

木兰的思维总是跳跃式的，她的故事从蝴蝶讲到恐龙，从高山讲到大海，从美人鱼讲到小王子，从小木偶匹诺曹讲到鲁滨逊的孤岛，从史前冰川讲到未来世界的机器人。可是显而易见的，她的故事精彩极了，因为她的小听众听得那么入迷，那么津津有味，他时而咯咯咯地乐，时而皱着小眉头攥紧了小拳头，时而强忍着眼泪，那双酷似木兰的眼睛就像两颗沉在水底的黑色雨花石。

逸江有时候站在旁边，吸着烟看着他的妻子和儿子，在他眼里这一对母子就像一幅精美的工笔画。

常常，小布丁听着听着犯困了，迷迷糊糊地，他感觉到妈妈把他抱起来了，妈妈的怀抱是他在这个世界上最熟悉的地方，同时他也嗅到妈妈身上独有的幽兰般的气息，这气息真好闻，这气息让他觉得安全、宁静，然后他感觉到妈妈轻轻帮他脱了衣服，把他放进干爽舒适的被窝里，帮他掖好被角，又在他的小脸儿上轻轻亲一下，他就沉入黑甜的梦乡，在他的梦里依然有花香弥漫，有鸟儿鸣唱。

深秋，小花园繁华落尽，显出萧条的景象，只有几株紫罗兰还在瑰丽地盛开。花儿是一种奇妙的存在，看上去那么柔弱，禁不起风雨的样子，却蕴藏着傲视风刀对抗霜剑的勇气和力量。木兰吃饭时歪着头看窗外，忽然说：逸江，你买一枝玫瑰花送给我好吗？我想要一枝红玫瑰，一枝就好。

逸江暗笑这就是典型的木兰式思维，她明明看的是紫罗兰，说的却是玫瑰花。逸江活这么大还没见过玫瑰花，玫瑰真的很美吗？他随口说：买什么玫瑰花呢？有那俩闲钱还不如买两根大葱，多实惠。

木兰腾地站起来，气呼呼地说：你就知道实惠！你就知道过日子！说完把筷子狠狠摔在碗上，一扭身进里屋去了。

布丁吐了吐舌头，扮个鬼脸说：老爸，你又惹老妈生气了。

逸江瞪儿子一眼，吃饭还堵不住你的小嘴？有你小孩子什么事？好好吃饭，吃完饭做作业。

木兰整个晚上都在生闷气，逸江叫她，她也不理，“低头向暗壁，千唤不一回”，好在逸江对她周期性发作的大小姐脾气已经适应了。睡觉前，逸江很想说几句好话哄哄她，但疲倦把他四面八方地包围了过来。最近他瞒着木兰在业余时间给一家纸箱厂当搬运工，用单车把生产线上装好成捆的纸箱推进库房，这活是苦力活，但他一点儿不觉的苦，他正值壮年，即使劳筋损骨熬苦一天，只要好好睡一觉，第二天体力依然像拉圆的弓弦那般饱满。他低低地叹息一声，欣慰地想：我有一件好事还没跟木兰说，等我说了她肯定欢喜。几乎是同时，他陷入沉沉的梦乡了。

这些年木兰一直坚持写诗歌，已经写了一百多首，有十几首诗还在报刊上发表了，虽然稿费少得可以忽略不计，但影响还是有的。某晚，她坐在灯下，在笔记本上写一会儿，停笔，托着腮静静地思考着什么，上身如石膏像那样端庄。县文化馆有一台古董电脑，一言不合就死机，是从张家口市文化馆淘汰下来的，木兰的诗写好了再用那台电脑一个字一个字地敲出来。

逸江叫：木兰。

嗯？木兰皱眉，嫌他打断她写诗的思路。

逸江把憋了好些天的“好事”说出来，今年我在厂里被评为劳动模范，厂里奖励我一个星期的假，我和山西临汾的老舅舅联系，想去看看他老人家，老舅舅说欢迎咱们一家三口去做客，还要陪着咱们去看著名的壶口瀑布。

壶口瀑布？木兰扭头看他，眼睛一下子亮了。

逸江猜到此刻木兰的心已经飞到壶口瀑布了，故意问：你说咱去不去？

去，当然去！一定去！果然，木兰兴奋地喊。

听说要去看壶口瀑布，布丁比木兰更兴奋。

那以后他们三人的话题总是离不开临汾和壶口瀑布。出行的日期基本定在明年四月，根据木兰在文化馆查阅的资料，春季四五月份，正值农历三月间，漫山遍野的山桃花盛开，岸边凝冻的冰崖消融，称为“三月桃花汛”，是壶口瀑布的最佳观赏期。去往临汾有两条路线可供选择，一条是从坝源县坐汽车到张家口，从张家口坐火车到石家庄，然后转车到太原再转车到临汾；另一条也是先到张家口，从张家口坐火车到北京，然后从北京坐长途汽车直达临汾。木兰打算选择第二条路线，因为路过北京可以安排半天时间，他们要看看天安门，还要在当年木兰父母亲合影的地方照一张全家福。另外，给逸江的老舅舅老舅妈带什么礼物，初次登门，不能显得太寒酸；旅行途中需要带什么吃的用的，布丁穿什么衣服，不能太厚也不能太薄，所有的细节他们都不厌其烦、乐在其中地反复商讨。

当然，首要问题还是要解决旅行费用。为此三个人制定了“开源节流”的一系列措施。“开源”如下：逸江现在兼职干搬运工，这份差是计件制，他反正有力气，争取多拉纸箱，多挣工钱；木兰用逸江毛纺厂的毛线，以前两个星期最多织一件毛衣，以后要提高效率，一个星期织一件毛衣一条毛裤，木兰买了专业的编织书籍照着书上的花样织，虽然手工费比别人多要一两块，很多老顾客说她织的好，穿上显洋气，还是愿意找她给织东西；布丁九岁了，不是小孩子了，也要在学习之余多做些力所能及的家务活，让逸江和木兰有更多时间精力去干活挣钱。“节流”如下：逸江以前抽烟只抽两块钱一包的黑棒子，以后干脆戒了，不抽了，两块钱也是钱，能省就省；布丁上三年级了，逸江答应过他期中考试语文数学考了双百分就给他买个新书包，布丁挺争气地考了双百分，但是布丁主动表示他不要新书包了，旧书包还能用，等他上初中再换新书包吧。

晚上，木兰已经躺下了，又穿好衣服。逸江迷迷糊糊问她干什么。她说：我好像看见壶口瀑布了，真真儿的，不是幻觉，我看见黄河水呼啸着奔腾而下，千波浊浪拥挤着、撕咬着、咆哮着，汹涌澎湃，飞泻而下；我看见浊浪滔天，狼奔豕突，虎啸龙吟，鱼鳖腾跃；我看见银瓶乍破，水雾腾天，声震天地，似天兵骤降，刀剑齐鸣；我看见山崩地陷，天翻地覆，乾坤倒置……我灵感来啦，不跟你说了，我得赶紧写诗，要不灵感跑了，我还怎么写诗？

逸江已经全无睡意，他看着木兰在灯下刷刷刷地写。木兰写完了就相当得意，指点着让他看，说：看看看看，这么些字，一排一排的，整整齐齐，像是要出征打仗的士兵，雄赳赳气昂昂，若是没有灵感，它们从哪里来？而且你看这一句，多有味道啊！灵感不到，就是写出来了，也一定是干巴巴的僵尸啊。

逸江对灵感这东西其实不以为然，或许灵感只是过去的文人墨客故弄玄虚，好忽悠劳动人民？可是他的木兰坚定不移地说有，肯定有，必须有，反正是有，那就是有呗。每当木兰和他讨论诗的时候，他就要痛恨自己没有文学细胞，享受不到灵感带来的快感——木兰来了灵感，总是很快乐的。不过只要他的木兰快乐，他不是也就快乐了？这么想着，他又快乐起来。

那个冬天，他们尽情透支着远行计划所带来的快乐。冬天到了，春天还会远吗？而壶口瀑布就在春天里等着他们。

毛纺厂以前会用滞销的毛线抵一部分工资，可多多少少还能发一部分工资。十二月份，厂里突然开会，宣布厂里资金周转出现严重困难，只能把销不出去的产品作为工资发给工人。逸江垂头丧气地把一堆羊毛毯、羊毛袜子、毛线抱回家，一筹莫展地想，这些东西厂里销售科都销不出去，他高逸江又没长三头六臂，销给谁，谁买？紧接着，一场大雪把九道沟村逸江家老房子的房顶压塌了，天寒地冻，逸江回去找人帮着修房子，赔了笑脸，赔了人情，最重要的是把他和木兰所有的积蓄都搭上了，还欠了债。这些日子布丁老是咳嗽，开始他们没太当回事，因为布丁从小体质好，抵抗力强，木兰给布丁吃着治咳嗽的药，还让他照常上学，不料布丁突然发高烧，急忙送到县医院，诊断已经转成肺炎。这样他们又不得不支出一大笔医药费。到此时，他们的经济状况已经不仅仅是捉襟见肘，而是负债累累了。

逸江嗫嚅着，尽量婉转地说出，去壶口瀑布的计划泡汤了。为了缓和一下气氛，他大大咧咧地补充，等将来咱们攒够钱再去，壶口瀑布没长腿，不会跑，什么时候去看都行。

这样的结果木兰也早就料到了。她若无其事地"哦"了一声，大眼睛里却是那么坦白的失望。

这个失望的眼神在逸江的心中变成了疤痕，此后这道疤再也没能愈合，只能在时光中一直溃烂着。一直。

木兰的手，能写出那么美丽的诗句的手，却为了一块两块的手工费放下笔拿起毛线针，现在就连去看壶口瀑布这样一个小小的愿望他都不能让她实现。他恨自己无能！

客观地说，逸江并不是没有能力。可是能力就像一张支票，除非把它兑成现金，否则就毫无价值。

春天，他们一家去了张家口儿童乐园。布丁的同学大多数都去过了，他们把张家口儿童乐园描述得比香港迪斯尼乐园更好玩、更刺激。布丁患肺炎住院的时候，眼泪汪汪地说他也想去，去了就算什么都不玩，看看也开心。布丁是个懂事的孩子，很少提什么要求的。木兰眼泪汪汪地答应儿子，去，等你病好了，爸爸妈妈一定带你去，让你玩个够。

四月的街上风和日丽，一派春意盎然。灰色的街道和枯老的绿色都被崭新的嫩绿取代了，阳光使一片片鲜嫩的新叶泛着绿光，街上有一种树，不知道叫什么名字，开满紫白色的花，很大一朵，吐着淡淡的芳香。一进儿童乐园，布丁再也按捺不住，兴奋地叫：老爸，我要坐过山车！

老妈，我要坐碰碰车！

老爸，我还要玩淘气堡！

老妈，我还要玩海盗船！

过山车是儿童乐园最奢华也最惊心动魄的项目，布丁玩了一项又一项，当他们终于站到了过山车前，那里已经围满了人。木兰看着那些坐在飞车上飞来飞去的人，惊叹，真的跟飞一样啊。她又说，哦，哦，哦，他们飞了，飞了，飞起来了。她开始跟着那些飞着的人一块儿喊了。

木兰站在春光里，不施脂粉，穿一身朴素的衣裳。岁月对她似乎格外恩宠，竟舍不得在她身上留下什么痕迹，她的长发依然乌黑浓密，她洁白的脸庞依然像上了釉的白瓷，闪着珍珠般的光泽，长长的睫长护着的那双眼睛依然那么清澈，那么灵动。逸江按下快门，用借来的相机适时地捕捉住这唯美的瞬间。

逸江担心木兰不敢坐过山车，他买了两张票，带着布丁去玩。木兰跑过来搂住布丁，问：你怕不怕？

不怕！布丁喊了一声，就跑进里面去了。木兰不住地叮嘱：手抓好啊，带子系好，逸江，看看布丁带子系好没，一定要抓好儿子啊。

木兰，我们要飞了。逸江坐在上面，冲木兰招招手。

老妈，我们要飞了。布丁的小脸早已兴奋成了太阳的颜色。

接下来的时间，木兰的头抬得高高的，目光死死地盯住上面的布丁和逸江，手挥舞着，脚步乱跳着，忽而喊，飞了，飞了，飞得好高呀。忽而喊，好棒啊，好好棒啊，飞吧飞吧再飞高点。一边喊一边笑，她脸上的笑容那么明快，像个孩子似的，那笑声好听得让所有人侧目，那是在青龙河畔朗诵《啊，船长！我的船长！》那个少女的笑声。

玩完过山车，按计划就要离开乐园往回走了，木兰的步子突然不迈了。逸江以为她累了，让她坐下休息会儿。她说：不坐。

老妈是不是也想玩啊，老妈还没飞呢，老爸，你带老妈飞吧。布丁在一旁喊。

逸江明白了，再三叮嘱布丁别乱跑，就在原地等他们，然后拉着木兰的手往过山车前跑。木兰脚下生风，跑得比逸江还快。

那天，木兰真的飞了起来哎。飞得惊心动魄，飞得灵魂出窍，飞得完全忘掉了自己。之后很长时间，木兰都觉得自己在飞。

那天的一切定格在了逸江的心里，他从后面抱着木兰，他和木兰一起飞，飞，飞。他听见木兰喊，飞吧飞吧飞吧，整个游乐园都回荡着这一种声音。那是他一生中最幸福的时光。幸福的时光总是稍纵即逝。

从张家口回来后不久，杜志学找到逸江，通知他高中同学定在五月十五号聚会，地点是县里最高档的纽约里酒店。

杜志学说，贾壮回来了。

五

午夜时分，大雨如注，雷电交加。

一个多小时了，高速公路上看不到别的车在跑。高逸江的吉普车往没有尽头的黑暗开去。巨大的黑暗仿佛要将他吞噬掉。路的两旁都是荒山野岭，茂盛的漆黑藏匿着令人惊悚的隐秘，好像是路的前方和身后有什么诡异的力量在监视着他。他握方向盘的双手时常颤抖，他从二十岁就开车，可是从来没有像今夜这样害怕，害怕雨把车的玻璃打碎了，或车子不合时宜地抛锚在孤寂无援的路上。他放慢车速，想给母亲打个电话，问问父亲现在的情况，这才发现他的手机没有带在身上。没有了手机，仿佛被世界抛弃了，与世隔绝，他会紧张、慌乱、失魂落魄，因为手机已经成为他身体的重要组成部分，须臾不可或缺。米兰早就说，这是一种病，而他病得不轻。

借着很弱的灯光，他看见前方山路转弯处一块草地。一个闪电增加了亮度，他可以看清狭窄的草地上站着一棵很高很大的树。在北京去往坝源的路上，这是车祸发生率最高的地带。他记起不久前路过这里见到的景象。那棵不知名的树长得枝繁叶茂，叶子像新琉璃一样透出澄澄的鲜红，一阵风拂过，落叶覆住青绿的草丛，血色艳艳，像新鲜的血液淌了一地。那棵奇异的树就站在一个九十度转弯的险坡旁，开车的人只要一分心，在这个危险的转弯稍出差错，就可能连人带车滚下山崖摔得粉骨碎身！车辆飞驰而过，沿路祭拜枉死者的银纸在风中寂寞翻飞，仿佛有叹息声在山谷中回荡……

逸江的车已经开到那个转弯处，仿佛进入一个通往鬼域的甬道，不绝于耳的风声雨声如奏安魂曲。人与车突然一同晃荡。逸江拼命踩刹车，拼命打方向盘，但一切都是徒劳，他感觉到车子冲下山崖。什么是天意？这就是天意！他不能在阳间见父亲最后一面是天意，他和父亲在阴间团聚也是天意。他已经嗅到死亡阴冷的气息，死神漆黑、腥臭的袍袖拂上他的脸、他的脖子、他的肢体。突然，一股奇特的超自然力量把原本冲下山崖的车子又推回去。生死只在一瞬间，逸江的车奇迹般地开过那个危险地带。

逸江惊魂未定，把车停在路边，然后掏出打火机点燃了香烟。米兰总是劝他戒烟，历数戒烟的各种必要性。在刚刚与死神擦肩而过的这一刻，在深深地吸进去一口烟又徐徐地吐出来的这一刻，他感到有烟可抽是多么幸福的一件事啊。我为什么要戒烟？真是作践！

烟头一明一灭，青烟缕缕缠绕。逸江的思绪又逆着时光向后倒退，退回流逝的岁月……

九年前，在坝源，除了聋子（例如九道沟村的三后生）、痴子（例如青蒜梁村的四女子）、傻子（例如县城身高不足一米的小老头），你想不听说都难：贾壮那小子发达了！有人说，贾壮在山西临汾拥有四个煤窑；也有人说，不止四个，贾壮起码有五个煤窑。有人说，贾壮的资产有几千万了，马上有人更权威地纠正，何止，那个煤老板的资产至少有几个亿了。不过有一点人们还是达成共识：贾壮那小子现在富得流油哩。谁都知道，现在煤炭的价格一天一个价，疯了似的涨，据说拉煤车在每个窑前都排队，来人提着一口袋一口袋的钱，毫不夸张地说，日进斗金！

贾壮回村看他的寡母，开一辆银白色奔驰车，还带着司机。有目睹者绘声绘色地描述，司机三十出头的样子，下巴刮得铁青，黑色衬衣的纽扣一直扣到最上面一颗，和一位过气男明星极为相似。凡是去贾壮家的老乡都收获了丰厚的红包，凡是领到红包的都唏嘘：贾老板，那派头，那气场，真是今非昔比喽。

贾壮声名鹊起，有学校找他赞助，他先是给了青蒜梁村一个小学十万元，又给了九道沟邻村一个小学十五万。后来他掏腰包出资在九道沟村新建了一所希望小学。“壮壮希望小学”落成那天，村里举行了隆重的庆祝仪式，县委书记带着乡县领导们出席，并且发表了热情洋溢的讲话，县教育局还给贾壮颁发了一块大玻璃框奖状，张家口电视台对庆祝仪式进行了全程报道。以上是官方版本，而民间版本还有番外，番外是县委书记在纽约里酒店宴请贾壮。县委书记到任之初给自己规定了四条禁令：一个人不喝酒，工作时不喝酒，在本县不喝酒，周一至周五不喝酒。虽然禁令之间相互重叠和啰嗦，但总结起来一句话：无缘无故不喝酒。贾壮身为游子不忘故里、不忘为乡亲们谋福的行为让县委书记深受感动，县委书记抛开禁令，主动提议，不醉不罢休。一杯酒，两人相见恨晚；两杯酒，两人惺惺相惜；三杯酒，两人称兄道弟；四杯酒，两人遂成刎颈之交矣。

古今多少事，都付笑谈中。那段日子，人们一边吃饭一边津津乐道关于贾壮的种种传闻。大众的味蕾盛开如花，从土豆粉丝中慢慢品味出鱼翅的美味，从土豆片中慢慢品味出鲍鱼的美味，从土豆疙瘩汤中慢慢品味出雪蛤海皇羹的美味。

杜志学在通知逸江聚会之前，曾找过逸江，受贾壮之托，还给逸江两千元。看逸江一脸茫然，杜志学只好提醒他：你忘了？五年前贾壮筹款买煤窑，你借给他两百块？逸江想起这事来，更诧异，借两百，还两千，我不成放高利贷了？不行，我不能要这么多。杜志学笑笑说：你脑子进水了？怪不得你发不了财。他给，你就要。他要是给我，我肯定要。又调侃，咱班好不容易出息一个贾壮，那就是露头椽子出头鸟，作为老同学，不宰他一刀怎么对得起他？最后逸江只好先把钱收着，他想等见着贾壮再退还他一千六百元，因为当年贾壮讲双倍还，那么还四百就对了。

五月十五号很快到了，原定晚六点聚会正式开始，五点五十逸江还没能走出家门。木兰翻箱倒柜，把统共少得可怜的几件应季衣服都找出来，这件不行，这面料一看就是地摊货；这件是她最好的衣服了，她去张家口出差时买的，可惜太旧了，都磨出毛边了，她已经好几年没舍得买新衣服了。

等她挑来选去，终于换上一身档次差点也还合身的衣服，逸江已经急得团团转了。要出门时，木兰又把仅有的一枚银戒指戴上，可是刚戴上又摘了，放在桌上。逸江问她，为什么不戴了？她说：晓莲刚买了金项链、金戒指，人家都戴好几大千的首饰，我就戴这几十块钱的小破戒指，丢不丢人啊？说着眼圈红了，你去吧，我不去了，你代我跟同学们问个好吧。

逸江说：那怎么行？贾壮来电话一再说，这是咱们高中毕业十二年聚会，班花必须得参加。其实逸江还“贪污”了几句，贾壮强调，只有班花参加了，这次聚会才是一次团结的聚会，胜利的聚会，具有里程碑意义的聚会。不难看出贾壮和县委书记那顿饭的确没白吃，其政治觉悟已经全方位渗透到生活的方方面面；由此也就不难理解那么多大贾 CEO 对股神巴菲特的天价午餐趋之若鹜了。

木兰苦笑说：什么班花？沦落的班花？连一身像样的衣服都没有的班花？

——对衣服、首饰这些身外物竟然如此计较，木兰啊木兰，你还是我们那个超凡脱俗的、诗一样梦一样的木兰吗？

是，她依然有高贵的灵魂，她依然是我们的木兰。只是什么诗、什么梦，也都需要经济力量来维持啊！现实是一条残忍的鞭子，它可以把所有的诗所有的梦都赶走。

逸江只好打点起一卡车的好话，木兰，你就是天生的美人坯子，你就算戴块小石头也比别人戴钻石漂亮一百倍，诸如此类。

纽约里酒店位于青龙河岸边，一二层外墙是黑色花岗岩抛光贴面，照得见人影，三层以上是咖啡色釉面砖贴面，色调厚重纯粹。里面的装修十分考究，装修风格却完全是中式的，而且极具历史感。逸江和不情不愿的木兰走进酒店，心想，若不是贾壮作东，他还真的无法想象，在他们这个不起眼的以贫困著称的小县城里竟然有如此奢华高档的酒店；当然，若不是贾壮作东，以他高逸江一个普通工人的消费水平也不可能涉足这样的场所，不要说他，就是他们毛纺厂的最高领导也就是厂长，估计也不曾涉足。酒店内灯光通明，一眼看去还真辨别不出那些瓷器、家具是现代仿品，还是价值连城的老物件。身着缎面旗袍的迎宾小姐个个身材高挑，面容姣好。

在领班的带领下，他们来到二楼一间半古不新的厅房。她清了清嗓子，音色甜美地朝房里喊道：贾老板，您的客人到。房门应声而开，金碧辉煌的包间内，逸江一眼瞥见贾壮的光头闪闪发亮，如果他此时的光头形象与当年高三晚会上长发飘飘的他放在一起，绝对挑战极限。贾壮胖了许多，凸起的肚腩把有质感的白衬衣顶出一弯弧线。挂在小腹中央的GUCCI皮带扣锃亮耀眼，与他的光头交相辉映。

贾壮正讲着手机，见他俩进来，微皱的眉毛便展开了，如同一对儿上翘的羊角。他对着手机颐指气使地喊：行了行了，我这里有要紧事，不要打我手机了。该花多少钱花多少钱，啊。我说过多少回了，花钱能解决的事就不是事儿。这一点小事都摆不平，老子用高薪聘你难道是让你吃白饭的？说完挂断线。

逸江和木兰落座，一张张既熟悉又有些陌生的面孔跃入他们的视野，杜志学、陈凯杰、杨斌、李晓莲、周芳……他在脑子里一一对应当年同学的名字和绰号；有几个同学他只记住了姓，至于大名怎么想也想不起来了。女同学们看上去都精心打扮过了，男同学们全都娶妻生子，变得灰头土脸的。他们少年时代具有的某些品质，类似翅膀或者爪子，曾像一层釉质让这些少年熠熠生辉，如今都消失不见了。班主任老师也已入座，他当年气质儒雅，是不少女生心中的偶像，现在竟然有些秃顶，低垂的眼袋似乎储满了流不尽的泪水。班主任仍在他们的母校任教，听说混得不太如意，爱上了杯中之物，过度的酒精侵蚀了他的身体，使儒雅气质蜕化殆尽。

偌大的圆桌上，已经摆了一圈美酒佳肴。几道凉菜是由北方不常见的蔬菜调拌而成，桌上任何一道精致主菜的价钱都抵得上逸江一个月的工资了。大家聊起高中时那些陈年往事、点滴细节，包间里的气氛比过年还热烈。无论现在他或她变得多庸俗，多市侩，高中那段金子一样的年华都证明他们曾拥有过的、打上那个时代烙印的青春、激情和浪漫。光阴如水，毕业已经十二年了，十二年的光阴带来了什么，又带走了什么？

大家不会忘记“麻杆”，他们很少正式地称他张少山，还是愿意像当年那样亲切地叫他“麻杆”，就好像他依然是他们这个班集体中的一员。现在想想，“麻杆”当年各方面是多么优秀，理应有个让人称羡的美满人生，可谁曾料到，他却早早地去了另一个世界。时至今日，我们却还忝在人间，仅凭此一点，我们对生活还有什么可抱怨的？对此，有同学又有不同意见，换个角度看问题，“麻杆”不会长皱纹，不会衰老，不会秃顶，不会是三十岁、四十岁、五十岁，他永远是十八岁的纯情少年，也许现在他正在天上看着我们，用那种阳光灿烂的笑容。

大家也说起“几何”葛庆安，自从他去北京上大学以后就杳无音讯了。有同学说见过“几何”他爸，他爸以前就驼背，现在更老了，背也更驼了，据他爸证实，“几何”大学毕业后留在北京工作，在首都工作和在咱县里工作自然不一样，特别忙，所以难得回家看看。又有同学说，“几何”脑袋瓜子好使，早晚混进中南海，如果哪天打开电视看新闻联播时发现“几何”人模狗样地作为政府官员接受采访，那可一点不奇怪。大家立马对这一猜测深信不疑，纷纷举杯庆贺。包间里原本热烈的气氛顿时变得更加热烈。同学圈里已经出了贾壮这么一个富翁同学，又要出葛庆安这么一大当大官的同学，自己撞大运还不是分分钟的事？

贾壮忽然站起来，“啪啪啪”击三下掌。掌声刚落，女侍者进来，把一个三层的生日蛋糕放在圆桌中央，紧跟着进来的男人与一位过气男明星极为相似，估计是贾壮的司机，他把一个玫瑰花篮也放在圆桌中央。显然，这个戏剧性的环节是事先策划好的。

逸江正在大嚼葱烧海参，僵住。花篮里的玫瑰花摆成一个“心”字，周围用“满天星”点缀。每朵玫瑰都很新鲜，那么红，像血一样红。

逸江目不转睛地盯着那个玫瑰花篮，脑子里闪过这样一个概念：玫瑰花真的好美，和木兰在她的诗里反复渲染的一样美。

刚才还一片喧闹的包间里变得异常安静。二十多双眼睛注视着贾壮，在他们的印象中，豪爽、不羁、粗鲁、仗义、果敢、霸道、强悍、有点狂、有点匪，等等等等词语都可以往贾壮身上砸，只有“温柔”这个词与这个人完全不搭界，可是这一刻，闪烁在他眉梢眼角的，笼罩着他那张略显沧桑的脸孔的，不是温柔又是什么？

贾壮好温柔好温柔地说：生日快乐！

谁？今天谁过生日？一个巨大的问号悬浮在那张巨大的圆桌上。没人说出心里的疑问，大家安静地等待贾壮的下文。

贾壮继续用那种温柔如水的语调说：我当矿工的时候，有一次下井，塌方，轰一声巨响，巷道里面雷声隆隆，煤尘云朵般飞扬起来，激流迸射，决口般地冲过来。那时我想我就要死了，最早跟我一起下井的弟兄，要么死要么残，快占一半儿了，现在该轮到我了。我张开双臂抱住头，蜷成一团，任凭刷刷刷飘落的煤粉把我掩埋。我想死了也好，活着太苦、太累，这是我的命，我认命。黑暗中不知道过了多久。突然，我想起高中时我送给一个女孩一件生日礼物，可是那个女孩不喜欢，我怎么会在这种时候想起这样一件事？我自己也不知道，可是就是想起来了，特别清晰，所有的细节都想起来了。我霍地站了起来，捞起一把镐头，拼命想要刨出一条生路。我一边刨一边对自己发誓：老天爷只要今天让我活着出去，总有一天，我贾壮要再次出现在那个女孩面前，再送她一件生日礼物，再问问她喜欢不喜欢！

逸江看着贾壮，暂时忘记了贾壮、木兰和自己之间那道无解的三角习题，他只是感到震撼，穿透灵魂的震撼，震撼到无语的震撼。

木兰缓缓站起来，将一绺掉落在前额的头发抿至耳后，她那平静如湖面般的脸庞泛起一丝不易察觉的微澜。她说：老同学，谢谢你还记得我的生日。你今天送给我的玫瑰花篮，我真的很喜欢。

顿一下，她又说：当年，我还太小，不懂得珍惜，如果我的言行曾经伤害了你，你可以原谅我吗？木兰闪烁其词，在场除了贾壮、逸江，还有几个同学知情。他们恍若回到高中时代，又见那封被撕碎的情书，又见木兰那个“天女散花”的经典动作，不禁发出善意的轻轻的笑声。

贾壮的眼神亮得逼人，他已经半醉，借着酒劲盯着木兰，说：为了十二年前的一切，为了你欧阳木兰今天这一句“喜欢”，我贾壮知足了。知足。

贾壮高擎酒杯，杯中是陈酿年份比他年纪还久的高度白酒。他连干三杯，每杯都是一饮而尽，像喝水一样。

大家笑，好，好，好！贾壮敞亮！

木兰原本喝的是葡萄酒，这时给自己斟了满满一杯白酒。她眉梢处轻轻抖动了一下，对贾壮嫣然一笑，不言不语，举杯也一饮而尽。

大家笑，好，好，好！木兰敞亮！

除却巫山不是云。贾壮轻叹。

酒宴结束，已经十点半，意犹未尽，一群人又到酒店 KTV 唱歌。

那是最大最豪华的 KTV 包厢。李晓莲、周芳、杜志学、陈凯杰，还有另外几个同学都是“麦霸”，一首歌接一首歌地唱，大多走的是怀旧路线，什么《光阴的故事》《再回到从前》《往事只能回味》《每一次想起》……

木兰坐在沙发上，微笑着看这些往日同学的表演。她刚才喝了不少酒，晕红的脸颊灿若桃花，大眼睛水汪汪的，像闪烁的泪光。

唱到大家都昏昏欲睡了，贾壮和醉眼朦胧的逸江、杜志学、陈凯杰唱《朋友》，四个人勾肩搭背，扯着嗓子吼：朋友一生一起走，那些日子不再有，一句话，一辈子，一生情，一杯酒。朋友不曾孤单过，一声朋友你会懂，还有伤，还有痛，还要走，还有我……

聚会以后，逸江感觉到木兰的变化。他发现她多了一部小巧的诺基亚手机，谁给她买的？他没问。

有几次她回家很晚，他听见门外泊车、汽车又开走的声音。谁送她回来的？他没问——问了又如何？

夜已深，木兰已沉沉睡去。逸江睁着眼，清醒着，就像黑暗的海底里那些没有声音的珊瑚礁。在木兰看似平静的外表下，有一股极具破坏性的潜流，这股潜流从他们结婚以来就让他隐隐地不安，如今这股潜流正在变成势不可挡的洪流，将吞噬他的生活、他的爱、他的家。

他不想吵醒她，轻手轻脚起来，推门走到小院里。他狠狠吸一会儿烟，又把手里吸剩下的半截烟揉碎攥起来，然后重新揉碎，再紧紧把烟丝攥在拳头里。他看见了那个致命的危机，却束手无策。深蓝的夜空上，满天星斗耿耿地望着人间，望着这个安详的小县城，照耀着寂无行人的街道，照耀着这个痴情的男人——被爱折磨得苦不堪言，心力交瘁。

逸江的担心很快成为事实。一天晚上，木兰督促布丁早早做完作业去睡觉。她对他提出了离婚！

听到“离婚”这两个字，有几分钟，逸江脑子里一片白茫茫的麻木。

等他反应过来，他不说同意，也不说不同意，中了邪一样在这间斗室里来回踱步。他想找点事做，却不知道该做些什么好，只觉得有股力量在体内四处游走，带着愤怒、屈辱，拼命想寻找一个突破口。突然他操起一个塑料盆，到院子里浇花用的水龙头下面接了满满一盆水，又端着盆走进里屋，水溅出来，满地都是。他盯着木兰，听见她惊诧地问：你要干什么？与此同时，他把一盆冰凉的水兜头浇在自己身上了。

逸江额上的青筋突突地跳着，眼睛爬满红血丝，整个人像从水里捞出来似的，脸上、身上都滴着水。他逼近她，声音嘶哑，问：你要跟他走了？是不是？

她被他的样子吓住了，眼里闪过一丝惊恐。他要揍她吗？他的热气一阵阵扑到她的脸面上，她全身颤栗起来。眼泪涌出来，顺着大理石一样苍白的脸颊滑落。她心里明明害怕，可是她正视他，说：我想去看看外面的世界，想要换一种生活方式。逸江，你知道吗？我每天重复着同样的日子，今天走的路和昨天一样，今天见的人和昨天一样，当然明天也不会有什么变化。我已经好久没有一点灵感了，连一句诗都写不出来了。我不想在这里出生，在这里长大，在这里变老，最后埋葬在这里。真的不想。

你这个狠心的女人，你的眼泪为谁流？为我，为贾壮，还是为你自己？刹那间逸江的心剧烈地疼起来。事到如今，他不是应该恨她吗？对，他应该恨她！可是看见她流泪，他还是会心疼。原来，爱真是这世间最毒的药，而他已中毒太深、太深。他紧紧抓住她的手，一句狠话也说不出来，说出的却是：木兰，不要离开我，好吗？

更多的泪水从她的长睫毛下面渗出来，漫洇在脸上。她哽咽着说：

不会的，逸江，我不会离开你，不会离开布丁。不会。

到了最后，她还是选择了离开。初冬，坝源县迎来这一年的第一场雪，高逸江和欧阳木兰的婚姻也走到了尽头。

在家里，床上、枕巾上、桌子椅子上，空气里到处是木兰残余的气息，幽兰般的气息。这独属于木兰的冷香像一群断裂了翅膀的乌鸦，绕着逸江无声而缓慢地盘旋。一圈又一圈，一圈又一圈……逸江甚至产生幻觉，以为她还近在咫尺，以为一转身就能看到她，以为一抬手就能触摸到她散发着幽香的胴体。而这个女人的确已经消失不见了。

她去了哪里？他的耳边依稀听见贾壮粗粝的歌声从岁月深处的高三晚会上飘来——

我曾经问个不休，

你何时跟我走，

可你却总是笑我，

一无所有。

……

一切都是注定的。现在她跟他走了，就像他在十二年前的歌里唱的那样：你这就跟我走！

逸江从家里出来，逃离木兰的气息。这个冬天是他生命中最寒冷的冬天。他穿着木兰织的最厚的毛裤、毛衣，戴着木兰织的双层加厚的毛线帽子，外面再加上一条木兰织的围巾，仅仅露出一个鼻子尖，毫无表情的冰凉的鼻子尖。他还是觉得冷，渗入全身每一个细胞的彻骨冷。北风嗷嗷的，有水的地方都结冰了。他走在路上，听见脚下冰破碎的声音。冻结，破碎。冻结，破碎。冻结，破碎。太阳没有温度，太阳也无能为力。

高逸江的媳妇把他甩了，跟他最好的兄弟走了。这条新闻早已在这个小县城传开了。当然，最坏的事也有好的方面，默默无闻的小人物高逸江借此一举成为小县城里的名人，不能不算是一种“殊荣”。

逸江宁愿从别人脸上看到幸灾乐祸的表情。他不怕幸灾乐祸，他怕同情。当他路遇刚从麻将馆出来的晓莲，他从晓莲的脸上看到了同情，他几乎要崩溃。他拐进一家小店，就着一盘油腻腻的猪头肉，他喝了一瓶二锅头。苦涩的酒精在他的身体里燃烧起一片灼热的火焰，那种猛烈的灼热，夹带着疼痛和快乐，把他吞噬。谁说的？人生得意须尽欢，莫使金樽空对月。殊不知，人生失意才更应该尽欢。

那些日子，他日日买醉，夜夜“尽欢”，几乎没有清醒的时候。

一个清冷的早晨，他睁开眼，发现自己像个流浪汉似的睡在床边的砖地上。他试着回想，对昨晚他去哪里喝酒、又是怎么回的家居然没有一点记忆。他用呆滞的目光抚摸着砖地、房顶、每一件家具和用品，不放过每个角角落落。以往一尘不染的房间里如今到处都积满了灰尘，木兰最爱看的那本《人间词话》也快被灰尘掩埋了，冷锅冷灶没有一丝热气，以往三人围坐在一起吃饭的小圆桌上沾着几片刺目的油污，还扔着两块榨菜，在这栋房子里他和木兰一起生活了十多年，如今这房子像一具失去了灵魂的躯壳。而院子里木兰的花园，原来姹紫嫣红开着，现在这般都付与枯枝败叶、残雪污泥。

窗外若无其事地飘起素白的雪花。

突然，他听见一阵急促的脚步声，然后看见布丁进来了。布丁的脸冻得通红，嘴唇冻得发紫，他也看见逸江，愣了一下，才叫：老爸，你怎么躺在地上？

布丁使出吃奶的劲才把逸江扶起来，又帮他拍打衣服上的灰。拍了几下，停住，抬起那双酷似木兰的眼睛问：我妈去哪儿了爷爷说我妈出差了我妈什么时候回来你快让我妈回来我想我妈了我评上三好学生了你快叫我妈回来看看我的奖状！布丁说出来这一大串话，连口气也不喘，事实上他在心里已经说过无数遍。思念和疑问像沉重的石头般压在这个十岁孩子的心上，他那颗小小的心已不堪重负。

逸江避开儿子充满渴望的目光，问：你在爷爷家呆的好好的，怎么跑回来了？

我们不放心你，来看看你。爷爷也来了。

逸江往窗外看去，只见漫天飞雪中，穿件老羊皮袄的父亲正一瘸一拐地、蹒跚着走进来。

一种无法抑制的悲凉瞬间淹没了他，他猛地抱住瘦小的儿子号啕大哭。几乎同时，布丁也哇地放声哭了。

“有你泪流成河的时候！”姐姐当年的话一语成谶。泪流成河，恰似千年前一个男人的眼泪流成的青龙河。

泪流成河。

六

高逸江启动吉普车，一人一车在大雨中继续上路了。

车开得很快，路旁的地名牌不断掠过，知名的和不知名的。车仪表上显示，时间已经是凌晨两点半，按道理，他很快就应该看到家乡的地名，可是又行驶了二十多分钟，仍然看不到熟悉的“坝源县”字样。他打开导航仪，可是导航仪黑屏了，死了，难道在刚才那个山路转弯处，死神没有带走他，却带走了导航仪？这个夜晚充满了诡异。闪电很诡异。轮子下的水声很诡异。空荡荡的高速公路很诡异。路两旁的荒山野岭很诡异。他终于看到了前方有亮光，那是服务站。他把车开进了服务站。服务站也空荡荡的，好不容易看到一个中年男人从厕所里出来，他是服务站的工作人员。

逸江上前问：离坝源县还有多远？

坝源县？你开过了，至少过了一百多里。他回答说，你只能到前面找一个调头的路口往回跑了。

不可能，坝源是我家，回家的路怎么可能走错？

雨太大，你错过了坝源！他肯定地说。逸江对他权威的质疑引起了他的不快，要是不信，你尽管往前跑好了！

逸江上车，抓紧时间往前行驶。从北京到坝源这条路他经常跑，非常熟悉，何况一路上他都仔细注意路牌，但是现在他不得不承认那个服务站的人说的是对的，他的确错过了坝源。他想不明白自己怎么会犯这样的低级错误，如果因此错过此生与父亲的最后一面，他又怎么能原谅自己？

离婚半年多以后，高逸江把布丁托付给父母，只身去了北京。

他的运气还算不错，很快找到一份搞装修的活儿。他没有手艺，只能做小工。一个师傅带领着他和另外六七个民工在新街口一幢小高层里装修房子，冲击钻的巨大声响让他心惊肉跳，房间里浓烈的油漆味简直叫他窒息。但是渐渐地他的身体适应了或者说麻木了。只是干活的间隙，他会下意识地往窗外远眺，这里是北京，和他此生学唱的第一首歌“我爱北京天安门，天安门上太阳升”融为一体的北京，无论他怎么努力，他看到的，永远是对面楼房的墙壁或者是一片逼仄的灰蒙蒙的天。半天活儿干下来，他浑身上下已沾满了涂料和油漆，就连头发也灰白灰白的，像落满了鸟粪，衣服裤子脏得一塌糊涂，几乎看不出个人模样来。他又过上了集体生活，十几个工友在一个锅里搅食吃，一起住在一间狭窄的工棚里，挤在一个大通铺上睡觉。有时他恍惚觉的又回到高中住校的时光，但他已不再年轻。他再也找不回当年体力像拉圆的弓弦那般饱满的感觉。再也找不回了。生命中再也找不回的又岂止于此？他总是觉着累，源远流长地累。

工友都是来自各地的人，南腔北调，五花八门，给人一种强烈的生疏感，但不生疏的是他们共同的贫穷。一个工友介绍逸江去药厂里做“小白鼠”——到丰台一家药厂去试新药。这些新药出厂之前，必须要过毒理和药理的临床关，要向医院和药监部门出具相关的人体不良反应的实践数据。工友操着山东普通话说，我当过好几次“小白鼠”了，中西药都试过，屁事没有，城里人命金贵，这事人家肯定不干，这钱就是等着咱们这些命贱的人赚哩。逸江心动了，和工友去当了一次“小白鼠”，果然领到三千多块钱。钱在他的包里欢快地跳着，互相碰撞着发出令人欣喜的声音，他想，这钱来得真容易啊。第三次他和工友去当“小白鼠”后，工友出现了药物不良反应，负担不起在北京治疗的高额费用，工友只能回老家的医院治疗了。逸江很受刺激，他想家里老的小的全指望他抓挠几个钱回去，如果他带着一身病回去，他们那个岌岌可危的家如何再经得起这样的打击，他不寒而栗，以后再也不敢去当“小白鼠”了。

有老乡给逸江带来一则好消息，中关村一家电子产品店招店员，老板也是张家口人，逸江可以去试试。逸江就认认真真洗了澡，换上从家里带来的一直没舍得穿的干净衣服去面试。老板打量他半天，问：你能把腰挺起来吗？

逸江一愣，他原以为老板会问他什么学历、有没有工作经验、多大年龄，可是老板显然不按常理出牌。他语塞，挺了挺身体。

老板好像挺满意，笑了。他长的相当有特色，塌鼻子下面是一张轮船似的阔嘴。他从宽大的老板桌后面走出来，站在逸江对面，他的个头还不到逸江的肩头。他抬起胳膊拍拍逸江的肩——这个镜头堪称“最有自信身高差”。又张开轮船似的阔嘴笑笑说：好，挺起腰杆精神多了，你这身板就是天生的衣裳架子，穿上西服打上领带绝对帅气！

逸江猛然意识到，他从坝源逃到北京，以为可以逃离所有厚重的记忆，其实他一直没能从颓废的情绪中走出来，正是这种入骨入髓的颓废使他原本高挺的身躯不知不觉中委顿下去，三十多岁的人看上去倒像四十多岁。经这个萍水相逢的老板一问一拍，他才蓦然警醒，是时候重新站起来，是时候重新出发了，每个人都有一部血泪史，可是既然活着，就该活出个人样来。

逸江使劲挺直了腰。老板说，老乡见老乡两眼泪汪汪，既然你来投奔我，你就来我这儿干吧。谁让咱们是张家口老乡呢？当年我初来北京混，也是你这怂样，我老板也是张家口老乡，亏我老板肯收留我，我才有今天。

逸江心头一喜，连声道谢。

老板再次张开轮船似的阔嘴，笑了笑说，一个月底薪六百块，其他靠业绩提成。年终结算连奖金一并支付。做得越多，拿得越多。这是我店里的规定，你看行呢，就先试试，你看不行呢——

逸江马上截住他的话头，说：行，我看行！

2009年夏，北京彻底成了一座拥挤、污浊的火城。骄阳犹如一顶火盆悬在半空中，整个城市被一团热浪和火海包围并点燃，人们被炙烤着直至昏厥。如果你恰好在北京，恰好随着乌泱泱的人群走进海龙电子城，你会在一家公司的店面门口看见这个男人——他又高又瘦，皮肤黝黑，身着西服，双手交叉，鼻尖上全是汗。他的眼角已爬上岁月的皱纹，嘴巴像抹了蜜一样甜，叫“哥”或者“姐”，里面请，我们店里有各种牌子各种型号的相机，总有一款适合您。嗓子都哑了。他的热情让你难以拒绝，你只好进店里遛一圈，于是你享受到上帝级别的更热情更周到的服务。如果你愿意从关注某明星感冒了某明星整容了某明星出轨了等八卦的宝贵时间中挪用几秒钟，多看他一眼，也许你会看到他脸上苍凉而平静的神情，还有他眼里那一抹沉郁，也许那种沉郁会轻轻拨动你的心弦，也许你会发现，这个普通的甚至是卑微的男人其实是一个有故事的男人，一个深情至极的、千疮百孔的灵魂柔软地藏在他的身体里。

是，这个男人就是“漂”在北京的高逸江。

按照老乡的指点，逸江在石景山一带找了间租房，与人合租。这里是城中村。街道狭窄，房屋杂乱。村民们将自己的房屋略加改造，便成租屋。因为简陋，所以便宜。逸江每天早出晚归，生活过得劳碌繁忙并且单调无趣。老板要求男店员穿西装，女店员穿套装，大冬天也得把漂亮的小腿肚子露出来。逸江的西装差不多是全店里最差的，白衬衫被汗泡软了。所以他得站得更端庄。老板说了，硬件不够软件补。老板还说了，男的要贱得像个太监，女的要贱得像个小姐，才能做成一笔单子。可是逸江觉得有时候他已经比太监都贱了，单子还是没做成，总是王奶奶碰上玉奶奶——差一点。他吃方便面，有时吃馒头，实在馋了，买两个肉包子。他不需要饭菜口味，也不需要生活品质，他只要不饿。不饿才能有力气支撑身体，于他来说，就足够了。

有一次，逸江患重感冒，高烧三十九度。他依然坚持着长途跋涉到店里上班。他站在门口，脸烧得红里透黑、黑里透红，不停地紧“一拉得”廉价领带。女店员小赵一脸鄙夷地问他，你未免太苛刻自己了吧？何苦呢？他却惊诧地问她，是吗？我觉得还好呀。是，逸江没有觉得生活苦，也不觉得生活单调。每做成一笔单子，他内心有一股跳跃的喜悦，因为他又能多拿一笔业绩提成了。虽然按照约定，提成到年底才能兑现。

年底终究到了。公司早已通知腊月二十八放假。临近节前，稍闲一点。逸江和几个同事一起算计自己的收入。逸江拿的最少，连提成加奖金竟也能拿到八千多块。看到计算器上的四位数，逸江的心兴奋得怦怦直跳。他想，今年我可以带着这笔钱好好回家过个年了。之后，他每晚去逛动物园批发市场，给父亲选好了护膝、保暖裤、老花镜，给母亲选好了保暖内衣，给布丁选好了书包、羽绒服，又想到现在孩子学习任务重，每天要写那么多字，手可得保护好，决定再给布丁买双羽绒手套。

腊月二十三，逸江一早到班上，突然发现同事们都神色怪异。

逸江问：什么事？

一老同事说：听说老板不见了。

逸江大惊，前两天我还见他来着。

老同事说：会计把奖金算出来了，找他签字，好发给大家，结果打他手机怎么都联系不上。

逸江说：哦，也可能是手机没电了。

老同事说：刚才打开他的办公室，他的东西全都搬走了。店里值钱的东西也都不在了。最重要的是账上的钱也都悉数提空。会计觉得不对头，这才跟大家商量。

逸江有些发蒙，脑筋一时转不过来。他想到自己的八千块钱。这时他才注意到玻璃柜里原来摆满了琳琅满目的相机，现在空空如也，比水洗过还干净。

公司的人都忐忑不安地等老板消息。有人说，去老板家找他，但老板的老婆孩子都在张家口，听说他在北京朝阳区买了房子，包养了二奶，可是房子的具体位置大家都不知道，他那二奶，大家也没见过。又有人怕老板出意外，电话报警，警察说，没到24个小时，不受理。亦有人间接地认识老板的熟人，试着打电话询问，却也都没结果。逸江始终不相信老板会甩下他们自己走人。他想他或是有什么事，没有办法通知他们。又或是他本人有何意外。到了下午，会计接到短信，他沮丧地给大家念了老板的信息，寥寥数语：对不起各位。我因为负债，又受人威胁，不得已去南方另谋出路。

店里立即炸了锅，虽然已有预料，但大家还是愤怒不已。逸江想不通，问道：为什么？为什么这样？

没有人回答。一个同事开始砸东西，小赵用高跟鞋气愤地踢柜子，嗓音尖利地骂老板“丑八怪”“大嘴怪”“大嘴丑八怪”！逸江心中愁苦，还是忍不住想笑，因为联想到两天前小赵唤“老板”时用那种拐了十八道弯的、妩媚动听的语调，而音色则像棉花糖一样甜美。生活的幽默感无处不在。

骂吧，你能把老板骂回来就可劲骂。但是此时大家心里都明镜似的，这个老板像这楼里卷席而逃的很多老板一样，无影无踪了。

有人不甘心，说：报警呀，这事必须报警。他欠着我们的钱哩。

会计说：报吧。报了又有什么用？底薪给了你，只是没有奖金和提成。

又有人叫：这也是很大一笔呀。

会计说：他既然想到跑，就会想到怎么对付人。他会告诉警察，没效益，所以没有提成，也没有奖金。

逸江不再作声，他知道这出戏已经结束，他的八千多块钱也打了水漂。

傍晚，逸江从店里出来，默默走进行色匆匆的人流。只有他孑然独行的背影，诉说着心里的悲哀，深深的悲哀。他将走向“漂”在北京的下一站，春节期间正闹用工荒的公司，这家或者那家，并无区别。他也将走向又一个一个人的除夕夜，像孤魂野鬼似的守在这座寂寞的空城中，陪伴他的是五彩肥皂泡一般破灭了的父亲的护膝、保暖裤、老花镜，母亲的保暖内衣，布丁的书包、羽绒服、羽绒手套。

星移斗转，时间很快到了2012年7月的一天。高逸江那时在一家保险公司做业务员，他和同事小郑拜访一位客户，从客户家出来，他们才发现下雨了。

逸江庆幸自己出门时带了把雨伞，两人一起打着伞到附近的小超市避雨。他们站在超市门口，看着雨越下越大。雨像断线的珠子，急速地顺势而下。这是逸江印象里北京下的最大的一场雨。路边所有的餐馆都挤满了人，地铁挂起了停运的指示，马路上的积水已经没过了汽车的轱辘，大胆的私家车飞驶而过时，溅起一米多高的水浪冲到人们身上，引来一阵恶毒的咒骂。

小郑忽然没头没脑地问：高哥，你多长时间没碰过女人了？反正我有两个多月没碰过女人，没闻过女人味了。TMD，咱们过的是人过的日子吗？

又说：反正今天走不了，高哥，我带你去个地方。咱过把瘾再死！

说完，小郑拉着逸江跑出超市。逸江来不及多想，跟着小郑跑了大约一站路，看见“保健足疗”四个字的霓虹灯在风雨中闪烁，两人冲了进去。

推开两扇玻璃门，一间十平方米的小屋里坐着两个浓妆的女人。小郑似乎对这里很熟悉，那个年轻点的女人刚站起来，小郑上前搂住她的腰，两人便嘻笑着爬上后面陡峭的楼梯。小郑一边上楼一边用开玩笑的口吻对另一个女人说：好好陪我哥玩，我哥可是有名的铁公鸡，你能掏空他的钱包，算你的本事。话音未落，小郑已消失在楼梯上面的黑暗里。

逸江再怎么不开窍，到此时也知道小郑来这儿干什么了。小郑是河南人，也是“北漂”，一米八几的个子，体重接近两百斤，往哪儿一站都是庞然大物。就是这样一个庞然大物却十分腼腆，平日里极少言语。他是一个摄影爱好者，不惜血本给自己买了一架昂贵的相机，每天相机不离身，走在上下班的路上见什么拍什么，一片落叶也能拍上几个小时。一个月的工资倒有一半捐给了那些精美的摄影杂志，他也不知道心疼，但凡与摄影沾边的他都不以钱计。就这样一个文艺青年“过把瘾”居然就是来嫖娼？

大哥，这大雨天，反正开不了张，我给你优惠。逸江如梦初醒，那个年长的女人已经不由分说，把他拉进旁边一间小屋里。借着暧昧的灯光，他看到那女人至少是四十多岁奔五的人了，头发虽然烫过，但枯涩苍黄，脸虽然化过妆，但额头眉梢和嘴角的皱纹却掩藏不住，身材像松松垮垮地倒了半袋灰面的口袋。尤其是她的沧桑感和憔悴疲惫，像沼泽地里的臭气，从淤泥底层浑然不觉地冒出来。那女人看他没反应，又说：咱外地人在这大北京混不容易，大哥你好些日子没闻到女人味了吧？你摸摸胸口，也算解解馋。说着把他的手拉了塞进衣服，他的手摸到了一个瘪瘪的松松垮垮毫无弹性的奶子，他的心往下一沉，不觉一种悲悯弥漫上来。他想这女人都这年纪了，如果不是有什么痛楚和难言之隐，如果不是被逼到那个份上，怎么会出来干这种事？

逸江把钱包拿出来让她看，除了给自己留下几十块回去的路费，他把所有的钱都给了她。他说：大姐，你陪我说说话，行吗？那些往事，这些年他不曾对任何人提起半个字。它们躲在记忆深处，被厚厚的灰尘覆盖。他不提，因为那些过往长着锋利的牙齿，每次触摸都会鲜血淋漓。但是在这一刻，他忽然有了倾诉的欲望。

女人装好钱，说兄弟，我该叫你兄弟才对，你是好人。我看得出来你有心事，说出来吧，说出来心里就不那么难受了。

那个雨夜，老天仿佛受了莫大的委屈，没完没了地哭泣。那个雨夜，很多车在暴雨中沦陷，很多人在暴雨中丧生。那个雨夜，在一个陌生的地方，对着一个陌生的不知道姓名的女人，逸江唤醒了自己的过去。他说了他和欧阳木兰的故事，说了他和贾壮的故事，说了贾壮和欧阳木兰的故事，说了他、欧阳木兰和贾壮之间的爱恨纠缠。当一切都随风而逝，他发觉那些瞬间美好的瞬间伤痛的瞬间竟像浮雕一般，那么生动，那么清晰。其实他说的很乱，经常一件事说了一半，又去说另一件事，一个不知情的人听他这样说，根本不可能听懂他的意思，好像他说的是外星人的语言。

他不在乎对方能不能听懂，重要的是他说出来了，酣畅淋漓地说出来了。女人安静地听他说，不提问，也不打断他，只是用手轻轻拍他的背。女人的手上积沉着岁月的劳苦，皮肤皱缩，骨节粗大突起，手指根本伸不直。可是这样一双手传递给他暖，那种来自母亲或是姐姐的暖。

后来女人轻轻说：兄弟，都过去了，做人还得往前看、往前走。这句质朴的话如果翻译成另一种版本，大约是……

人生激越之处在于永不停息地向前，背负悲凉，仍有勇气迎接朝阳。

即使是这样的倾诉，逸江也不会提到他和木兰度过的最后一夜。那一夜是永恒的秘密，是他要烂在肚子里、带进棺材里的秘密。那一夜，换上镂空真丝低胸内衣的她是那么美，那么魅，那么性感，她取下发夹，漆黑浓密的长发像瀑布一样流淌在背上胸前，她洁白无瑕的胴体散发出浓郁而神秘的幽香，那香气简直勾他的魂，摄他的魄。这样的木兰好像不是他熟悉的一起生活了十几年的木兰，或许这是她深藏的另一面。他的身体羞耻地诉说着情欲，他抱紧她，吻她，咬她，他一次又一次要她，绝望地、野蛮地、迷乱地、崩溃地要她。她脸上扭曲着痛苦而凄艳的表情。那一夜透析的是他生命的全部。第二天他醒来时，她已经离开了。

北京那场暴雨后不久，逸江回家了。以前他每次回家都来去匆匆，这次他打算多住几天，陪陪父母和儿子。

家乡这几年的变化可谓是翻天覆地，路边山上随处可见颇具荷兰风情的白色风车，当年逸江他们和白刀会打架的那片旷野已密布火柴盒似的高楼，车子变多了，道路变拥挤了，村庄里的土房被冷落、丢弃，慢慢在荒芜中倒塌。像很多游子一样，逸江有时候为家乡的发展欢欣鼓舞，有时候又不免感慨：每个人的故乡都在沦陷。只有天空仿佛还是当年的样子，碧蓝碧蓝的，阳光一泻千里。

父亲母亲年老多病，但精神还好，这让逸江感到些许安慰。布丁已经上高一了，他中考成绩优异，本来能上张家口一中，可是为了方便照顾年迈的爷爷奶奶，他上了本县的坝源一中。张家口一中是市重点，师资力量、教学质量甩坝源一中几条街，多少人花钱、找人、找关系想进去，提着猪头找不到庙门，而布丁却放弃了进张家口一中的机会。父亲为这件事对一向疼爱的孙子大发脾气。可是向来听话的布丁这次就是不让步。最后逸江拍板，孩子大了，咱们尊重孩子的决定吧。还是套用那句老话：是金子，在哪里都会发光的。

布丁从不在逸江面前提起妈妈，逸江想着孩子现在有同学、老师，有自己的世界，又忙于学习，过去的事他已经淡忘了，忘了也好。逸江帮布丁整理床铺时，却意外发现他的枕头下面压着一本《格林童话》，那是他上小学一年级第一次考了一百分妈妈给他买的。逸江拿起这本书翻出里面夹的一张照片，照片上木兰站在春光里，不施脂粉，衣着朴素，她的长发乌黑浓密，洁白的脸庞闪着珍珠般的光泽，大眼睛那么清澈，那么灵动。逸江想起来那是布丁九岁时他们一家去张家口儿童乐园时照的。逸江仿佛看见，夜深人静时布丁轻轻抚摸着照片上妈妈的脸、妈妈的眼、妈妈的头发。他的喉头有一种堵塞的感觉，眼睛有些模糊了。他把照片和书按原样放好。他当然不会说破儿子的秘密。他又一次发觉，儿子长大了。儿子的个头已经长到了一米七八，就快和逸江一样高了，儿子的眉宇间有种与他的年龄不相符的沉稳，面对儿子那双酷似木兰的眼睛时，逸江觉得心底的苍凉和孤独似乎一览无余。这少年有一种天赋，能够透过重重的温情的面纱直接看见生活的本质和真相。儿子无疑是出色的，非常出色，逸江自然为儿子感到自豪，可是偶尔，没来由地，他又对儿子有说不出的担忧。

县里正在举办一年一度的赛羊会，逸江带着布丁上街赶会了。据官方宣传报道，赛羊会将引爆本县夏季旅游的又一热点，这场充分利用赛羊比赛、羊肉品尝、美食制作等具有蒙族风情民间文化资源的旅游盛会，将演绎出本县浓郁多彩的草原风情，成为本县独具特色的地域文化盛会，让坝源县名“羊”天下。

街上车水马龙，热闹鼎沸，公路上随处可见京、津、冀、晋、蒙牌照的私家车。父子俩随着争先恐后的人流往前走，耳边各种叫卖声各种喧闹声汇成一曲交响乐。布丁手指前方，兴奋地喊：老爸，看，那就是得胜的公羊，好威风！一头公羊头戴大红花，身上涂着鲜艳的彩绘，经过羊对抗赛中几轮激烈的角逐后最终胜出，果然威风凛凛，不同凡响。它那高昂的头颅、健壮的躯体、犀利的犄角、“独孤求败”的气度无一不向世人宣告：我是赛羊会上的王！这高高在上的王，这自信满满的王，怎么能预知下一刻等待它的毫无悬念的命运，或者说唯一的悬念是做成烤全羊，手把羊肉，涮羊肉还是烤羊肉串。

布丁。听见有人叫，父子俩一回头，看见一个少年跑过来，是糖糖。糖糖是布丁从小玩到大的伙伴，现在也在一个班，糖糖个儿不高，壮实，眼神很亮，额头上密布茁壮的青春痘。糖糖邀布丁去前面看京张心连心演出。逸江说：你俩一起去吧，我在这儿抽根烟，歇歇。逸江又给了布丁三十块钱，让小哥俩爱吃什么就买点什么。

布丁和糖糖说说笑笑地走了。目送他们远去的背影，逸江想起布丁告诉过他，同学们看糖糖和布丁总是形影不离，就叫他俩“焦糖布丁”，不由地笑了。笑过，眼前却浮现另外两个少年的身影，那是二十年前的逸江和贾壮。那年月没有赛羊会，不过他们也赶会，叫做交流会。逸江或是贾壮用自家的几颗鸡蛋跟卖杂货的老汉换来三、五块钱，两人揣着这三、五块钱就像揣着百万英镑，兴高采烈地在人群中挤进挤出。吃碗酸辣凉粉，吃碗荞麦饸饹面，再吃根绿豆冰棍，两人一个小摊挨一个小摊地吃，直吃得再也咽不下什么东西了，便兴致勃勃地东逛西逛。看马戏表演，看外地来的歌舞团表演，看录像，打台球。那时小县城里兴起台球这种时髦的游戏，逸江和贾壮都喜欢玩，贾壮练就“一杆清台”的绝技，一度打遍全县无敌手。

他猛然想起了欧阳木兰曾念过的叶赛宁的几句诗：不惋惜，不呼唤，我也不啼哭……金黄的落叶堆满心间，我已不再是青春少年……

就在这时，一个人满脸堆笑地向他走过来，他刚开始没认出这人是谁，定睛细看，是贾壮！逸江做梦也没想到他和贾壮会在这人山人海的赛羊会上重逢。贾壮不是应该在山西做土豪吗？人生往往比戏剧还要戏剧化。

贾壮身上哪里还有半点土豪的影子，他衣着陈旧，头发蓬乱，脸色枯黄，眼神黯淡，任谁都看得出他落魄了。

贾壮声音沙哑：真好，没想到、这辈子，还能再、见到你。

逸江奇怪贾壮的声音，仿佛有什么东西堵在他的喉咙里。

我破产了！煤价、一落千丈，钱都、变成煤，煤没人要。以前、我是富翁，现在、我是负翁，负数的负。媳妇和我、离婚了！挺好，闺女归她，我没什么、牵挂了。贾壮喘得厉害，声音听起来很可怕。

逸江更奇怪，问：你怎么？病了？

这里。贾壮指了指喉咙：淋巴癌，一个，一个，堵满了。

癌？逸江心里咯噔一下，他知道这个字意味着什么。因为木兰他恨过贾壮，可是他终究不想看到曾经的兄弟结局这么惨，他安慰贾壮也安慰自己：能治的，现在医学这么发达，一定有办法的。可以切除吧？切了就好了。

切除？呵呵，贾壮古怪地笑：它们、贴着喉管、气管、血管，生不离、死不弃。割，血管就“嘭”，开花。

逸江听得腿发软，眼前直发黑，他握住贾壮的手。时值盛夏，艳阳当空，贾壮的手却是冰凉的，逸江不由打了个寒战。

你、不恨我？你还是、心太软，会吃亏的。贾壮犹豫一下，小心地问：这几年，你有没有、木兰的消息？

木兰？六年前她不是跟你走了？发生什么事？快告诉我！

贾壮叹息一声说：我以为、她会跟你、联系，看来，她真的、失踪了。

失踪？她怎么会失踪？快告诉我发生了什么事？

六年前，我把木兰、带回山西。我在省城、买了房，让木兰、先住。我回家、谈离婚。我媳妇、不同意、离婚。她父亲、是拳师，她父亲的、徒弟，打探到、木兰的住址。她背着我，带着、她父亲的徒弟，如狼似虎的，去行凶。木兰被他们、打断、两根肋骨。木兰、住了院。出院时，我去接她，找不到、她了。我送给她的、手机、衣服、包、珠宝首饰，都留下了，我给、她的钱，也都留下了。她就这样，干净、决绝、破釜沉舟地、走了。我扔下、生意，疯狂地、找她，去过北京、上海、广州、重庆，哪里、都找不到。贾壮气喘吁吁地道完，脸已经由红变青了。

逸江像被枪弹击中，呆住。半分钟之后，他的大脑一阵眩晕，却又像有了特异功能一般，脑海里浮现出一幕幕发生在六年前的情景，却是自己从未目睹过的情景：

木兰听到敲门声，她以为是贾壮来了，当她打开门时，她脸上的微笑消失了，取而代之的是三分惊恐和七分惶悚。四五个如狼似虎的男女闯进来，他们骂她“不要脸！”“臭不要脸！”还有更难听的话像污水一样对她兜头浇来。有人狠狠抽了她一巴掌，她软软地倒在地上。他们的拳头和巴掌毫无顾虑地倾泻而下，还有人用大头皮鞋踢她，一个女人歇斯底里地喊“打死她！”“踢死她！”木兰徒劳地挣扎了几下，就蜷缩成小小的一团，一动不动地以她瘦弱的身躯忍受着践踏、凌辱和暴力。

隔着山，隔着水，隔着时间，逸江分明看见她苍白的脸，还有她大眼睛里的黑暗和绝望。

似乎有一根针扎在逸江最敏感的地方，那钻心的疼痛缓缓地、潮水一样漫及他的全身。木兰，你受了伤，为什么不回来找我？你知道的，你是布丁的妈妈，是我最心爱的女人，无论你犯了什么错我都不计较。为什么你不回头？你又怎么肯回头？骄傲的木兰！倔强的木兰！任性的木兰！

逸江一把揪住贾壮的衣领，他的额头暴起凸显的青筋，脸上涌满赤红的热血，一双血红的眼睛瞪成豹子眼，他咬牙切齿地问：为什么你不好好保护她？为什么？

他手上用力，信不信我现在就杀了你！我让你情债血偿！一字一顿，每个字仿佛都带着血。

贾壮展颜一笑。他的脸瘦得厉害，两侧像被刀子砍过一样，黯淡的眼神刹那间有了些许温暖，或是最后的光彩。

逸江从未见过，微笑可以如此悲伤。

时间完全停顿下来。残云薄雾，悠悬空际。逸江仿佛轻轻地跨进了那一道门，也许就是贾壮的心扉。里面是同样的苦涩、苍凉和孤独。他的心随即颤抖起来。

逸江放开贾壮，大口大口喘着气，好像淋巴癌会传染，顷刻之间他也患上了淋巴癌。

逸江，从我懂得、爱这个字，我就爱着、欧阳木兰。虽然，她的、视线里，根本、没有我，可是，我青春的心、为她、悸动过，摇曳过，希冀过，飞翔过。贾壮艰难地说。这些藏在心底的话，在这个世界上他只愿意对两个人说，一个是欧阳木兰，另一个是高逸江，对木兰说已经不可能了，今天他要全部对逸江说。因为错过了今天，今生今世他就没机会说了。他想上苍一定听到了他的祈祷，才会在他生命的末路安排他和他的兄弟意外重逢。今天的谈话就像一盏被点燃的河灯，而那光，可以引领他的灵魂了无遗憾地走进永恒的黑暗。

贾壮喘息着，继续用那种可怕的嗓音说：逸江，从我高三、辍学，到上次、咱们聚会。整整十二年，我没有、见过她了。可是，有的爱、真像酒一样、越陈越香，几年后，拍开封泥，只会更加、沉郁、绵长。再见到她，回忆四溢，天雷地火，时间静止，眼里心里，天地之间，只有、她一人。我什么、都不想，只想、疼爱她，呵护她，占有她，那种、爱的冲动，根本、无法克制。

木兰！木兰！木兰！逸江在心里喊着。她是那么单纯的，完全没有心机，她根本不会保护自己，她根本不知道什么是火坑，什么是陷阱，什么是江湖险恶。她像一缕幽香似的消失在空气里了。她会遭遇什么？是凶？是吉？是祸？是福？逸江不敢往下想了，只呆呆地看着贾壮，低低地问：她去了哪儿？

我贾壮这一辈子就爱欧阳木兰一个人，可是我却害了她，我也伤害了你。贾壮意外地完整地说完了这句话。

他没有哭，但是脸上全是眼泪。

这个硬汉，从荆棘丛中走来，经过多少大风大浪、坎坷艰辛也不曾掉过半滴泪，可是这一刻，他终于流泪了，他终于允许自己露出软弱的另一面。

逸江突然搂住身旁的路灯杆，像一头目睹自己的伴侣被猎人捕杀的公狼，发出嘶哑的、痛彻心肺的哀鸣：欧阳木兰！

七

欧阳木兰撑一把油纸伞，发际戴一朵茉莉花，穿一袭白裙，漫步在烟雨朦胧的江南小巷，她好像在追寻什么，又似娴静地独赏一江春水，听一曲笛音绵长，打破青石板路上千年的寂寞。蓦然，场景变了，没有白墙青瓦，不复水墨江河，她抵达一处沙漠。沙漠了无边际，亦了无一人。她一步步地走着，身边忽有驼铃来去，清脆嘹亮。人们皆抬头看路，说笑声夹在铃声里，全然不觉有她的存在。她只是静走，人群远去了，驼铃声听不见了。她低头看见有血滴在路上，她流血了，她觉得疼，抚抚这里，摸摸那里，找遍全身却找不到伤口。血、血、血、血。鲜红的血滴进沙里，只是一瞬间便长出枝叶，大朵大朵鲜红的玫瑰花次第开放。她忍着疼继续走，一个趔趄，她被玫瑰花绊倒了。血红的玫瑰的藤蔓将她缠绕住，她拼命挣扎，越挣扎缠得越紧，五花大绑一样。玫瑰的刺宛如利剑般刺进她的皮肉，她痛极，似万剑穿心。她匍匐在地，绝望地看见更多的藤蔓张牙舞爪地向她逼近，那么多玫瑰，妖娆的、滴血的、狰狞的、红艳艳的，仿佛全世界的血都咆哮着向她涌过来，她猛回头——那张脸却是高逸江的脸，沧桑的黝黑的脸！

高逸江从梦中惊醒，冷汗涔涔。很深很静的夜像车轮一般从他身上碾过去，倾轧之下他像没有表情的石头似的清醒地躺着，再也不能入眠了。好像过了很久，又好像只是过了几分钟，那个梦又浮了出来，平常醒来，梦都会忘得干净，可这一次却记得整个过程，纤毫毕现，何故？灵光乍现，他洞悉了答案：原来他无需寻找，无需等待，她一直都在，她从未离开，她像一株植物奇异地扎根在他的心里，生长在他的身体里，早已成为他这具躯体的一部分，他与她生不离、死不弃，如传说中诡异的雌雄同体。与此同时，他心底漾起一丝甜，悲怆的甜。

彼时，逸江住在地下室的二层。他原来租住的城中村要拆迁了，北京的房价天天涨，房租也水涨船高，他当然不想把自己那点辛苦钱都交了房租，就搬到这里住了。房间窄的只能放一张床，与邻居只是用一块布帘分隔。白天没有阳光，夜晚没有月光。住在这样的地下室就像住在很深的地底下一样，让人感觉自己像地下的虫子。墙壁上终年湿漉漉地长着青苔和蘑菇，被子和枕头潮湿的一拧就能拧出水来，所有的衣服都散发着霉味。空气污浊不堪，沉甸甸的，空气已经不是空气了。这样的居住条件下越发彰显出人类这种生物所具有的强大的适应能力和生存能力，他们在地下室里做饭、上厕所、疲倦的时候吵架拌嘴、高兴的时候旁若无人地唱歌，他们活着——和住在高楼里抱怨 PM2.5 浓度的同类一样，活着。

某天，毫无先兆地，逸江在他的住处附近看见一个熟悉的身影。那人背对着他，一步一顿地走着，重重的样子，仿佛腿上坠了铁块。久违的两个字竟脱口而出：几何！那人一下子站住了。逸江又叫：葛庆安！那人回过头，真的是他，当然不是少年版的他了。逸江的手和“几何”的手又紧紧地握在了一起，上次他俩握手是二十年前的事了。他乡遇故知与金榜题名时、洞房花烛夜并列为人生乐事，确也不假。俩人都觉得快乐，那种没心没肺的纯粹的快乐。一时却不知说什么好，逸江连叫了三声“几何”，“几何”也连叫了三声“逸江”，好像能把逝去的岁月叫回来似的。俩人的目光都在彼此脸上、身上扫视，仿佛在照时光的镜子。“几何”已经开始歇项，额头上有刀刻般的皱纹，韶华易逝，青春不再，他们都已届中年了。

套用 N 年前老同学的断言：如果哪天打开电视看新闻联播时发现

“几何”人模狗样地作为政府官员接受采访，那可一点不奇怪。现在高逸江在这座城市的地下室邂逅潦倒困顿的“几何”，同样一点也不奇怪。活色生香的欧阳木兰都能人间蒸发，“几何”为什么不能出现在地下室？与其说一切存在都是合理的，毋宁说生活的变化总是超乎人的想象。逸江也不会认为“几何”在这儿是体验生活，准备完成关于“北漂”生存现状的调查报告，因为他嗅到“几何”身上散发着发霉的气息，那种气息他在自己身上也经常闻到，独属于失败者的气息，如同佩戴于胸前的勋章。

俩人相跟着从地下室出来，就像两只鼹鼠从地底下爬出来。时已初秋，夏天的暖意仍然弥散在夜晚的空气中，俩人不约而同地做了一个深呼吸，又会意地相视一笑。对他们而言呼吸这样的新鲜空气不啻是一种奢侈的享受。华灯初上，各种造型的霓虹灯仪态万方地点缀着城市的夜幕。两个老同学漫无目的地走着，不知不觉走上一座过街天桥。那些在地面上拥堵成长龙的汽车，从天桥上看下去却如璀璨的星河，这样的好风景只有站在高处才能看到。

“几何”说起当年他大学毕业，一位专业老师很欣赏他，劝他考研究生，老师明确承诺，他的分数只要上线，老师一定招他。如果他有研究生的学历，他正式留在北京的概率会高很多，那意味着北京市户口、稳定的工作和一套可以预期的住房，因为那年代很多单位都还实行福利分房。可是他面临的现实让他不能自私地只顾自己的前途，家里人那么多双眼睛眼巴巴地看着他，都盼他大学毕业找工作挣钱，家里实在等不起了。最终，他还是放弃了考研。他一个本科，又不是清华、北大的，他也没什么背景，几经周折才在一家民营企业找到工作，在当时薪酬不算低了。可以想象他工作努力，兢兢业业，任劳任怨，节假日不是在加班，就是在赶去加班的路上。他的性格缺陷也渐渐暴露出来，他可以游刃有余地应对任何数字或者文字，可是他学不会圆滑地应对一些人、一些事。职场三定律：要么忍，要么残忍，要么滚；在他这里，没有“要么”，只有“滚”。换一家公司，他很快走出挫败感，毕竟那时他还年轻，还有大把的时间，还有激情，有梦想。可是滔滔逝水，急急流年，十余年弹指飞过，他不再年轻了。不再年轻的他依然无根地漂在这座城市，两手空空。他的所有收入，除去必要的维持生活的开销，都寄回家里了。他家需要钱的地方太多了，就像一个无底洞：父母年老体衰，需要钱看病吃药；家里房子旧了，需要钱翻修；大哥早该娶媳妇了，千难万难说下一门亲，女方要的彩礼又是一大笔；再大弟考上大学了，二弟读高二，小妹读高一，都要交学费，凡此种种，层出不穷。他甚至没有谈过恋爱。他没钱，他连请女孩子喝杯咖啡的钱都拿不出，他也没时间，连约会的时间都没有，谁有兴趣跟他谈恋爱？

逸江心情复杂地看着“几何”——这个昔日的高考状元。此时此刻，他们在北京。北京，一个以光速往前发展的国际化都市。这里有星罗棋布的体现京派文化的名人故居，这里有蕴藏丰厚历史积淀的名胜古迹，故宫、天坛、颐和园、圆明园、恭王府、北海公园，不胜枚举，这里有“不到长城非好汉”的八达岭长城，这里有原汁原味的八大胡同和四合院，这里有见证北京奥运会的鸟巢和水立方，这里有繁华时尚人头攒动的西单商业圈，这里有汇聚高端产业的流光溢彩的北京金融街，可是逸江有种奇怪的感觉，恍然此刻正置身于一座荒无人烟的孤岛。

“几何”停顿一下，又说起五年前回乡探亲。他过于平静的语气里有了一些起伏、一些波澜。那次他咬牙几乎花光了所有的积蓄，给家里每个人都买了礼物，把自己收拾得挺精神，一副春风得意、踌躇满志的样子，还特地去大学同学那里借来一辆越野车，更离谱的是他通过QQ联系了一位网友，请她客串他的女朋友，按每天两百块付给她酬劳。这貌似荒唐的一切都是为了在父母的有生之年完成父母的一个心愿：让父母亲眼看见他风风光光地回来，让父母在村里扬眉吐气一回。那次回乡和他预期的一样，父母和哥嫂都高兴得热泪盈眶，侄儿侄女更是欢呼雀跃。看着家人的笑脸，他由衷觉得一切都是值得的。那次回乡还直接导致“女朋友”假戏真做，成了他的女朋友，这个意外收获当然远远超出了他的预期。女朋友不愿意得过且过，她开始规划两个人的未来，她柔声细语地为他描绘出一幅诱人的愿景：两个人一起努力攒钱，只要攒够首付款，就可以在房价相对较低的燕郊买一套房，房子不用太大，两居屋就够了，有了房子两人就结婚，两人都不年轻了，要抓紧时间造人，不久以后他们会有一个可爱的小宝宝。到那时他们就是三个人了，当然她还会继续规划三个人的未来。他动心了，想想吧，一个小小子儿，或者一个小丫头，身上流淌着他的血，延续着他的生命，伸出胖嘟嘟的小手要他抱，用天籁一般美妙的童音叫他“爸爸”！对，他应该在北京有一个自己的家，他已经在这座城市漂了太久，也该上岸晒太阳了。他的脑海中出现：攒钱→首付→买房→结婚→儿子→上岸。这一连串的箭头恰似一剂又一剂的兴奋剂不断注入他久已疲软的身心，他奇迹般地又恢复了大学刚毕业时的信心和勇气。俩人马上行动起来，为了首付他们要更努力地工作，为了首付他们搬到地下室居住，省到就是赚到，虽然目前生存条件恶劣些，但是他们已经有了明确的目标，暂时的困难都是可以克服的。总之，他在梦想的大道上勇往直前，浑然不知他不过是验证了一句话：这世上，只要你努力，没什么事是你搞不砸的。那时候，他们的首付款已经攒的差不多了，他的“规划师”女朋友也已在燕郊看好了一套合适的房子，他所在的公司忽然传来要裁员的消息。他在那家公司已经干了八年多，算是“元老级”员工了，本来他的名字不应该出现在裁员名单，可是他得罪了他的上司。也许是因为他骨子里那种坝源县人的耿直，也许是因为他在职场修行不够，像千年的鲤鱼精终究功亏一篑，他触犯了上司的利益。上司是出了名的小心眼，毫无容人之量，上司利用这次裁员的天赐良机，像清理一只蚂蚁一样把他从公司清理出去，他失业了。这事儿自然瞒不住，女朋友为此和他大吵一架，几天后女朋友走了，再也没有回来，拨打她的手机号已呈现空号，并且她带走了准备交首付的两个人的全部存款，一分钱没剩。

你找的什么女朋友？你这什么眼光？这女人忒毒了！最毒妇人心啊！逸江为老同学扼腕。

“几何”苦笑着摇摇头说：她走后，我也恨过她，骂过她，等到冷静下来想想，其实她也是个可怜人，资深北漂加资深剩女。我失业了，买房子结婚都成了泡影，她能抓住的也只有那点钱了，至少钱还能带给她一点安全感。

又说：其实我也有对不起她的地方，她那样对我，也算是报复吧。我对她，从一开始就是无所谓的，我从来没有刻骨铭心地爱过她。女人在感情方面都是很敏感的，对于你真爱她还是假爱她，对于你爱她究竟有多深，她只凭直觉就能作出判断，比最先进的计算机更精准。我想我早已失去了对一个女人一见钟情的能力，或许是因为，高中时候我曾经狠狠地暗恋过一个人……

“几何”说到这儿，看看逸江，问：如果我说出那个人的名字，你不会介意吧？

逸江发觉，“几何”的神情忽然变了，好像又变成了一个毛头小伙子，每道皱纹里溢出的都是青涩的柔情，那青涩和他脸上的沧桑感奇异地混杂在一起，里面有种动人心魄的东西。逸江笑着拍拍他瘦削的肩膀说：往事如烟，我还介意什么？你说你说。

“几何”的声音变得深沉而伤感，我那时一直悄悄喜欢欧阳木兰，我总是偷偷看她，有时候上课我装作睡觉的样子，其实我的目光暗暗地追随着她。看不到她的时候，我干什么事都没心思，失魂落魄似的，一看见她，我的魂儿才好像又回到我身上。那年头还没有女神这个词，现在想来，当年欧阳木兰真是我心目中的女神，纯洁、完美、高贵、不食人间烟火似的。我那么喜欢她，心心念念全是她，可是我从来没有主动找她说句话，想都没想过，我知道班上有男生给她写情书，但是我没写过，说实话在她面前我有种深深的自卑，根深蒂固的自卑。我宁愿躲在一个角落偷看她的一颦一笑、一举一动，仅仅是看着就很满足，很快乐，很甜蜜，心酸的甜蜜。当时数学老师找我谈过话，针对我的情况建议我转到理科班，我胡乱找个理由拒绝了，其实真正的原因是我想和欧阳木兰在一个班。还记得那次我们和白刀会打架吗？二十年了，我还能看见像雨一样洒在脸上身上的沙土，还能听见打斗声、呼啸的风声、刀子撞击砖头的杀气腾腾的声响，还能闻到新鲜的血腥味儿、土腥味儿。那次打架我的小腿上被扎了一刀，流了好多血，直到现在还留下一道伤疤。那一架是为欧阳木兰打的，那血是为欧阳木兰流的，我不知道什么是幸福，但是我知道那刀口是幸福的刀口，那伤疤是幸福的刀疤。青春一去不复返，可是有时我会傻傻地想，真想再回到高中时候，再为欧阳木兰打一架……

“欧阳木兰”这个名字从“几何”嘴里吐出来，好像一枚暗器，扎在逸江的耳穴上。他有种抱住“几何”痛哭一场的冲动。但是他忍住了。刚刚逸江亲口说“往事如烟”，事实是往事并非如烟，那个人、那些事，“几何”忘不了，逸江更忘不了，到老、到死都忘不了。

时光飞逝，很快到了二月十四号情人节。那一天，玫瑰花一如既往地涨价，北京的天气像所有北方城市一样散发着冬天快要过完的时候的那种漠然的寒冷。

逸江那时在海淀黄庄一家花店打工。刚开始他打算临时干干，但他自己也没想到，他很快就喜欢上这份工作了。每天早晨六点半他准时打开店门，他享受那种一早起来被花簇拥的感觉。他能读懂它们一夜醒来的心情，他知道红玫瑰昨夜睡眠充足，勿忘我做了个好梦，而康乃馨则和非洲菊吵了一夜。

他用喷壶在红的、粉的、黄的、蓝的、紫的玫瑰上喷上细密的小珍珠，它们经过一夜睡眠显得那样荣光那样娇嫩。它们的身体层层层叠叠，微微吐蕊。它们小心地呵护着花心。他会想起那首歌：“你的心忘了季节从不轻易让人懂……”

情人节那天晚上，逸江正在埋头整理客户订的玫瑰花篮，猝不及防地，一个声音在他心底清晰地响起：我想要一枝红玫瑰，一枝就好。清甜的声音，木兰的声音。逸江抬头寻找，仓皇失措地，他没有看见伊人熟悉的身影，却看见一个穿黑色大衣的陌生女人径直向他走过来，说：我想要一枝红玫瑰，一枝就好。

逸江强压下心头的失望，当然，这里是花店，他是卖花的，人家跟他买花，如此而已。他挑了一枝新鲜的红玫瑰，细心地包好了，递给女人，很职业地说：女士，十块钱。女人把十元的票子给了他，却没有接那枝玫瑰，她说：你看我拿的东西太多了，实在拿不了，你帮我拿着玫瑰，送我回去，行吗？逸江这才注意到女人的两只手果然拎着大包小包的东西，他也注意到女人戴着豹纹边框的太阳眼镜和硕大的口罩，把整个脸捂得严严实实。

店里会为订货多的客户提供送货服务，可这个女人只是买了一枝玫瑰，何况现在店里生意正火，店员都忙得焦头烂额，逸江想该怎样委婉地拒绝她这个不太合理的要求。这时女人又说：我家离这儿不远，就麻烦你跟我走一趟，耽误不了你几分钟。

逸江听出她语气里的恳求，忽然觉得有点不忍。他把手头的活儿交代给另一个店员，就拿着玫瑰匆匆跟着女人走了。

女人带路，俩人走过两个红绿灯路口，拐进一个旧小区。女人住在一栋20世纪的老式楼房里，两人爬楼梯上了四层，穿过楼道里堆积如山的杂物、各种来路不明的垃圾，来到她家门口。一进门，逸江如坠梦中，那是用羊毛地毯、缀满流苏的窗帘、屋子四角蓝色的射灯和一架钢琴装饰的一个梦。

女人说家里只有她一个人，让逸江不要拘束。逸江帮她把玫瑰花插在花瓶里，告诉她，玫瑰其实和人是一样的，需用呵护和关怀，每天要记着给它换新水，每天要把玫瑰下面的枝条剪去一小截儿，这样清水就可以更好地滋润它。女人点点头，她在屋里并没有摘下眼镜和口罩，之前逸江以为她这样装扮是为了防雾霾，现在看来这个猜测显然不成立，当然，她有她的隐私，他对探究别人的稳私不感兴趣，不，他还没有那么无聊。他笑笑，补充说：如果你对它说话或者唱歌，玫瑰花能知道，它通人性呢。

你这人还挺有趣，你的意思是，这花是解语花，一朵解语花的价值不过十块钱？这么廉价？她的语气里有挑衅的意味，孩子气的挑衅。

不，您误会了。我的意思是，每朵花都是解语花。

逸江转身要走了，又听见她说：等等。他回过头，看见女人端坐在钢琴前，她的脖颈修长，腰背挺直，那美丽的背影却渗出淡淡的落寞与凄清。她轻声说：整整三年了，没有一个男人走进这间房，也没有一个男人听我弹琴。今天我弹首曲子给你听吧。

逸江走到她身边，她两手悬在琴键上方，静默片刻，明朗清澈的奏鸣声汩汩涌出，她的指尖上有了根也有了魂，逼仄的客厅里顿时充满了美妙的音符。她弹的是法国人保罗·塞内维尔的《梦中的婚礼》，逸江当然不知道这首曲目，但是他觉得那一瞬间全世界都统摄在这浪漫优美的乐曲中。听着听着，他听见儿时母亲悠长的呼唤在田野里回荡“江儿，回家吃饭……”；听见父亲牵着的老黄牛对着湛蓝如洗的天空，发出“哞哞”的叫声；听见少年无限深情地念着他有生以来的第一封情书；听见青龙河涓涓流淌，诉说着亘古不变的缠绵；听见故乡一树一树雪白的杏花在春风里静静绽放；听见杏花雨如痴如醉地簌簌飘落，铺天盖地地湮灭了写满少年情事的碎纸片，湮灭了故乡鳞次栉比的房舍，湮灭了风姿秀美的神女山，湮灭了清凌凌的蓝得透明的青龙河……

一个重音猝然弹响，逸江惊回千里梦，只见女人用两手紧压住腹部，喊：疼！紧接着便从凳子上软软地瘫到地上了。事发突然，逸江大惊，他急忙扶起她，发觉她已经疼得昏迷了。由于这栋老楼里没装电梯，他抱着她一口气从四层冲下楼，又抱着她出了小区，拦住一辆出租车赶往医院。送进急诊室，确诊为急性阑尾炎，需要马上做手术。他这时才意识到他对这个女人一无所知，更没办法通知她的家人或亲友，但是手术不能耽搁，他只好把准备寄回家的钱先替她交了手术费。半夜，逸江等在手术室外，才发现这样寒冷的天，他里外的衣服全被汗湿透了。不幸中的万幸，手术很顺利。清晨，女人还在术后麻醉中，逸江从医院出来，精疲力竭地赶去花店上班了。

几天后，逸江接到女人的电话，要他去她家一趟。逸江想起来，交费时慌乱间还是留下了自己的手机号。

逸江的两鬓已经染上岁月的风霜，黝黑的脸上有了沧桑的皱纹，但他的身材依旧挺拔矫健，他穿一件铁灰色风衣，眼神深沉，鼻子像希腊人一样又高又直，很有点成熟男人的魅力和味道。他就这样走到米兰的病床前，也走进了米兰的故事里。

米兰这次没戴太阳镜，只是捂着硕大的口罩。她从床头柜的抽屉里取出一沓票子给逸江，说：谢谢你那天送我去医院，这些钱都给你，除了你替我交的钱，多出来的是给你的酬谢。那语气是盛气凌人的。而盛气凌人不过是层薄薄的皮，裹着虚弱的内核。

逸江数出自己垫付的费用，把剩下的票子帮她放回了抽屉，说：谢什么？赶上了，谁也不能见死不救啊。

米兰冷冷地说：哼！就有人见死不救，还有人要置别人于死地，置别人于死无葬身之地。世界这么大，什么人没有？她说话时，逸江发觉她左眼的眼神怪怪的，后来才知道她左眼已经失明了。

两人皆沉默了。米兰又问：那天，你看见我的脸了吧？她的声音有点颤抖，可怜兮兮的，无法掩饰。

这是不问自明的。那天送米兰去医院，逸江为了让她呼吸顺畅，替她摘了口罩，忙乱中他顾不得细看——即使顾得上，难道他愿意细看吗？那张触目惊心的脸，被毁得面目全非的脸！他想明智的选择是换个话题，说你该吃午饭了，今天我调休，有时间，我给你做点好吃的。

你会做什么好吃的？米兰颇不以为然。

你可别小瞧我，以前……逸江本来要说：以前木兰最喜欢吃我做的饭了。可是说到这儿他打住了，后面的话硬生生咽回去了。

米兰的厨房收拾得挺整洁，厨具一应俱全，打开冰箱，蔬菜、肉、鱼、蛋都有，逸江就地取材，小试牛刀，煎炒烹炸，不到半小时饭做好了。青椒炒牛肉，豆豉油麦菜，清蒸鲈鱼，排骨玉米汤，像模像样，算得上色香味俱全了。

他想去卧室问问她能不能起床来吃饭，身体不行就不要勉强，他给她盛点饭菜端到卧室吃。这时听见轻轻的脚步声，然后她从他身后轻轻抱住他。他的身体一下子僵住了。良久，他终于轻叹一声，转过身抱住她，一种相依为命的感觉在他和她之间像晚霞一样绽放。

米兰说：我知道你叫高逸江，上次你交费时的签名我看到了，你还不知道我的名字呢，告诉你，别忘了，我叫米兰。说着她抓住他的右手，用她纤细的手指在他手心上划：一点、又一点、一横、一横、再一横。

突然之间，他大力地、紧紧地、裹挟似的把她拥入怀中。

这是命运交给他的女人。“兰”，这个字在他的手心里留下无痕的烙印。“兰”，米兰的“兰”，不是木兰的“兰”。

不是木兰的“兰”。

八

逸江和米兰走到了一起。某天，两人有一搭没一搭地聊，米兰忽然说：逸江，你开个花店吧。逸江眼睛亮了一下，又黯然了，说没有资金啊。第二天，米兰取出一张银行卡，轻描淡写地对他说：卡里有五十万元，借给你开花店用吧。逸江接过卡的时候，手有点抖，他没有说感谢的话，他知道这笔钱的份量，这份量不是一个“谢”字所能承载的。一切都很顺利，很快逸江的“玫瑰有约”花店开业了。

艳色天下重，西施宁久微？几十个品种的玫瑰花插在参差不齐的玻璃格子里，在灯光的辉映下，它们是红色的粉色的黄色的蓝色的紫色的充满忧郁的“西施”，等待属于它们的男人或者男孩儿。在这座城市里，空气中 PM2.5 的浓度越来越高，爱情这东西越来越稀少，除了诗人用爱情这个词装点他们无人问津的诗句，现在很少有人愿意谈到爱情这个话题了。象征爱情的玫瑰花却不愁没有市场。

一朵玫瑰，代表我的心中只有你 ONLY YOU！

二朵玫瑰，代表这世界只有我们俩！

三朵玫瑰，代表我爱你 I LOVE YOU！

四朵玫瑰，代表至死不渝！

五朵玫瑰，代表由衷欣赏！

……

十朵玫瑰，代表十全十美！

九十九朵玫瑰，代表天长地久 FOREVER！

一百零八朵玫瑰，代表求婚！

……

逸江从未像现在这样希望全世界的恋人都天长地久，全世界的人天天都求婚。

逸江的“玫瑰有约”生意很好，巨大的、不断扩大的消费群和购买力正款款地向他走来。这天，有人来店里买了99朵玫瑰送女友，逸江以为这个数目够另类了，可是仅仅时隔一小时，他又接到新的订单——有人买999朵玫瑰。现在的人真疯了。他们需要处处与众不同，他们需要疯狂地展示，如孔雀般拼命扩张自己绚丽的尾巴，不管屁眼儿都露在外面。之后，逸江随手点下电脑鼠标，看见网上一则新闻：一个小伙子手捧99朵玫瑰长跪不起，向一个女孩子求爱，那女孩儿叫什么名字他居然都不知道，跪了一天后才知道跪错地方了，因为女孩儿在对面一个楼里上班。一个将爱情认错方向的人手里都捧99朵玫瑰，这对逸江来说是多么大的喜讯呀！

这时，进来一个人，是老姚，店里的老主顾。老姚和逸江已经很熟悉了，两人像老朋友一样握手。老姚说要订999朵红玫瑰，逸江说没问题，保证是最新鲜的，还按老规矩，给你最低的折扣，六折。老姚笑了，告诉他详细送货地址，时间是三天以后，五月十五号。

逸江陪老姚抽烟喝茶。逸江知道老姚是家政服务公司的，代购玫瑰花是他们为客户提供的服务项目之一。老姚自己从来不买玫瑰，也不送玫瑰。有一次老姚一本正经地说：买什么玫瑰花？有那俩闲钱还不如买两根大葱呢。其实老姚无意中说了逸江的台词，很多年前，在逸江的生活中还拥有爱情却没有象征爱情的玫瑰的时候，他曾说过类似的话。不过逸江早已忘记了前尘旧事，他说老姚你太逗了，要是人人都像你这样，我不是要喝西北风吗？《999朵玫瑰》这首歌难不成要改成《999根大葱》？

订单已经谈妥，以往逸江会和老姚换个话题，聊天气或者聊股市或者聊 NBA 美国篮球职业联赛。这天，逸江却意犹未尽地追问了一句：您又替谁服务呢？送女友还是送小三儿？问完了有点后悔，也许老姚不方便透露客户的信息，这不是让老姚为难嘛？

老姚警惕地看看四周，好像要将一场窃听风云扼杀在摇篮里，然后压低声音，用一种讳莫如深的、炫耀的口吻说出三个字：周先生。逸江茫然地点头，好像他也认同老姚能为周先生这样的客户服务的确值得炫耀。老姚又补充说了周先生的名字，是某知名上市公司的 CEO。逸江又频频点头，好像周先生的知名度确已达到家喻户晓的程度了。最后老姚不吐不快地告诉逸江，周先生要为他的夫人举办生日派对，准备给夫人一个惊喜，送她 9999 朵玫瑰。老姚已经在别的花店里订了玫瑰，因为想到要照顾逸江的生意，因此又特意给逸江留下 999 朵玫瑰的订单。

老姚的意思是卖逸江一个人情，逸江是个明白人，应该马上感谢老姚。可是逸江被 9999 这个数目砸晕了，忘了谢老姚，若有所思地问：九十九朵玫瑰代表天长地久，那么九千九百九十九朵玫瑰代表比天长地久还要久，极致的永久究竟会有多久？

逸江没有谢老姚，老姚心里本来有点不快，可是逸江的问题把老姚砸晕了，老姚忘了不快，直到他从花店出来，脸上还是一副若有所思的表情。这表情给气质平庸的老姚倒平添了一份深沉。

为了方便给客户送货，逸江半年前买了一辆二手吉普车。五月十五号，阳光明媚，逸江开车上了高速公路，城市的喧嚣被甩在身后。树木掩映，远远可以望到西山脚下那片别墅群。周先生的院子被沉船木加工出的栅栏圈着，想必不是为了安全，只是象征性地划分出业主各自的领地。逸江停车，有人过来帮他把玫瑰花放下，他应该开车走了，上午还有一家客户的花要送。可是，这院子里有什么东西吸引着他，他的每根神经、每个细胞都感觉到那种无形的强烈的吸引。如茵的草地上搭起了淡黄和鸽灰的帐篷，鲜花处处，张灯结彩，几个工人正在为晚上的生日派对忙碌着做准备。逸江无所事事地走到人工开凿的小湖边，逗逗湖里的黑天鹅，黑天鹅瞥他一眼，身姿优雅地游走了，逸江哑然失笑，他实在太平凡，黑天鹅对他都不屑一顾。一辆金碧辉煌的劳斯莱斯停在车库里，车库旁边是一栋青灰色楼面的两层小楼。似乎有股无形的魔力在推动他的脚，在牵引他的手，他走过铺着碎石子的小径，走上几级台阶，推开两扇大大的玻璃门，置身在一间华丽的客厅之中了。客厅中铺着柚木地板，家具都是紫檀木的，精致无比，一套米色的布艺沙发，沙发前厚厚的淡灰色地毯缀着玫瑰红边，本来过分夸张，可是客厅面积实在大，竟显得恰到好处。客厅里摆放了各种名贵的花，像福满堂、杜鹃、晚香玉等，还有一棵一人多高的橡皮树。

几个工人正小心地搬运巨大的景泰蓝花瓶，挪出空位来不知放些什么。逸江独自走到橡皮树后面，他对面的墙是原始的红砖砌成的，墙上有一幅白雪公主后母魔镜似的镶金边的镜子，他看到镜内人影幢幢，忽然镜内一个桃红色的人影一闪。

他转过身去。

他几乎不相信自己的眼睛。一定是看错了，一定是看错了。啊，是她！是她！是她！是她！

只见欧阳木兰自楼梯走下来，她穿一件层层叠叠的半胸晚服，裙裾到地，后幅拖在地上，一转身可看到缎子衣料折成一朵玫瑰花模样，而她整个人变成花蕊部分。她显然在试穿这件华服，因为身后跟着设计师正在替她用针别起衣料多余部分。她化着淡淡的妆，眉毛细心地修饰过，雪一样的肌肤带着一层薄薄的油彩，真当得起“珠圆玉润”这几个字了。乌黑的头发高高地盘旋在头上，就像一只凌空飞翔的鸟。

逸江看得呆了。

在他眼中，木兰整个人发出光芒来，四周的人与物均变得黯淡模糊，难以辨认。而且木兰的身形逐渐高大，终于充塞了偌大客厅的整个空间，烙印似的刻在他的脑海里。

半晌逸江才清醒过来。“玫瑰有约”，原来花店的店名暗藏玄机，他今生今世注定要赴这约会，与他的爱。他握一握拳头，清一清喉咙，正想走过去和她打招呼。

刹那间他看到木兰身后出现了一位男士，他双手捧着一团晶光灿烂的饰物，轻轻放在木兰的头顶。

木兰连忙转身，这时逸江看清楚她头顶上戴的是一顶钻冠，闪烁生光，把木兰一张俏脸衬得似五月的鲜花一般。

那位男士说：你永远是我的皇后。

木兰笑了，在他脸上吻了一下。

逸江仍然躲在橡皮树后面，全身动弹不得，脚像生了根似的，扎在地上，看着客厅里的景象。

逸江认出来那位男士就是周先生。逸江在一个金融论坛上见过周先生的尊容。他年约五六十，头顶微秃，身材保养得很好，和他的事业与年龄相比，他的体重算是轻量级的。从他满足的笑容来看，他显然以拥有这位美女为荣。

周先生又说：我去开会，很快就回来。今晚的生日派对，我还有惊喜给你。

木兰一脸笑靥，说：你总是给我惊喜。

周先生走了，木兰脸上的笑容消失得干干净净。她变得很冷，表情是冷的，眼神是冷的，整个人散发着任何名贵香水都不能掩盖的幽幽冷香。她有多么美，就有多么冷。逸江想起高中时贾壮给木兰起的绰号“冷妹妹”，如果此刻贾壮见到木兰，他应该把“冷妹妹”改成“冰妹妹”了。

有人搬来一把椅子，木兰坐下试穿与晚服同色同料的鞋子。

逸江一动也不能动，痴痴地、深深地、偷偷地看着咫尺之遥的木兰，一如二十年前那个初夏的午后，情窦初开的少年偷看坐在前排的大眼睛的少女，风和阳光在教室的屋檐间穿梭而过。

那些沉淀在时光之河的声音在他耳边释放，新鲜如初……

高逸江，你的作文本？

你会对我好吗？

我想要一枝红玫瑰，一枝就好。

什么班花？沦落的班花？连一身像样的衣服都没有的班花？

不会的，逸江，我不会离开你，不会离开布丁。不会。

……

他凝视她，久久，久久，如9999朵玫瑰所代表的一样，FOREVER！ FOREVER！

究竟有多久？

其实不过几分钟，木兰试完鞋子，自楼梯返回楼上，他看不到她了。

傍晚，逸江和米兰吃过晚饭出去散步。他们走到小区还算寂静的花园里，坐在一把长椅上。城市的月亮混浊而柔情蜜意地悬挂着。米兰说：逸江，我想把墨镜和口罩拿下来一会儿。于是她就拿下来了。

她闭上眼睛，如水的月光浸润着她的脸，沿着她的脸颊滑到了她即使在夏天也必须遮掩的脖颈里。

几个孩子追逐着跑进花园，最大的看上去也就是十岁的样子，最小的不过四五岁。逸江有点紧张，他不忍心吓着那几个孩子，犹豫着要不要提醒米兰至少把墨镜戴上。还好米兰也听见了那群孩子的声音，已经自己把墨镜戴上了。但是那群孩子嬉笑着经过他们长椅边的时候还是安静了下来。那个为首的年龄最大的孩子先看见米兰露在墨镜下面的半张脸，她愣了一下，拉紧了她身边那个小弟弟的手，然后那个无意中往米兰这边瞟了一眼的小弟弟也安静了。他们就这样安静地经过同样安静的逸江和米兰。走到离他们大约二十米远的路灯下面时，他们又开始像刚才那样欢呼雀跃起来，逸江依稀听见一个小男孩兴奋地喘着粗气说：我知道我知道，她被泼了硫酸，我奶奶讲的……

米兰长长地叹息了一声。她转过脸，抱紧了他的胳膊。他搂紧她。地上的影子重叠在一起，月光把两人的影子变成了一个。

高逸江开着吉普车继续往前跑，终于在一个叫生门的地方找到了调头的机会。黎明前，雨停了，他赶回到坝源。到家的时候，姐姐提醒他，父亲在一年前就去世了；母亲是老糊涂，她每隔一段时间总以父亲濒临死亡为由让儿子赶回来，她是想见儿子了。

逸江一个激灵，犹如耳边响了一个惊雷。他想起来了。一年前，布丁以坝源县一中理科总分第一的成绩被清华大学录取了。父亲把布丁的录取通知书看了又看，每次看每次笑，嘴都合不拢，父亲那张沟壑纵横的老脸笑成了秋阳下最灿烂的菊花。自从哥哥出事后父亲从未像现在这样笑得开怀。父亲那几天精神出奇地好，走路“腾腾腾”的，好像一夜之间又回到了壮年。他张罗着要给孙子买手表、买皮鞋、买旅行箱，准备孙子上大学用，还张罗着要办酒席，庆贺孙子考上了他做梦都不敢想的全国最好的大学。父亲兴冲冲地忙活着，不让逸江帮忙，逸江也不想扫他的兴。父亲走在路上，脸上都洋溢着笑，突然平地摔了一跤，再也没有起来。家里人找到父亲时，他那颗跳了六十八年的心脏已经停止了跳动。笑容在他饱经沧桑的脸上凝固。

这一夜仓皇夜奔，只为见父亲最后一面，可是父亲已经去世，人死岂能复生？是，父亲走了，父亲含笑九泉，九泉含笑。

逸江也笑了，先是微笑，继而哧哧哧地笑出声。

他又仿佛看见许多影片，欧阳木兰、贾壮、“麻杆”、“几何”、石崖下的马兰花、玫瑰花篮，在眼前触电般地闪过。

逸江哈哈大笑了，直笑得，泪飞顿作倾盆雨。

狼人

在一座用水泥墙围起来的假山上，猴子们吱吱呀呀地叫着、跳着，好似和墙外的孩子们针锋相对地吵闹。寸草不生的泥地上，几只褚红色的亚洲象无所事事地挪动着庞大的身躯，长鼻子就像沉甸甸的橡胶管子，不时甩到背上。一只纯白的老虎被关在笼子里，虎目微闭，若有所思的表情，似乎在努力追忆它在印度的某片丛林中度过的遥远时光。受到同样礼遇也就是被关在笼子里的狮子显得邋里邋遢、神情疲怠，不紧不慢、来来回回地踱步，偶尔瞪一眼用矿泉水瓶敲打着铁栏杆的几个游人。

这是一家动物园，一家位于市中心规模最大的动物园。

景兰挽着江城的胳膊，谁都看得出这是一对热恋的情侣，事实上不久前他们举行了盛大的婚礼，此时如果用一个词来描述，就是如胶似漆。景兰不知道江城为什么要带她来这儿，当然，不论为什么，不论来这儿或者去世界上任何一个角落，只要她和他在一起，这就足够了，快乐着他的快乐，幸福着他的幸福，这就足够了。

江城一路走一路看一路为景兰讲解各种动物的习性，显得兴致高涨。后来，他带着她走到狼的领地。隔着栏杆，景兰看到十几匹或卧或立的灰狼。“它们看上去，真的挺像狗。”景兰随口说。

“狗？不，如果说狗和狼是从相同的模子里造出来的，但它们的天性却完全相反。狗，随时等待主人的命令、忍受虐待、忘记虐待、没有任何报复的信念，只知道讨人欢心，也只配作人的宠物，它们根本不配与狼相提并论，因为它们身上只有根深蒂固源远流长的奴性，永远不可能具有一匹孤独的狼身上那种高贵的气质。”

江城言词激烈，景兰兀自心惊。他一向是温文尔雅的谦谦君子，她不晓得他今天为何一反常态。她识趣地闭嘴，没有男人喜欢聒噪的女人。

一个黝黑、瘦小、猥琐的男人走过来，把手里拎的东西从栏杆外扔进狼区。动物园喂食的时间到了。景兰看得清楚，那人扔进去的都是活物，有鸡有兔子。一匹半卧着的狼突然以一种令人惊叹的美丽姿态弹跳起来，在空中稍作停留之后，它轻盈落地，并在落地的同时流星一般扑向那只蹒跚几步咕咕叫着想要逃生的鸡，一口将它叼住，几乎在同一时间内用两只锋利的前爪死死地夹住了它。眨眼的工夫，那只鸡已被狼撕扯着狼吞虎咽了，一股血腥味迎风飘来，景兰禁不住心里突突乱跳，仿佛感觉到那匹狼一双大眼睛发出的阴毒的光，仿佛她自己就是那只无辜的、注定要成为晚餐的鸡。

落山的彩霞像是从群狼的领地上飞溅到天空的一缕缕鲜血。一群漆黑的鸟飞过来，是乌鸦吗？它们刺耳地鸣叫着，忽然坠落，斜刺向一棵枝繁叶茂的梨树。梨树上开满了冰清玉洁的梨花，一个穿浅紫色长裙的年轻女子站在树下。女子背对他们站着，景兰觉得那背影十分眼熟，像谁呢？对，像她最好的朋友，方萍。那女子像方萍一样，也有一头浓密的微卷的长发，也有高挑的身材、玲珑的曲线。当然，她不是方萍，方萍不可能在这里出现。想到方萍，景兰心里漫上一种同情，沉浸于幸福中的人对苦苦追寻幸福的人通常都会慷慨给予的那种同情，因为方萍的运气实在是差了些，她喜欢的人不出现，出现的人她又不喜欢。景兰出嫁的时候，方萍毛遂自荐当伴娘，在抛花球的环节她把花球准确无误地抛给了方萍，真希望新娘的花球像传说中一样带去爱的幸运，让方萍成为下一个成功出嫁的女孩。

江城有力的手臂揽住景兰的腰，“兰，你冷吗？”

“我不冷，只是，有些抖。”暖风拂面，她奇怪地发现自己的身体却在微微颤抖。

“你最近又胖了，知道吗？娶了你，我真是没面子。你胖得简直像卡通片，你的小眼睛笑起来就成了一条缝，简直无可救药，偏偏你还喜欢没心没肺、傻呵呵地笑个不停，你居然长了双下巴，不，准确地说是三下巴或者四下巴，我最讨厌双下巴的女人，从小就讨厌，因为这种女人看上去一脸蠢相。你那些过剩的脂肪如果堆积在屁股上，还好些，偏偏都堆积在你的肚子上，不认识你的人一看你这超级无敌大肚子，以为你至少四十岁以上吧？说不定还要关心一下，问问你孩子多大了吧？”

景兰不敢相信自己的耳朵，这样刻薄的话怎么可能出自她新婚的丈夫？她想，他是开玩笑吗？这个玩笑一点不好笑。这时江城摘下墨镜，那双充满睿智的眼睛，曾经让她那么迷恋的眼睛，在她印象中总是荡漾着似水柔情的眼睛现在冷冷地注视她，那目光像刺刀似的刮在她脸上。

江城皱了皱他漂亮的浓眉，继续说："你吃东西时候那副馋相，真让我觉得你前世是个饿了几天几夜的饿鬼。对了，昨天晚上你吃完香煎小龙虾，居然还意犹未尽地吮了吮你那肥嘟嘟的食指，如果当时我把那个镜头抓拍下来，发到微信朋友圈，点击率肯定超高，分分钟就火了。”

“你……”景兰的脸色一阵白一阵红，她刚要说话，江城立即打断她，“我真服了你，你着装打扮的风格总能挑战我的审美极限，瞧瞧，穿一双蓝色的半跟皮凉鞋，挎包居然是大红色的，裙子呢，又是这么浓烈的草绿色，再说了，本来长个水桶腰，还学人家穿一件修身显腰的连衣裙，得，我还得谢谢你，让我长学问了，东施效颦这四个字，我现在总算明白是啥意思了。”

景兰觉得她的身体抖得更厉害了，像一根通了电的树枝。她不想听下去，一个字都不想听，但江城的话一字一句一下一下敲打着她的耳膜，她觉得肺叶上像扎了无数根针，每一次呼吸都在疼。又怎是一个疼字了得！

“你光是胖，光是蠢就算了，而且还笨得出奇。上次你那么虔诚地翻着烹饪书给我做了一道红烧鲤鱼，我怎么吃来吃去都是土豆味？我琢磨着这条鲤鱼估计是吃土豆长大的吧？胖、蠢、笨，难得你三样都占全了，当之无愧的三好学生嘛，哈哈。”江城干笑两声，煞有介事地扳着手指算。

“我今天才明白，原来我在你心目中根本一无是处。那么你为什么要和我结婚，难道我把刀架在你脖子上逼着你非娶我不可吗？”景兰湿漉漉的眼睛里闪烁着仇恨的光芒，有一把火随时要烧到江城身上似的。——这仇恨是从哪里来呢？若没有爱，又哪来的恨？

江城微微一笑，露出雪白的牙齿，温情而残酷，然后凑到她耳边，柔声说：“亲爱的三好学生，你很快会知道答案的。”顿一顿，又说：“现在我可没时间和你废话了，瞧，我的女神来了。”

晚风拂过，梨花飘落，似一阵美轮美奂的梨花雨，几片残花落在树下女子的长发上，女子盈盈转身，款款地迎着江城走过来，是方萍！饱满的额头，水波潋滟的眼睛，线条精致的高挺的鼻梁，丰润的唇，楚楚可怜的尖尖下巴，世界上不会再有相同的一张脸。她化了浓妆，有点俗艳。但是无可否认地，她整个人魅力四射，好似刚从天方夜谭里走出来。景兰想，此前自己怎么会没有认出她来？真是讽刺。难道被江诚言中了，自己的IQ真是接近以愚蠢和肥胖著称于世的某种动物？景兰犹疑不决此时是否应该像电视剧里经常设置的桥段那样，理直气壮地拦住这个第三者，给她一记响亮的耳光，或者伤心欲绝地扑上去，跟她来个鱼死网破，甚至干脆将一瓶浓硫酸直接泼到她那张沉鱼落大雁、闭月羞死花的惹祸的脸上——前提是现在能找到浓硫酸。方萍与她擦肩而过，看了她一眼，脸上没有一丝歉疚，只是向她挤一下左眼，有点调皮地，好像他们在玩一个新鲜刺激的游戏。景兰傻傻地站在原地，不知方萍用了什么香水，空气中蓦然飘浮异香，弥漫一种恣意浪漫的妖精氛围。

不知从哪里飘来节奏热烈的舞曲，江城和方萍踏着节拍跳起舞来，景兰此前从未见过的一种舞。他们舞得那么投入，一举手一投足配合那么默契，他的目光像蜘蛛网一样柔软地粘在她身上，她的长发在风中四处翻飞，花瓶颈子一样的细腰摇摆摇摆，嘴角含一丝浅笑，很勾人的那种笑，此情可待成追忆，只是当时已惘然。景兰看着看着，眼前这一对舞者就像一帧最美丽的景致，她被吸引着，欣赏着，感动着，一时间竟忘记了心痛，忘记了气愤，忘记了仇恨，忘记了怨怼。

奇迹就在这时候发生了。江城那双修长的手上骤然长出一层灰色的细毛，细毛见风就长，转眼间他已披上一层茂密的毛发，他的胸骨发出铮铮清脆的响声，筋腱肌肉迅速丰满起来，衣服被膨胀的生命力撕成碎片，一条扫帚似的尾巴飞速成型。方萍的身体似乎也不甘落后，几乎找不到任何汗毛孔的细腻肌肤以惊人的速度被一身油亮亮的毛覆盖了，两只耳朵高高耸立起来。他们嬗变成铁臂钢爪的狼人！

两人，不，两个狼人的脸上露出会意的微笑，心有灵犀地，两条尾巴缠绵地触碰，好似举杯相庆——干杯，为了今晚的新生！

刚才给狼群喂食的猥琐男又出现了，他不知何时也变成了狼人。他打开栏杆上的铁锁，躁动不安的狼群刹那间安静下来，他在一匹狼的头上摸了一把，好像狼头上装着个拉链似的，丑陋的狼脸倏忽隐去，一张人的脸，准确地说，一张年轻男子的眉目清秀的脸露出来，与此同时它像人一样站了起来，笑着说："谢谢，今天真是个好日子。"一个接一个，它们排着队，秩序井然地完成了嬗变的过程。江城和方萍以前是人，而它们以前是狼，那又怎么样？殊途同归，如今他们都是狼人。狼性获得空前的胜利，一个生机勃勃的狼人部落即将在地球这个古老的星球上崛起。

缺了一半的月亮从东边升起，慢慢地向天上移动。

江畔何人初见月，江月何年初照人。今晚的月亮是那么明，那么红，那么美，透着一股腾腾杀气的美。

江城纵身一跃，没有任何间歇地，像旋风、像闪电一样，几个起落他已站在毗邻动物园的八十八层的东方大厦的楼顶。对着那轮红月亮，他发出一声低沉悠长的嚎叫。万里无云，所有的星星都已坠落，幽蓝空寂的夜空下，那声狼嚎远远地荡开去，荡开去，仿佛是这片天地间最原始的声音，唯一的声音。动物园里的狼人像是听到了号令，齐刷刷对着红月亮可怕地长啸。一扇窗，两扇窗，这座城市数不清的窗户被推开了，里面影影绰绰晃动着狼人的身影。商场、超市、酒吧、咖啡厅、火树银花的街道、灯红酒绿的夜总会、四通八达的地铁、乌烟瘴气的地下室，到处都有拖着大尾巴的大摇大摆招摇过市的狼人。

狼啸声此起彼伏，相互呼应，成千上万的狼啸声融汇到一起，变成了浊浪滔天的黑沉沉的海洋。

疯了，疯了，这个世界已经陷入疯狂，景兰惊恐地想。可是，也许恰恰相反，她窥见了生活的真相，生活本来就是一部多幕的荒诞剧。善良而又可亲的爱因斯坦也曾说过“这个世界是一所疯人院”之类的话。

她的肩膀被轻轻揽住，是江城，已经变成狼人的江城。她心里有一万个声音喊快跑快跑，但她的两条腿此时疲软得犹如香肠，一步也迈不开。江城用一种调侃的口吻说：“刚才你问我为什么要娶你，当然不是喜欢你这一身肥肉喽。你说在我心目中你一无是处，这话不够全面，也不严谨，其实你身上还真有一件宝贝，一件奇货可居的宝贝，就是——你的心。那么赤红、那么鲜艳、那么饱满、那么明亮、那么完整的心！像这样的人心在现代社会已经非常罕见，几乎绝迹了。我寻找了很久，我找得好苦，找到的人心有的已经变了颜色，黑的、灰的、酱油色的；有的只有一个心形壳子，里面空空如也；有的早已变质，其化学属性接近一块坚硬的石头；有的伤痕累累、千疮百孔、残缺不全，甚至有的只是一堆碎片，怎么拼都拼不成一颗完整的心了，那也叫人心？实在太难吃了！吃那样的人心简直是对狼人的侮辱！听，你的心扑通扑通跳动得多么有力，我已经嗅到它散发出来的独特香味，有肉的香，有灵芝的香，有兰花的香，有沉香的香，总之，天上人间种种香味的混合，太诱人了！兰，你说过要把心给我的，我得成全你呀，你老公不能让你说话不算话”，江城的眼睛闪烁幽幽的绿光，咕咚咽一口馋涎，尖利的狼爪迫不及待地刺向景兰的胸膛。千钧一发之机，景兰终于下意识地跑了起来。

她跑、跑、跑，她的世界已经沦陷，她不知道在这狼人的世界她究竟跑到哪里才安全，她只是拼命地跑，本能地跑，慌不择路地跑。

“兰，你跑什么呀，快回来”，方萍亲昵的呼唤从身后传来。“兰，到我这儿来，让我保护你”，江城温柔的声音时远时近地追着她。

景兰忽然发现听不到自己的心跳了。没有心跳。一片空白。

她不由自主地回头。

她看到一男一女两张无比狰狞的脸。

锋利的狼爪刺破她的胸膛，鲜血淋漓，钻心疼痛，她惨叫一声：“啊——”

在马尔代夫的一家旅店，景兰惊醒。她猛然睁眼，一张英俊的脸印入她眼帘，此时这张脸上写满柔情和关切。

“兰，你怎么样？做噩梦了吗？”江城问。

“是啊，我好像做噩梦了”，景兰惊魂甫定，发现自己竟出了一身冷汗。

“你呀，昨天玩得太疯了吧？不然怎么会做噩梦。明天是咱们蜜月旅行的第七天，你得悠着点，别玩得太累，知道吗？”江城用食指轻轻刮一下她的鼻头，像哄一个婴孩一样宠溺地拍着她的背。

春悄悄，夜迢迢，静谧像轻柔的纱幔一样包裹着他们。忽然，景兰问：“我最近是不是又胖了？眼睛显得更小了？”

“是啊，你的小眼睛笑起来就成了一条缝，简直无可救药，偏偏你还喜欢没心没肺、傻呵呵地笑个不停。”

景兰紧紧阖眼，她似乎睡熟了。她没有看见江城的眼神渐渐变冷。

黑暗中，江城的眼睛闪烁幽幽的绿光。

景兰没有看见。

八号电车

一

星期六，下午三点，天气晴朗。孟兰掐着点去了约定的咖啡厅。

对于这种浪漫因子为零的所谓相亲，孟兰曾经是嗤之以鼻、不屑一顾的。不记得从什么时候起，她开始接受了，不仅接受，甚至在心底有了悄悄的期盼。是，人是会改变的，这个世界上一切都在变，唯一不变的也许只是变化本身。她已经决定把“爱情”两个字从她的字典里删除，换上“过日子”三个字，虽然这个决定多少有点悲怆的意味。和陌生的男人约会多了，孟兰也知道约会早到或晚到都是件微妙的事儿——去早了，显得猴急，嫁不出去一样，去晚了呢，也不行，有些小家子气。但对方却来晚了，整整来晚了一刻钟。看着踱着八字步慢慢朝自己走来的中年人，孟兰失望得要命，这就是自己想嫁的男人吗？这就是妈妈的好姐妹、和蔼可亲的张阿姨口里那位成功的律师、“适合”她的男人吗？面前的这个男人不仅凸肚而且秃顶！所谓的成功不过是他拥有房子（位于西岭市的黄金地段建筑面积一百三十平米以上一百五十平米以下）和汽车（市价三十万元以上五十万元以下）！律师似乎对孟兰也是失望的，碎碎的短发，素面朝天，略显刻板的衣着，唯一的优势大概就是近一米七的身高（对于个子不够高的男人而言，却很容易造成某种不言而喻的心理压力）。

很显然，二十九岁的孟兰不是那种能让男人一见倾心的女子，至少在律师看来，是不值得为她浪费一张彬彬有礼的面具的。好的面具理应省下来，面对年轻美貌的女孩时使用，律师总是能在第一时间做出最符合经济学的选择，不能不说是他的精明。律师对孟兰的态度有些简慢，简慢可以从他有些睥睨的眼神里看出来，也可以从他谈话的内容和语气里看出来，他不问孟兰自己的情况，只是有一搭没一搭地问孟兰单位里的重量级人物，什么钱行长最近出国考察啊，去美国还是去欧洲啊，什么张行长的高血压控制得还不错哇。孟兰觉得她的嘴唇干燥地黏在一起，她努力地张了张嘴，却不能发出任何声音。好在律师也不要孟兰的答案，问完了就完了，不等下文的，他有些心不在焉，见面的时间不过一个小时，在这期间，他接了三四个电话，又打了一个电话，每个电话都从从容容地说，一点也没有急着放下的意思。孟兰如坐针毡，后悔不迭——早知如此，何必来呢？

大街上到处是物质和尘土的气息，孟兰拎着包，沿着街道，漫无目的地转悠。被一个丑男人如此怠慢，她像吃了一只绿头苍蝇一样恶心。忽然想到在《西岭市早报》上看到一则消息。这个消息被报纸炒了快半个月了，说是西岭市籍的画家江皓先生在青年文化宫办个人画展。江皓的画孟兰没有看过，但她自己也喜欢中国画，听说过关于江皓的一些传说。江皓是从中央美院毕业后，辞去工作到法国学习深造又回来的职业画家，是一个很有个性的人。她用 0.1 秒的时间决定去看看。

已经下午五点多了，画廊里很静，人都走光了，落日的颜色透过落地玻璃窗倾泻其中，水波荡漾的。孟兰进去后，就站在序言板前看，这次画展的主题是“海之梦”。孟兰首先被那幅《春暖花开》吸引了。画面弥漫着蔚蓝的清新、敞亮的情怀、浓烈的色彩、细腻的笔触，以及来自大海深处的蓬勃气息，带给她一种豁然开朗、心旷神怡的强烈冲击。在画前沉思，她觉得这幅画就是她的安魂之乡，是理想之乡，是自由之乡，是平静之乡。她不由想起海子的那首诗：从明天起，做一个幸福的人 / 喂马，劈柴，周游世界 / 从明天起，关心粮食和蔬菜 / 我有一所房子，面朝大海，春暖花开。

孟兰站在画前一动不动，时间凝固了，思想却在无边无际的大海上飘飞。有人在身后连叫了她几次，她才醒过来，意识到是跟自己说话。她回头——“蓦然回首，那人却在灯火阑珊处”孟兰为值得的人回过头，为不值得的人也回过头，她已经疲倦，却无处停靠，忽然感到后颈一阵酸痛，那种痛来自心的最深处。第一次她看到了江皓。江皓一米八几的个子，穿一件白色的衬衣，挽着袖口，脸部轮廓像刀刻一样棱角分明，微笑的背后溢出的是沧桑与成熟。他身上隐隐透出一种锐气。是的，锐气。现在很少有男人有这种东西了，他们逐渐变成商业社会的动物。例如刚才见面的一辈子不想再见的律师，例如她每天微笑面对的浑身铜臭味的高端客户。

他们交淡了一会儿，江皓说：“如果你真喜欢这幅画，展出结束后，这幅画送给你了。”江皓一边说，一边从画框下面的一个小盒子里拿出一个标记着“已出售”的标签，摆放在题板的旁边。

孟兰竟孩子气地开口问：“真的？”

江皓笑了笑，说：“真的。”

江皓一个人回到空荡荡的酒店套间里，两年前他离异了。他的前妻佟月曾是他的大学同学，是班里当之无愧的班花，在美女如云的中央美院她仍显出几分鹤立鸡群。直到现在，他还清楚地记得他追求佟月时表现出的连他自己都佩服的超乎寻常的耐性和毅力，还记得那些孜孜不倦并且创意新颖的细节，那些细节完全可以列入求偶教科书。当然，他也记得当他终于能牵着佟月的纤纤玉手在校园里的林荫道上漫步，那些从四面八方如箭簇一样射来的男生们羡慕嫉妒的目光，曾使他产生功成名就的美好错觉。大学毕业后，他们顺理成章地步入了婚姻的殿堂或者说爱情的坟墓，渐渐地他发现他和佟月其实是完全不同的两种人，两人想问题从来没有相同的结果，看事情也从来没有相同的角度，他也曾试图改变自己，也曾为挽救这场婚姻做过努力，但是他们的情感宿命似乎是注定的。那场婚姻勉强维持了七年，终于还是破裂了。所谓的七年之痒，在他们身上完全应验了。

他已经习惯靠工作来麻醉自己，只要在工作，只要在绘画，他相信自己就不会被内心的孤独感摧毁。但是今晚，在这空荡荡的房间里，寂静像慢慢蔓延上来的冰凉的湖水，而他是一条无法呼吸的鱼。

奇怪，只是一次邂逅，他发现那个刚认识不过一个多小时的女孩说话的样子、站在画前的姿势居然牢牢地留在他的记忆里。还有她的笑容，她清澈的眼神。她有一个好听的名字，叫孟兰，在这座城市的中信银行工作，是一名客户经理。这些是她告诉他的。她算不上是美女，很普通，几乎是不起眼的，可是他看出来她是那种专门为某些男人而存在的女人。某些，具体是哪一些，不好说。只是觉得她是那种会在平淡得发霉的日子里添一抹感天动地的传奇色彩的女人——一旦她碰到了“某些”男人。

在那个夕阳无限好的夏天的傍晚，江皓当然不知道他自己一语成谶。

二

西岭市中信银行的营业楼位于本市繁华的金融街上。公司部在十八层，设一名老总，一名副总，其他都是客户经理，每人分管一些企业客户。现在银行客户经理成堆，有负责企业存款、贷款为主的对公客户经理，有负责个人存款、贷款为主的个人客户经理。

下午一上班，孟兰斜对面的老郑清了清喉咙，大家心照不宣地看着他，知道办公室开心一刻的时间到了。老郑其实并不老，刚过而立之年，已经有了啤酒肚，戴一副深度的近视眼镜。果然，紧接着老郑就用夸张的东北腔与各位同仁分享：“如何让猪上树？方案一，远景激励：给猪美好愿景，告诉它你就是猴子。方案二，绩效考核：告诉猪如果上不去，晚上就摆全猪宴。方案三：山寨效果：把树砍倒，让猪趴在树上合影留念。通常总部会选择第一种方案，分公司选择第二种方案，但实际上基层往往选择第三种方案”。大家纷纷点头，说有点意思、好玩儿，又哈哈地笑。

孟兰也笑了，只是笑得有点干涩。她有时候会想，城市生活中人与人之间的距离最近的时候只有两厘米，可彼此的灵魂却相隔千里。是，只要我们的躯壳四体康健、开心活到老，谁又有闲工夫注意到那小心翼翼地蜷缩其中的苍白的灵魂?

这时，孟兰办公桌上的电话响了。公司部老总，Q总叫她去总经理办公室讨论昊海纸业那笔五千万贷款的事儿。

昊海纸业是孟兰分管的企业客户，曾经是西岭市的重点企业，去年厂值排在第六位，缴税排在第八位，但是最近眼看快不行了。其实昊海纸业的经营并没有出现问题，起因是好日子皮革公司，昊海纸业为好日子公司担保了两千万贷款，前几天好日子公司事发了，牵涉到诈骗集资、抽逃注册资本、逃税漏税以及骗贷等事项，老总夫妇已经跑路，银行为了自身资产的安全，只能去查封担保单位了。孟兰也曾耳闻好日子公司的老总专门飞赴澳门去赌博的传言，而昊海纸业这笔贷款没有抵押物，担保单位就是好日子，如此一来，这笔贷款的麻烦可就大了。

Q总已过不惑之年，素来注重养生之道，总是红光满面的，宽阔的脑门锃光发亮，同事们私下开玩笑，说只要有Q总在，晚上不怕停电，因为Q总的宽脑门就是明亮的灯泡哟。但是现在，孟兰进门，看见Q总的眉头皱成一个大疙瘩，标志性的脑门也蒙了一层灰暗。Q总问孟兰，昊海纸业这笔贷款重新落实担保单位的事情进展得怎么样?

给昊海纸业这笔贷款重新落实担保单位是Q总上周交代给孟兰的任务，因为没有担保单位，这笔贷款事实上就成了信用贷款。而在市场经济的大潮中，信用已经是贬值最快的东西之一。其实昊海纸业的陈总在西岭市的商界一向人缘很好，但是大家在名利场摸爬滚打，谁不是经验丰富，见风转舵?人类进化了数千年，作为合格的现代人，哪一个不是机关算尽太聪明的主儿?自然而然地，曾经围绕在陈总身边的那些“两肋插刀”的朋友如今跑得比刘翔还快。这些天孟兰跟着陈总马不停蹄地找了不少公司，结果都无功而返。事实上重新落实担保单位的事儿没有什么实质性进展，孟兰只好把实际情况简单汇报一下。

最近行里正在开展主管信贷业务的副行长的竞聘工作，Q总踌躇满志，摩拳擦掌，准备在职业生涯中再迈上一个新台阶，事实上在所有竞聘者中，他和个人金融业务部的D总是大家公认最有实力的。偏偏在这个节骨眼上，这么大一笔贷款出了问题，现在想捂都捂不住，主管行长钱行长已经多次过问了这件事。唉，不用猜也知道，D总例来消息灵通，这种利好消息当然瞒不过他，如今指不定找哪个旮旯偷着乐哩。Q总从深色的老板桌后面走出来，背着手在偌大的办公室里烦躁地踱来踱去。

孟兰此时却不合时宜地想起这笔贷款的一段前缘。毋庸置疑现在银行业之间的竞争非常激烈，在西岭市这个规模中等的城市里，银行已经有近二十家了，这笔贷款就是从招商银行拉转过来的。为了成功营销这笔贷款，孟兰不惜化身酒坛子里泡出来的玉面玲珑鬼，在那个具有决定意义的饭局上，她把酒当水一样地喝，来者不拒，频频举杯，硬是将陈总和他那一队酒肉朋友灌到了桌子底下，陈总在彻底醉倒的前一分钟不忘竖起大拇指，含含糊糊地赞叹："小兰这姑娘，平时看着蛮文静的，没想到啊，巾帼不让须眉，见识了！"而孟兰跑到洗手间，一阵狂吐，吐得翻江倒海，好像连胆汁都吐了出去……

Q总绞尽脑汁，也想不出更好的办法，只能叮嘱孟兰密切关注昊海纸业的资金情况，又说，小孟，一旦这笔贷款转为不良，是要进行责任认定的，你是这笔贷款的直接经办人，到时候就要对你作出处罚，你要有心理准备。你是咱们公司内部的人，我当然也想帮你，我怎么会不想帮你呢？就只怕想帮也帮不了。

江皓的画展就要结束了。

这些天，江皓跟孟兰联系过几次。孟兰很想主动给他打个电话，约他一起坐坐，说说话，但她想了又想，这个电话还是没打。因为，她知道自己对江皓产生了朦胧的好感。女人的心理总是很复杂，几乎每一个女人在感情上都是一个矛盾体。

这天下午，孟兰的手机愉快地唱起歌来，是江皓打来的："兰兰，画展后天就要结束了，我要兑现自己的承诺。"他的语气有些不容推托。

江皓来接孟兰下班，他们去了金融街拐角处的一家必胜客比萨店。江皓选了靠窗的位置，他好像知道她的口味似的，为她点了水果比萨、芝士焗薯蓉、雪梨银耳汤，都是她喜欢吃的。

江皓把那幅《春暖花开》拿出来，送给孟兰，孟兰小心地收好了。她说："我也有一个小礼物要送给你。"她从挎包里取出一个方形圆口的很精致的水晶瓶，这是一个空瓶子，如果仔细看，里面似有一层淡淡的若有若无的蓝色。孟兰一抬眼，正对上江皓饶有兴味的眼神，她的心莫名地惶然，急忙移开视线。

她说起去年和几个同学结伴去海南度假，一个美好的黄昏，大家都去沙滩上嬉戏，尽情享受休闲时光，她一个人沿着海岸漫步，走累了便随意找一块岩石坐下，那时她已远离喧闹的人群，她安静地坐着，什么也不想，听着大海滚滚而来翻涌而去的涛声，感觉自己像一尾沉在水底的鱼，任时光像水一样从她的身体上静静地流过去、流过去。她把打开瓶塞的水晶瓶托在手里，大海的涛声也像水一样流进了瓶子里。不记得过了多久，她好像猛然惊醒，又明又圆的月亮已经挂在天际，她把瓶子盖好，就觉得大海的涛声装在瓶子里，那是来自大海的馈赠。

孟兰只知道自己相貌平平，她却不知道当她用梦幻般的语调谈到大海时，她的脸上有一种光芒，那是一种江皓以前在别的女人脸上从未见过的，因而也不知道该怎样形容的光芒。“谢谢你的神秘礼物”，江皓说。接过水晶瓶的时候，他的手触到她的手指，柔软的温香的肌肤。他深深地看着她，感觉自己的灵魂正在被眼前这个姑娘一丝一丝地勾起。

他们这顿饭吃了两个多小时，在流水般的音乐里，在彼此的视线和语言里，温柔地沉沦。

从必胜客出来的时候，忽然下起雨来。缠绵的细雨中他无声地拥她入怀，他的吻像蝴蝶的翅膀在她的唇间停留。

孟兰轻轻地闭上眼。她心里有个细细的声音，孟兰啊孟兰，这就是爱吗？这就是你曾无数次幻想过的千呼万唤不出来的爱吗？调皮的小爱神背着闪光的小翅膀飞来了，他是因为路上贪玩才迟到吗？现在他终于在一个意外的时刻射出了传说中的爱之箭吗？

三

江皓回到东岭市。孟兰发现她对这个男人有种奇妙的第六感，晚上她的眼皮跳几跳，不出两分钟江皓的电话就会打过来。他们好像有谈不完的话题，江皓给她讲自己的经历，讲绘画，讲自己在外面的见闻，讲如何面对人生突如其来的问题。

孟兰不知道，其实江皓在他的朋友圈里一向是个寡言的人，甚至有点无趣，他和佟月在一起的时候，佟月总是报怨他是个木头人，因为有时佟月已经叽叽喳喳说了十几句，他的回应不是“嗯”就是“啊”。对于这种改变，江皓自己也觉得奇怪，只要听到孟兰的声音，像夏日的小雨一样清新淡然的声音，他就有一种诉说的欲望。

现在，孟兰每晚临睡前都要看看江皓送给她的那幅画。渐渐地，她从那明亮的阳光、蔚蓝色的大海、棉絮般的白云里感觉到世界似乎是一种虚幻的存在，人生似幻化，终当归空无。她倾听到了那来自远海里的声音，翅膀上挂着淡淡忧伤的海鸥似乎在一声声的鸣叫，那是对她心灵的呼唤。

昊海纸业资金紧张的局面没有任何缓解，已经没有钱购买原材料，工厂只好停产。各家银行闻风而动，纷纷采取措施，据粗略统计，昊海纸业的负债至少有一个亿，加上厂房和设备只能做折旧处理，因而固定资产也大幅贬值，公司事实上已经资不抵债。

还是在Q总的办公室。Q总告诉孟兰，昊海纸业已经宣告破产，行里那笔贷款被划为不良，待公司破产清算后按比例偿还，预计损失不会低于50%。Q总说话有气无力的，无论他怎样撇清责任，孟兰是他公司部的人，他还是要受牵连的，竞聘副行长的事自然是黄了。当然，钱行长说得没错，“以后还有机会”。对于发这种“安慰药”，领导并不吝啬，反正不花钱。可惜这药对Q总已经失效。他有自知之明，自己已经是奔五的人了，放眼望去，行里多少年轻有为的才俊？“长江后浪推前浪，前浪死在沙滩上”，Q总忽然想起老郑说过的一句笑话，当时一笑而过，现在才发现这句话原来说的是自己。

昊海纸业的事情尘埃落定，结局是在意料之中的。孟兰无法预测行里最后会对她作出怎样的责任认定，但在此之前她将一直承受着压力。阳光从十八层大厦的落地玻璃窗外照进来，尽管办公室里开着中央空调，温度适宜，有一个瞬间孟兰却觉得自己就要在这强烈的光线下灰飞烟灭。

晚上，江皓又打来电话。孟兰自己也不清楚怎么就突然崩溃，突然哭了出来，把这些日子以来像座大山一样压在她心上的昊海纸业那笔贷款的来龙去脉全对他说了。其实拿起手机的时候，孟兰还是笑着的，她希望自己的声音传递给他快乐的信息，她希望在他心目中自己的形象是坚强乐观的，只是听到他那一声低低的，温柔的，叹息似的“兰兰”，她觉得脸上的微笑再无法维系，心底的迷茫难受无助阴郁赤裸裸地展露出来，所有的刻意所有的掩饰所有的防线都不堪一击。

他安静地听她倾诉，并不打断她。终于，她说完了，渐渐止住哭泣，他在电话另一端一言不发，两人都沉默了。忽然他打破沉默，“兰兰，你先挂掉电话，我有件事要处理一下，过两分钟我再打给你，好吗？”

她第一次在他面前情绪失控，他竟没有一句安慰的话给她？“我有件事要处理一下”，他有什么重要的事，比她的感受更重要？难道是她一厢情愿高估了她在他心目中的地位？孟兰依言挂掉电话，带一点赌气。

他一贯守信，果然两分钟刚过孟兰的手机欢快地响了。“兰兰，打开收音机，调到 FM99.60。”

孟兰不知道江皓卖的什么关子，满腹疑云，但她什么也没问。她有听广播的习惯，很快调好了频道，这时正在播一档点歌栏目。一个女孩子打进电话，为她的男朋友点歌，伍佰的《挪威的森林》，孟兰静静地听。然后，电台 DJ 柔柔地说，刚才有位姓江的先生打进电话来，给一位蓝色女孩点歌，此时他们分居两地，女孩的心情很不好，他多么想飞越千山万水，立刻飞到女孩的身边陪伴她，现在请听歌。音乐轻灵地响起来了——

思念是一种很玄的东西/如影随形/无声又无息出没在心底，转眼吞没在我的寂寞里……

同一时刻，在东岭市，江皓也在静静地听着王菲天籁般的歌声，这情景倒颇有一种“日日思君不见君，共饮长江水”的古趣。江皓心潮起伏，只感觉胸膛里的那颗心变得柔软无比。他记得和佟月在彩虹桥影院看夜场，由李冰冰、孙红雷主演的《我愿意》，那时他并不曾预料到会和佟月离婚。影片快结尾处，李冰冰的前男友带着她到一个他们谈恋爱时曾经到过的地方，两人追忆往昔，感慨今日，这时候音乐就震撼地响起——我愿意为你我愿意为你/我愿意为你被放逐天际/只要你真心拿爱与我回应/什么都愿意/什么都愿意为你/我什么都愿意/什么都愿意为你……当时看电影的时候，他还觉得有点矫情、生硬，但现在他却觉得千言万语，尽在歌中。曾经，他怀疑自己是否还具备再爱一次的能力，而现在他感到瞬间抵达了某种境界，在投入地爱一个人的时候才能体会到的有些神秘的境界。

一段音乐后，歌声又继续响起——

我愿意为你我愿意为你/我愿意为你被放逐天际/只要你真心拿爱与我回应/什么都愿意/什么都愿意为你/我什么都愿意/什么都愿意为你……

“蓝色女孩”，孟兰轻轻念，他这样叫她。她的心里涌上一阵温暖，是湿润的温暖，缓缓地渗透在心脏的血液里。眼角有泪渗出，清清的水滴，甜甜的滋味。

四

清晨，太阳尚未露出光芒，一辆银白色的沃尔沃行驶在晨雾弥漫的高速路上。

昨天第一眼看到那条蓝色连衣裙，江皓有一种感觉，这条裙子应该属于一个蓝色女孩的。它穿在没有生命的橡胶模特身上，在华天商场一个角落的橱窗里，像一朵开在阴影里的小花默默绽放。就在这个瞬间，他发现自己再无法抑制对那个蓝色女孩的思念。她的手指，她的眼睛，她的气息，她的声音已将他围困，那是一种甜蜜的围困。

现在装着那条裙子的纸袋，一大捧还沁着露珠的蓝色妖姬玫瑰花，都放在副驾驶的位置上。江皓开着沃尔沃驶出东岭市，沿着平坦的柏油路直奔西岭市。昨晚他们照例通过一次电话，他想告诉她明天就去看她。但是他没说。他要给她一个惊喜。他的心境曾经疲惫苍老，此时却好像时光倒转，又回到十八岁般心境轻快，兴致勃勃地制造着热恋中才有的那种小惊喜。忽然想起丹青赵，丹青赵是他的发小，大名叫赵东，擅画水墨，也是一个画痴，圈子里人送绰号丹青赵。记得去年，也是在这样炎热的夏日，他和丹青赵在酒吧喝高了，丹青赵口齿不清地说：“你啊，你注定是漂泊的人，因为你心里装的还是一半现实一半幻想。”那时他苦笑着举起双手，作投降状，“不，哥们儿，你这回走眼了，我早就对现实举起白旗，彻底妥协了。”丹青赵却摇晃着脑袋说，“不，你骗不了我。还是那句老话，江山易改，本性难移。你就是你，你变不了。”震耳欲聋的音乐声中，他声嘶力竭，“你又不是我肚子里的蛔虫，你凭什么这么自信？”……尽管他一再口是心非地反驳丹青赵，其实他心里又何尝不以为自己将注定漂泊，孤单地，一辈子就这样过去。生活的奇妙总是超乎人的想象，那时他又怎能预料到一年以后自己会遇到她？原来有些人只要遇上了，是注定会爱着彼此的。多么好，茫茫人海中，兜兜转转，曲曲折折，他还是与她相逢了，没有早一步，也没有晚一步，他相信这是此生遇到的最美好的事了，他甚至奇怪生活为何如此厚待自己？可是这个自以为洞悉某种生命玄机的男人，又怎能参透这诡秘莫测的生活？是，没有人知道下一刻会发生什么。没有人。

手机响了，是丹青赵发来一条微信，语音的，“今儿晚上咱们几个老朋友聚聚，我请客，老地方，不见不散”。

真是想曹操，曹操到，江皓心情愉快地想。他回：“哥们儿有要事在身，不能去了，你们吃好玩好哈。”

“你一孤寡老人，有什么要事？”

“注意你的用词，什么孤寡老人，真难听。哥们儿有女朋友了，昨天刚给她买了条裙子，现在正开车给她送过去呢。估计中午前后我们就能见面，共进午餐。”

丹青赵好像被惊着了，半晌空白，“厉害啊，还玩儿浪漫？千里送棉衣的，那是孟姜女；千里送裙子的，就是你江皓。瞧，你何德何能，居然和孟姜女齐名了。”

“损我，啊？我就浪漫一把怎么了？老夫聊发少年狂，呵呵。”

“你几时回来？不会一见你的女神，就乐不思蜀吧？”

“我后天还要去北京参加全国书画协会举办的一个画展，机票都订好了。估计在北京至少呆一个星期。回来再联系。”

“行，你小子情场得意，事业也得意哈。交代一下，你那女神姓什么叫什么，哪里人氏，哪里高就？能够俘虏你这颗伤痕累累的老心的，必然不是泛泛之辈。”

……

结束与丹青赵的通话后，江皓打开车里的CD，音乐在车厢里氤氲。路边列成一线的繁茂的树木、大片大片青葱的原野、灿烂金黄的油菜花田，从车窗上向后退去。

太阳从地平线上冉冉升起，温柔的晨曦像河流一样浸泡着这辆以90迈的车速平稳行驶的沃尔沃和车里这个神采奕奕的男人，嘴角不自觉挂一抹陶醉的笑的男人。朝阳叹了一口气：多么希望能看到另一种结局。可是有什么办法？宿命的结局是必然要降临的，已经在一秒钟一秒钟地逼近。朝阳只能拼尽全力让自己再绚烂一点儿，再美丽一点儿，再惨烈一点儿——它只能用这种方式为这一人一车送行了，因为即使是朝阳，也没有力量改变任何人的命运。

江皓开到大约一半车程的时候，从前方的岔路口迎面飞速驶来一辆大卡车，那辆卡车好像喝醉了酒，开得歪歪斜斜，突然不受控制似的风驰电掣般冲向隔离带，江皓心说危险，急忙猛打方向盘，想避到路边，躲开眼看就要冲过来的卡车，但是已经来不及了。

已、经、来、不、及、了。

江皓没有听见格外尖利的刹车声，没有听见轰隆隆的撞击的巨响，没有看见陡然压迫下来的卡车庞大的黑影，甚至没有感到丝毫的疼痛，他只觉得自己的心脏和血液在激烈地跳动，充满了活力和激情。一个念头占据了他的整个思想：兰兰，兰兰，我的蓝色女孩，我要见到你，立刻，马上，刻不容缓！即使耶和华现身也不能阻挡我去见你的脚步！！！

随着约翰·丹佛的《乡村路带我回家》的旋律，血从被卡车砸扁了的沃尔沃车底下流出来，在明晃晃的阳光下那么耀眼，那么鲜红，那么芳香，宛如柏油路上盛开了一片鲜艳的花朵。

和鲜血一起洒落在柏油路上的，还有东一块西一片的金属碎屑。这时即使是生产厂家，也无法辨认出它们的前生——一部 Iphone5s 手机。

五

孟兰一整天都心绪不宁，左眼皮像装了发条般不停地跳。不知怎的今晚她特别期待江皓的电话。

手机铃响，是江皓。她一把抓起手机，感觉心情瞬间多云转晴。然后她听到江皓低沉的、带着磁性的声音：“兰兰，想我了吗？”

“臭美，谁想你？”她笑骂。刚聊了几句，忽然门铃响起来。糟糕，谁会在这时候来呢？但愿不要是妈妈又来“视察”。孟兰的父母住在离她不远的一个居民小区，本来孟兰工作以后还一直住在父母家，后来实在忍受不了妈妈的唠叨和爸爸的长吁短叹，好像女儿至今没有成功地嫁出去，都是他们两位的错，半年前孟兰自己租了这套一居室的小公寓搬出来住，只图耳根清静。

孟兰打开门，映入她眼帘的是一大捧娇艳欲滴的玫瑰花，紧接着看见一张熟悉的脸。无需再自欺，那是一张让她朝思暮念的脸。他的头发好像刚剪过，格外有型，穿一件干净的蓝格子棉布衬衣，映着窗外朦胧的月光，整个人显得精神抖擞，似乎比上次见面年轻许多。

江皓把手机放在耳边，凝视她，“兰兰，我来看你，好吗？”

孟兰也痴痴地看着他，在他不可抗拒的气场中深深沉醉，说，“好。

忽然反应过来，假假地嗔怪，“你好坏，明明都到门口了还故弄玄虚”，嘴角却含一丝隐隐的笑意。说着，举起拳头要打他。

她的粉拳却被他一把握住，他把她的手放在唇边摩挲，一个手指一个手指地亲吻过去。他的唇冷冷的，冰冰的，她却觉得心口仿佛燃起了一团火。原来，那火一样的激情从她降生到这个世界那一刻起就在她的体内存活，二十多年来却一直处于一种休眠状态，等待一个男人来点燃它。就在这一刻，她被点燃了，在他温柔的缠绵的亲吻中悄无声息地蜕变。

她快乐地把花插在桌子上的玻璃瓶里。他又变魔术似的取出一个纸袋，“这里有条新裙子，我昨天买的，今天特意过来送给你。快换上它，让我看看。”

“现在就换吗？”

“对，现在。”

孟兰偏一下头，孩子气地笑笑，说“好吧”。她转身进了卧室，又探出头来，促狭地甩一句：“不许偷看人家换衣服，非礼勿视。”

这是一条天蓝色的上面有大朵碎花的雪纺裙子，里面有白色的衬裙。商标是用蓝色的线绣的字母：Blue。她麻利地换好，很合身，像是为她量身订制的。她又找出一个月前买了一直没用的唇膏，细细地抹上。据那位化妆品专柜的小姐说，这款珊瑚色的唇膏颇具提亮肤色的效果，真希望导购小姐的话像数学定律一样确凿可信，而不仅仅是一句营销话术。

“好看吗？”她从卧室出来，焕然一新地向他走过去。

“不”，他轻轻摇头，目光灼灼，“不是好看，是美好。”江皓细心地帮她把长裙的带子系成一个精致的蝴蝶结，又拉着她的手在原地转了一圈，像是突然想起什么来，“你站这儿，我给你画张肖像，一会儿就好”。

他绘画的时候，孟兰细细端详他，她喜欢看他投入工作的样子，微锁的眉头，郑重的神情，挥洒自如的握着画笔的手。心里忽然生出一种卑微之感。这一刻她的心正如某位女作家所言：很低很低，低到尘埃里，却在尘埃里开出花来。

画完画，江皓说要带她去一个地方，至于什么地方他没有具体说，透着一股神秘。孟兰便随手把那幅肖像画搭在桌上，和江皓一起出门了。

从孟兰住的岫云小区出来，他们一路上说说笑笑，途经一家彩旗飘飘的大型超市，一个灯火通明的饭店，穿过一条僻静的小巷，眼前豁然开朗，竟是一大片桃花盛开的树林。皎洁的月光下，碧绿的是桃叶，粉红的是桃花，夜风拂过，大片大片的桃花纷纷扬扬像雪花一样飘落，那眩目的色彩像天边的云霞一样。孟兰被惊着了，这么美，惊人的美，她从来不知道这座钢筋水泥的城市里还隐藏着这样一处宛如仙境的“桃花源”。她在林子里跑起来，带着肆无忌惮的欢喜，身姿那么轻盈，裙子就像她的羽翼，乱乱的碎发在风中飞扬，灿烂的笑脸像一朵三月的桃花。一只有力的大手捕捉了她。她安静下来，靠在他宽厚的胸前，抬起头，看见他的笑脸，还有他的目光，宛转的疼惜的目光。他伸出手，好像迟疑了一下，轻轻落在她乌黑的短发上，像抚摸一朵花一样小心。

“兰兰，你快乐吗？天知道我多想给你一个快乐的晚上。”他在笑着，没错，他明明满面笑容，不知怎地孟兰却感觉到那笑容背后的凄凉，很深很深的凄凉。

“我当然快乐了，只要和你在一起我就快乐。傻瓜，我爱上你了。”又说：“我喜欢这里，以后我们每天晚上都来这片桃林散步，好吗？”

“好。从明天起，做一个幸福的人”。她喜欢听他念海子的这句诗，这让她想起他们美丽的初遇。

他的手渐渐变得不安分，他开始吻她，近乎粗暴，在宝石般晶莹深邃的夜空下。她拼命屏住呼吸，只有屏住呼吸才能感受这样甘美的亲吻和抚摸。她的皮肤是这样贫乏和寂寞，她渴望在他颀长的冰凉的手指的辗转中支离破碎。她感到疼，可她依然希望他不要停止。一直一直，不要停止。

“我的蓝色女孩，即使死亡也不能驱除我对你的深爱。但是”，他顿一下，好像说出后面的话异常艰难，“我该走了。”

“你要走？”孟兰一怔，“你开车走吗？你的车停在哪儿？”

“不，我不开车，我坐电车”。

“这么晚了，还有电车吗？”

“有。8号电车能带我们去任何想去的地方。而且，它从不晚点——现在十二点，它来了”。他的声线有点抖，不易察觉地。

话音未落，叮叮当当的电车声由远及近。孟兰惊异地发现空中两道纤细的电线不知从哪里延伸过来，又向遥远神秘的远方延伸过去。车灯异常明亮的光线投射过来，孟兰看见乌黑的车头上赫然一个“8”的标志，那“8”像是什么人用一把粗重的刷子刷上去的，汁液淋离，红光闪闪，有强大的视觉冲击力，在这个月夜透着说不出的诡异。江皓明亮的眼睛黯淡下去，他的脸霍然失去血色，像一层撕下来的苍白的薄纸。

江皓上了车，电车一闪而过。叮叮当当的声响划过夜空，陡然消失，没有留下一丝痕迹。

第二天，清晨，孟兰穿戴整齐，急匆匆拎起包准备赶地铁上班，无意中瞟一眼桌上的玫瑰，呆住。她清清楚楚地记得，昨晚亲手把这束玫瑰插在这个圆形的玻璃瓶里，玫瑰花朵朵鲜艳，吐露芬芳，花瓣上还挂着盈盈朝露，可是一夜之间，玫瑰全都枯萎了，枯萎的玫瑰看起来像没有灵魂的木乃伊。

孟兰的心头突然掠过一片淡淡的乌云，挥之不去。她轻轻拿起昨晚江皓画的那幅肖像画，昨晚他们匆忙出门，她还没来得及细看。画里的孟兰穿一袭蓝色长裙，背景是蔚蓝的辽阔大海，海风吹拂，她的裙子如花绽放。廖廖数笔，孟兰的形象跃然纸上，清雅，飘逸，脱俗，浅笑盈盈。显然这不是镜子里的那个孟兰，也不是父母同学朋友同事所有熟识她的人眼中的孟兰，这是他用艺术手法美化了的孟兰，或者说是他心中的孟兰。无需说出那个字，爱已在这幅画的线条里笔触里色调里静静地流淌。孟兰看得入神，脸颊微微发烫，不自觉地甜甜地笑。毫无预兆地，一阵风从窗外吹进来，竟把孟兰手中的画卷走了，孟兰急忙伸手去抓，差一点点没抓住，只抓到一把空气，眼睁睁看着那幅画被风吹着飘出窗外，飘向空中，越来越小，终于幻化于无。

上午，孟兰心不在焉地整理一个贷款客户的资料，总感觉不能集中精神。快吃午餐的时候，手机响了，是一个陌生号码，孟兰接听，一个陌生的男音。他说他叫赵东，是江皓的朋友，江皓出事了，就在昨天早晨，一辆大卡车司机疲劳驾驶，实在撑不住盹着了，卡车冲过隔离带，那么大的铁家伙，惨！江皓开的沃尔沃当场就被砸扁了……

孟兰呆呆地抓着手机，感觉手足正在变得冰凉，一寸一寸地。“江皓昨天晚上还好好地和我在一起，怎么会出事？不，不可能。”

“昨天晚上，你……你怎么啦？”孟兰不知道，电话那端的丹青赵此时瞠目结舌。难道江皓的女朋友脑子有问题？他疑惑地想。

“江皓现在在哪儿？告诉我！我要见他！”从未有过的巨大的恐惧侵袭了孟兰，整个世界仿佛隐形，她完全忘记自己置身何地，不管不顾地喊起来。陡然变得尖细的嗓音像布帛一样被撕开了。

喧闹的格子间寂静下来，鸦雀无声，只听见孟兰粗重的呼吸声。寂静不过维持了几秒钟，正在给头儿拍马屁的继续不打磕绊地为头儿歌功颂德，正在写材料的继续面无表情地敲击键盘，正在八卦影视圈的继续满脸跑眉毛地广播某明星的婚姻内幕，正在手拿小镜子补妆的继续一丝不苟地把红艳艳的嘴唇画得像要吃人一样。是，生活中会有意外发生，而生活必将继续。

孟兰见到了江皓，在东岭市人民医院的太平间。他安静地躺着，像陷入了一片漫长的睡眠的沼泽地。他穿着那件蓝格子的棉布衬衣，衬衣上陈旧的血迹凝固成斑斑点点的黑色。

一个人消失了，就这么简单。日出江花，草长莺飞，夜来风雨，月落乌啼，这世间的一切，美丽的，丑恶的，统统与他再没有关系。中国书画协会的画展在北京照旧举行，只是一个来自东岭市的才华横溢的画家缺席了，永远。

——“我当然快乐了，只要和你在一起我就快乐。”

“我喜欢这里，以后我们每天晚上都来这片桃林散步。”

那么无限喜悦的语调，言犹在耳。原来他是来和她诀别的，她真傻，还以为是幸福生活的开始。

她的手颤抖着，抚摸他脖子上清晰的口红印，那是她在激情的瞬间留下的。感觉一颗实实在在的心被他带走了，只剩下一个心的空壳，那种被掏空的痛让她几乎窒息。

六

草坪的草枯了，黄了，又悄悄变绿，一片青芜；成群的燕子南飞去，又不辞辛苦地飞回来，筑巢、育雏，忙忙碌碌；路边的白杨树落光了叶子，不知何时光秃秃的枝桠又重新披挂盛装，郁郁葱葱；花坛里的花谢了，开败了，仿佛一夜之间又争奇斗艳地开放——引来蜂团蝶阵乱纷纷。

光阴流转，又一个夏天到了。这个夏天出乎意料地热，在这个气候一向温和的北方城市里，这种近乎狂躁的炎热是不多见的。下午两点的气温达到了三十九度，街头巷尾满眼都是空调促销的广告，整个城市变成了一个高烧病人神志不清的身体。

来来往往的人流中，一个身穿蓝色长裙的女郎吸引了不少人或实或虚或正或偏的目光。黑亮的长发瀑布似的流泻下来，遮住了半边脸颊，戴豹纹边框的太阳眼镜，身材高挑，衣袂飘飘，纤细的手腕上戴一块份量不轻的男式手表。在超短裙快要遮不住重要部位的女孩中，她显得与众不同。她的骨子里散发出一种特别的东西，一种或许可以称之为风情的东西。

她就是孟兰，已经 30 岁的孟兰。她像一朵花一样终于盛开，虽然花期晚了些，虽然能温柔采摘的人已远逝。下了班，孟兰没有坐地铁回家，在车水马龙的街上漫步，猛一抬头，原来不知不觉又走到曾和江皓一起来过的那家比萨店。她在门外默默站了一会儿，转身离开时，忽然听到身后他轻轻的呼唤，“兰兰”。是他的声音，低沉的，带着磁性。他叫她的名字。这是深藏在她心底的声音。她回过头去，可是那个靠窗的位置是空荡荡的。没有那个男人，不会再有。

她的睡眠总是很浅，如同一张稀薄的绵纸，一丝风，一滴雨，一个最不经意的念想，随时就能把它戳得千疮百孔。突然惊醒的滋味并不好受，那是一种挣扎和眩晕的感觉。她喘息着打开床头的台灯，抬手看表，时间定格在11点41分。轻轻抚摸自己的长发，柔软、微凉，光滑，暗夜中像华丽的丝绸。一句不知在哪里看到的话在脑海中浮现——待我长发及腰，问君娶我可好?

她打开衣柜，看也没看，准确无误地找出了江皓送给她的那件蓝色印花雪纺裙。五分钟以后，她已经置身在空荡荡的街头。寂静无声的城市里弥漫清冷的雾气，听得见夜鸟和风从路边树木的枝叶间掠过的声音。

她不知道自己要去哪里，可是她迈出的每一步都那么坚定。原来，这条路她从来不曾忘记。此时距离她和江皓手牵着手走上这条路的那个晚上，恰好一年。她走到一片旷野上，柔软的裙子轻轻打在赤裸的小腿上，周围的夜色如无底的潭，幽幽的月亮不知踪迹，廖廖几个星斗也躲入漆黑的大幕后似的。时空陡地扑朔迷离，疑幻疑真。

孟兰盯着手表看，指针指向11点59分51秒。世界好像停顿了一下，然后两束明亮的灯光向她急速地刺来，伴着叮叮当当的声响，8号电车驶到近前。它没有晚点。一年前它带走了她的爱人，现在它又把他带回来了。车门徐徐拉开，一个男子走出来，依然是旧时的模样，短发，锐利的眼睛，刀刻一样棱角分明的脸，干净的蓝格子棉布衬衣。他眼中神情复杂难言，似狂喜似悲凄，似快慰似忧伤，似欢悦似怅惘，最后都成一层泪光。

“你来了”，他的声音已哽咽。

“我来了”，孟兰的表情那么宁静，那种宁静其实蕴藏着奋不顾身的坚定，好像她一直在期待这一刻，就像一朵浪花宁静而热烈地期待在礁石上粉身碎骨的那一刻。她迎住他的目光，朱唇轻启："从明天起，做一个幸福的人。"

两人相视而笑，千言万语尽在不言中。手牵着手，一起上了8号电车。

叮叮当当，神秘电车呼啸而去。

很远很真切的大海的涛声响彻深沉的夜色。

玉兰怨

一

我是一只猫，性别为母，现年一岁零四个月，聪明——比人类因退化而失去他们漂亮的长尾巴之前，我的智商略高一筹。我的主人叫我黑精灵，对，我是只黑猫，通体黑色，无一丝杂毛，眼睛碧蓝，我喜欢黑精灵这个名字，它透着一种神秘和霸气。

我的主人玉兰是那种看上去特别干净的女孩，没有任何野心和欲望。一双杏核眼定神时如清水，闪动时像星星，两道弯弯的眉毛像笔画出来似的，浓郁的头发编成粗大的麻花辫，漆黑发亮，略显凌乱。如果需要向一个外星人或者外星猫介绍地球上的女性，对“天真无邪”这个词作出准确的解释，毋庸置疑玉兰就是天造地设的范例之一。玉兰和我住在一幢陈旧的公寓楼里，法式建筑风格，已经被时间之手摩挲得颓败不堪。她把我们的小窝布置得很温馨，棉布的床单、桌布和窗帘，床边放一只圆形的玻璃花瓶，插着洁白的马蹄莲。我的猫窝虽然前世只是一个装饮料的箱子，不过经玉兰的巧手在里面铺了一层又一层棉絮和破布，我相信这是世界上最温暖舒适的猫窝了。

她在一家杂志社工作，经常加班，饮食没什么规律，有时候啃一个苹果就当早餐了。她对我照顾得无微不至，用她微薄的薪水给我买猪肝、火腿肠、小鱼，都是我爱吃的食物。猫是最爱干净的动物，有时她的样子看上去很疲倦了，可她还是会帮我洗澡，洗完澡怕我着凉，还用毛巾裹着我，直到我身上的水完全干了才放我到地上。

某天，玉兰很晚才回家，我注意到她和平时有些不同，一向略显苍白的脸颊此时泛着酡红，而那双杏核眼就像注入了春水，顾盼生辉。我轻轻跃上她的膝盖，呼噜呼噜地眯起双眼，“你懂的，玉兰，喵……”，果然，玉兰拿出一把旧木梳细心地帮我梳理毛发，我则发出更大的呼噜声，以示对她的服务非常满意。

“黑精灵，今晚我认识了一个男孩，他叫江。”玉兰的声音清甜，带着磁性。她轻轻笑了，笑得有点羞涩。“今晚参加了一个报业集团举办的酒会，在威尼斯酒店空旷的大厅里，每个人都像戴着精致的微笑面具，不过是礼貌性地寒暄，盲目地喧嚣。我经过他身边的时候，不小心碰翻了他的酒杯，玻璃杯突然摔落到地上，我下意识地惊叫一声。就在那个瞬间，一只温厚的手蒙住了我的眼睛，我有点慌乱，但是很快我的心充满宁静，似乎周围的喧嚣一下子静止了，似乎有歌声萦绕在耳边，那是我童年时曾听到过的歌，现在我想起来应该是外婆唱的赞美诗。”

“后来江告诉我，他也不清楚为什么要用手心蒙住我的眼睛，也许是不想让我看见玻璃的碎裂。黑精灵，他好像有点怪，为什么他觉得我会害怕碎裂，害怕破碎？江还告诉我，其实我们在同一幢写字楼里上班，他的公司在十三层，我在八层，我们在电梯里已经邂逅过几次，他一直想和我说句话，可是一直没有机会。”

时间过得飞快，一个多月后玉兰说她要和几个朋友一起去邻省的凤凰山旅行。她穿了最喜欢的蓝裙，神情有点兴奋，甚至可谓“雀跃”，玉兰是那种安静的女孩，闲暇时总是安安静静地看书、听音乐，因此这种兴奋和“雀跃”的情形实属罕见。临行前，玉兰把我托付给她的闺蜜茜茜，茜茜是一个圆脸的、性情温良的女孩，不是太聪明，选择和她一起生活的男人会因她而感觉生活平安。茜茜很喜欢我，对我照顾周到，完全胜任临时主人。

我猜得到，玉兰说的“几个朋友”其中一定包括她和我提到过的“江”。对我来说，这种“哥德巴赫猜想”的题目没什么难度，因为前面我已经申明，我是一只聪明的猫。

我也猜得到，玉兰和“江”之间会发生点什么，但是具体会发生什么呢？好奇心害死猫——我不应该好奇。

我还是好奇。

玉兰回来的那个晚上，我温顺地趴在她的脚边，她用手轻轻挠我的毛发。我嗅着她身上散发出来的甜美气息，花蕾初绽的清醇甜美。“黑精灵，昨天我们五个人一起爬凤凰山，天气轻阴，沿途有苍松翠柏遮天蔽日，松鼠晃动着大尾巴，悄悄地爬上松树，不知名的大鸟低声鸣叫，它的羽毛蓝得发紫。上山路有些石阶很陡，我脚下趔趄，险些要摔，江明明正和别人一边爬山一边天南海北地聊，这时闪电似的到我身边一把扶住我，低声说小心。大家都笑，他们说江的眼睛在路边的风景上，心却一直都在我身上，是我的护花使者。我肯定羞红了脸，因为我觉得脸烫烫的。说说笑笑又走一程，前面忽然出现一道瀑布，黝黑的岩石间，奔瀑素白，是那种耀眼夺目的雪净，鸟鸣伴着水声，水雾中闪烁着鸟影，真有一种惊心动魄的美。我看了一会儿，无意中转身，正对上江的眼睛，好温柔好温柔的目光，黑精灵，原来他一直在看着我。条件反射似的我突然想起那句诗：众里寻他千百度，蓦然回首，那人却在灯火阑珊处。”

“下山的时候，我实在走累了，慢下来，江默默陪着我，剩下我俩落在最后。我们穿过一片树林，突然看到黄昏的阳光从树枝间穿越过来，金色的光线跳跃，像是电影里的某个场景。就在这片树林里，江紧紧地拥抱我，他，吻了我。黑精灵，三百年以后我还会记得草地上盛开的蝴蝶形状的花朵、树枝间跳跃的金色光线、江急促的心跳，他的呼吸，我也会记得，江那么深情地对我说，他爱我，他永远永远都爱我。”

“傻丫头，类似的话在这个星球上已经被那些昏头昏脑的恋人们用各种语言重复过千万次了，永远有多远？江的永远是一年？三年？

五年？还是一辈子？喵——”我颇不以为然地摇摇尾巴。没办法，玉兰就是这么天真的女孩，她来到爱河岸边，一头扎进这条暗流汹涌的大河。难道她不该先用手撩起水来试试水温？难道她不该先确认一下，她到底会不会游泳？

此后，玉兰和我提到“江”的频率越来越高，据不完全统计，她说的三句话里必然有一句与“江”有关。

“我的星座是处女座，江的星座是水瓶座，我查了星象书，书上说这两个星座的异性彼此的吸引度和结合只有百分之三十，因为它们是彼此排斥的星座。不，黑精灵，我不相信，这本星象书一定是盗版的。”

“江在大学的专业是哲学，现在他在公司做人力资源，他不太满意现在的工作，他说考虑要去北方发展。”

“我喜欢吃香草味的哈根达斯冰激凌，没想到江也喜欢，真有趣，黑精灵，其实男生很少有人喜欢吃甜甜的冰激凌。”

“上次约会我有一个重大发现，黑精灵，我发现江喜欢喝鱼丸汤。瞧，我根据新买的菜谱又加以改进独创了这一款玉兰版鱼丸汤。碧绿的生菜叶配上雪白的鱼丸，简直就是一件艺术品嘛！下次邀请江来咱家做客吧，当我把这款玉兰版鱼丸汤端上桌的时候，黑精灵，你想象一下江脸上的表情，是惊讶？是开心？是仰慕？是敬佩？”

诸如此类，不胜枚举。

我蹲在小碟子旁边津津有味地吃着火腿肠，胸有成竹地作出以下判断：有情人终成眷属，这就是玉兰和江的故事结局，虽然落入俗套倒也不失浪漫。只要看看玉兰提到江的时候一脸的陶醉，就知道她在全身心地爱着，她小小的心房里充满快乐——既然玉兰快乐，我又有什么理由不快乐？

历史总是惊人地相似，智者千虑必有一失这句古语不幸在我身上应验了，时隔不久我不得不承认，对于玉兰和江的故事我的判断完全失误。我怎么能料到，命运已经变脸了。是的，命运的脸有“卷帘”一格，外面摆着一副温情脉脉的面孔，在猝不及防的时候呱嗒一声如帘子一般卷起，另露一副狰狞的面孔。我怎么能料到？

那天玉兰回来比平时早得多，她坐在床边翻来覆去看一张纸，窗外带着菊花香气的风吹进来，她的手一松，那张纸飘飘摇摇落在地上。她并不去捡，双手抱膝，像个无助的小女孩一样坐在床上，怔怔地。我轻轻跃到她的脚边，呼噜呼噜地提醒她我的存在，可她没有像以往那样抚摸我，也没有用旧木梳帮我梳理毛发，她依然保持着不变的姿势，仿佛已化身一座没有知觉的雕像。

我跃下地，嗅嗅那张掉在地上的纸，开始辨认纸上的文字。是的，我居然认识字。刚刚接触那些黑蝌蚪似的文字时，我只是用沾有泥土的脚，在玉兰的书本上印上朵朵带着青草气息的梅花。后来的事类似于一句诗：“清风不识字，何故乱翻书？”这句诗的著名是因为它直接引发了清朝历史上最酷烈的文字狱（据说“清风”即指清朝，因此作者以蔑视清王朝罪被斩首），但是诗是那么高雅唯美的东西，怎么会与血流成河人头落地的恐怖场景扯上半毛钱关系？虽然我对自己的智商一向自负，不过人类历史上某些事件总是令一只高智商的猫百思不得其解。好在我不是一只爱钻牛角尖的猫。《鲜血如何染红了诗句》这篇论文就留给历史系的博士生去斟酌撰写吧，我要说的是，“小猫不识字，小猫乱翻书”，翻着翻着我就识字了。事情就是这么简单。此时我第一次意识到有文化对一只猫来说至关重要，因为我从那张纸上龙飞凤舞的字迹中成功地辨认出几个关键词：“诊断书”“脑部”“肿瘤”“恶性”“晚期”。

“喵”，我洋洋得意地跃到玉兰的脚边，讨好地向她汇报我发掘的信息，但是我很快泄气了，因为她完全没有理会，雕像依然是雕像。又一阵风从窗外吹进来，带着秋的寒意，刹那间一种完全陌生的情绪流过我的全身，从头到脚，从毛发到猫须。自从猫妈妈把我带到这个色彩斑斓的世界上以来我还从未体验过这种情绪，但是我本能地知道它的名字是“悲伤”。

窗外不知何时下起了潇潇秋雨，窗内，CD 机一遍遍重复着一碟古琴曲《凤求凰》，萦回的旋律是那么悦耳，那么清雅，又是那么飘渺。

此后，玉兰绝口不提“江”，好像他是一滴露水，已经无声无息地从我们的生活中蒸发了。星期天，玉兰和我在家，最近她总是没精打采的样子。有人敲门，玉兰打开门，脸色霍然变了，站在门外的是江。

“为什么我打你电话你不接，你知道我多担心吗？我还以为你生病了。我问了你的同事才找到这儿，既来之则安之，玉兰，请我进去参观一个你的香闺吧。”江穿件旧的白棉布衬衣和牛仔裤，午后的阳光细细碎碎地洒在他的黑发上，那是一张明亮得让人愉悦的脸。

“对不起，我该早一点告诉你。”玉兰的声音干涩，像在烈日下暴晒的花瓣猝然失去水分。

“告诉我什么？”江微微笑。

“你，和我，之间的事已经结束了。”

“结束了？开什么玩笑？今天可不是愚人节。玉兰，别闹了。”江的眼睛闪闪发亮，好像有泪光，那是多情的人才能有的眼睛。

“前几天邓珂向我求婚了，我答应他了。”玉兰的语调异然平静，身体却像发抖似的微微颤动着，两条腿似乎都有点站不稳。

“邓珂？你是说你们杂志社那个邓总？我早看出来他对你不怀好意。怎么可能？他有老婆。”

“现在没有了。他已经离婚了，上个月离的。”玉兰面无表情地说。“你不信？你看，这是他送给我的蓝宝石戒指，好看吧？”她伸出左手，她的手真纤细啊，在飒飒的秋风中，就像冰雕一样。她的手指上赫然多了一枚蓝宝石戒指，像一滴凝固的大海的眼泪。

“既然你已经决定了，我也只能祝福你。邓珂那个人我和他也算打过几次交道，感觉他的城府很深。玉兰，你是那么单纯的女孩，如果要恋爱，要结婚，即使你不选择我，也记着选择一条容易的路走，因为你完全不懂得保护自己。”江依然笑着，那笑容里却有一些异然伤感的气息。

江转身离开，走出几步又回过头，用那种伤感的笑容看着她，说：“我等着你改变主意。咱们不是约好的？明年夏天一起去西藏。”

“傻丫头，他走了，为什么让他走？为什么把他关在门外？你知道你在干什么吗？为什么把属于你的幸福拒之门外？邓珂是你的上司，那家伙一直追求你，戒指、鲜花、礼物、大牌时装、豪华旅行，这些东西或许能诱惑那些肤浅的女孩，但是你绝对不会，因为你是玉兰啊。你为什么要骗他？”我急了，真急了，皇上不急太监急（这句俗语用在这里好像不太恰当，玉兰不是皇上，我也不是太监），我从椅子跳到桌上，又跳到窗台，再跳上书桌，打翻了半杯水，书桌上一本《茶花女》被泼湿了。我闯了祸，玉兰没有像平时那样呵斥“黑精灵！”她脸上的神情让我觉得即使整个世界在此刻陷入汪洋也不会让她比现在更痛苦。

她把那枚戒指摘下来，随手扔在一边。站在窗前，痴痴地看。我顺着她的目光，看到楼下不远外的银杏树下有一个身影，是江。她漂亮的杏核眼泪光闪烁，却倔强地忍着，不肯流一滴泪。嘴唇紧紧地抿在一起，似有万语千言要倾诉，却一声不吭。她双手放在一起一伏的胸口，一颗心似乎要冲出胸膛飞到他的身边，可她却不能向他靠近一步。

江站在银杏树下，时间一分一秒地过去，光线一寸一寸地暗淡，他没有等到伊人倩影，却等来了一轮明月。月光从天空往地面水银般倾泻下来，有一刻他陶醉地盯着月亮旁边云卷云舒，忘记了世事纷扰，自从他离开家乡到这座南方城市上大学，记忆中从未见过如此美妙的夜空。那晚，如果有人恰好路经那棵银杏树，他会有些诧异地发现一个年轻人专注地仰望星空，在文明发达的现代社会，这种场景已经十分罕见，因为人们宁愿拉长一张脸对牢电视、电影或者电脑，他会猜测这个年轻人是诗人或者是行为艺术家，他的猜测当然符合逻辑。

清晨的时候，玉兰跑到江昨晚等过她的银杏树下，满地都是枯黄的落叶。秋风拂过，仿佛情深至极的悠长叹息。

二

玉兰的病情日益恶化，她已经不能工作了，日日往返于家和医院之间，放疗、化疗，十分辛苦。

邓珂来看过玉兰。草木也知愁，韶华竟白头，他眼见这花季女孩在死亡的阴影下挣扎（她才二十三岁），显然领悟到尘世上的美终究是转眼即逝不能长久的东西——这种领悟是会让人万念俱灰的。当然，如果要在万念俱灰前面加上时限，我想应该是两小时，因为邓珂本质上不是一个喜欢自寻烦恼的人，一场丰盛的酒宴或者一个健康开朗的艳女就能挽救他的情绪，使他重新燃起对生活的热情。

不顾玉兰的反对，邓珂留下他的“一点心意”，那是一个塞满人民币的厚信封。

玉兰的父母在千里之遥的另一座城市，母亲长年卧病在床，为了不让年迈的父母担心，玉兰对家人隐瞒了自己的病情。经常来看望玉兰的只有茜茜。玉兰委托茜茜把那个信封还给邓珂。

“你这又是何必？这点钱对邓珂来说，不过是两瓶茅台。”茜茜善意地劝她，但玉兰依旧坚持。

茜茜欲言又止，她轻轻拥抱玉兰，触到的是一副瘦伶伶的、无依无靠的骨头架。她是这么柔弱，又这么孤傲，谁能忍心反驳她？

“江：

今夜无眠，久久地看着窗外银盘似的满月，直至一片乌云飞来将它遮住。

一直以为这世界上最古老的思念方式就是看月亮，因为两个人无论身在何方，就是远隔着千山万水也总是可以看到同一轮月亮，你看到了我也看到了，这便是思念吧。

江，现在你在做什么？会不会偶尔抬起头也看到这轮满月？

看到月亮的时候，你会想起我吗？想起我的时候，你会恨我吗？

我宁愿你恨我，也不愿你忘记我。

不堪盈手赠，还寝梦佳期——我的生命中却不会再有佳期了。”

“江：

我知道我伤害了你，虽然在这个世界上我最不愿意伤害的人就是你。

邓总一直很关照我，不管怎样我对他是心存感激的，但也仅限于感激。我的心里有你，只有你，怎么可能再容下第二个人？

你离开那天，我故意让你看那枚戒指，其实戒指是我自己买的，根本不是蓝宝石的，只是一块以假乱真的彩色有机玻璃，只是那场戏的一个道具。我并不担心这个小伎俩被你识破，就像莫泊桑的《项链》里，虚荣蒙住了玛蒂尔德的眼睛，使她不能辨别项链的真伪，你也被爱和伤痛蒙住了眼睛，又怎么能分辨出戒指的真假？”

“江：

今夜，思念如狂。如果时光倒转，命运再给我一次抉择的机会，我是否会对你说出真相？我想我不会，我还会作出同样的选择——忍着心痛，让你离开。

还记得酒会上你我注定的邂逅吗？那时你说你不想让我看见玻璃的碎裂，不想让我面对破碎。我也一样，我决然不会让你眼睁睁看着我像一朵花一样在早春的冷雨中枯萎，不会让你束手无策地看着我躺进弥漫着药水味的病房，直至最后躺进阴冷潮湿的太平间。不会。

我希望把最美好的印象留在你记忆里。每当你想起我的时候，我依然青春、健康、鲜亮、完整，笑靥如花。

我是不是太自私？请原谅我，就让我自私一回吧，以爱的名义。事实上这是我在这尘世中最后一个卑微的愿望了。”

“江：

昨夜，在梦里，我踏上了西藏的土地。蓝天像水一样清透，阳光充盈，雪山山顶被云层缠绕，巨大的冰川犹如一幅巨型唐卡挂在山壁上，熠熠生辉，圣湖如一抹玉带在群山中蜿蜒，无垠的草原绿得沉静，散落着星罗棋布的白云般的牦牛、羊群和骏马。后来，我看见你站在一座寺院的院子里抽着烟，我轻轻地走到你身边，你回头看我，笑容灿烂；转经筒被风推动着转起来了，和转经筒一样呼呼作响的还有猎猎招展的经幡。

醒来，我快乐了很久。记不得已经多久没有这样快乐过了。

我们曾约定明年夏天一起去西藏，因为我一直认为西藏是一个圣洁的地方，必须要和自己最爱的男人一起去。原以为今生无缘再赴西藏之约了，不料我们终究在梦中的西藏相聚。一定是天上的神灵看我可怜，特意用梦的方式成全了我，这一刻，我心中了充满感恩。

只是，你从来不抽烟的，为什么在梦里你一直抽着烟？”

某晚，玉兰的精神似乎好一些，她很小心地捧出一架古琴，放在琴桌上。她饱受病痛折磨，每日吃得很多，饭量远远赶不上一只小猫。这些天她又瘦了,让人一看就想到“形销骨立”这个词。大把大把地脱发，一头青丝渐渐掉光了，此时戴着齐耳短发的假发套。不过所有这些因素并未减少她的美丽，她甚至更美了——不是人们通常所理解的那种漂亮或者美丽，而是一种精神意义上的美。就像无论经历多少风霜雨雪都傲然开放的花蕾，娇美中蕴藏着另人惊异的力量。此刻，血红的夕阳穿过玻璃窗，正投射在雪白的墙上，把一屋的空气都染红了。淡淡的红光中，她小小的脸上似乎只剩下一双又大又黑的杏核眼，那眼眸里分明沉淀了一些东西。她身上多了一种遗世独立的气质，在与病魔抗争的这场注定失败的战争中，她已经悄然蜕变，不再是那个像A4纸一样单纯或者说单调的玉兰了。

她将手搭在弦上，稍作停顿，凝神弹了一曲。她生病前利用业余时间报了一个古琴学习班，已经练了半年多，不过不知是她悟性不够还是她的老师水平有限，虽然她弹琴还不至于归入噪音一类，我认为比较明智的态度还是敬而远之。

很快，我忘记了刚才还玩得兴致盎然的毛线团，因为琴音吸引了我全部的注意力，我惊奇地发现琴音如此流畅，如此悦耳，时而柔，时而刚，时而密，时而疏，时而舒展，时而幽静，山重水复，柳暗花明，就像玉兰的手上还依附着另一只手，牵引着她。

她朱唇轻启，吟唱："青青子衿，悠悠我心。纵我不往，子宁不嗣音？

青青子佩，悠悠我思。纵我不往，子宁不来？

挑兮达兮，在城阙兮。一日不见，如三月兮！"

她的音调颤抖，"纵我不往，子宁不来？你不会来了，你再也不会来了。"她先是无声地流泪，到最后她终于不可遏止地大哭起来，狠狠地抽泣着哽咽着。自从她获知自己患了不治之症（这真像一场恶梦，一度让她难以置信，但这却是铁一样的现实），她还从来没有痛痛快快地哭一场，原来哭出来是多么舒服啊。长睫毛下的泪珠扑簌簌直滚下来，渗透进桐木的古琴里、七根琴弦里、琴面上的断纹里，仿佛她的凄苦成为古琴的一部分。

她明明已经不弹了，我却听到琴音在耳边萦绕，久久不绝，一声声更苦。

玉兰写给江的信像雪片一样继续堆积。

“江：

冬天到了，我盖了两床棉被还是无法抵挡住冬天的寒冷，那是一种从身体里面涌动出来的寒冷，血液会流得很慢很慢。我忍不住想如果这时候你在我身旁该多好，如果我还能再见你一面，让你再吻我一次，该多好。

无限关山，都是别时容易见时难。”

“江：

生命就像一座恢宏华丽的宫殿，轻轻一触，如尘埃般溃散。

我真切地感觉到生命在一丝一缕地消逝，但是我相信，生活里有不会死亡的瞬间。我们在酒会上相遇的瞬间。你用手蒙住我的眼睛的瞬间。我在凤凰山瀑布下蓦然回首的瞬间。树林里你忘情地拥吻我的瞬间。我跑到你曾等我的银杏树下的瞬间，胸口那种痉挛的疼痛。”

“江：

我绝望地发现，我连提起笔连续写几个字的力气都没有了。如果我的身体是一朵绚丽的烟花，现在燃烧之后拖着一束黯淡的微光就要跌落到树梢上去了，要熄灭了。

江，我爱你。始终，依然，永远。”

“江：

…………”

最后几封信，上面不复娟秀的一笔一画宛如雕刻的笔迹，只余斑斑点点的泪痕。

一个微雨的日子，茜茜推着坐在轮椅上的玉兰出门，我急忙追出去，轻轻跃上玉兰的膝盖。我们去了离家不远的护城河。玉兰亲手把一页一页没有寄出去的信慢慢放入幽绿的水中，任它们四散开来，慢慢地远去。恰好有树上的花朵掉在纸片上，那些纸就像是载花的小舟，朝着神秘的远方，盘旋而去。

我津津有味地舔吮玉兰的手指。她的手指苍白，枯瘦，散发着寂寞的气息。

几天以后的黎明，玉兰安静地闭上眼，再也没有睁开。

我纵身一跃，置身于外面的世界。我看着阳光照耀白云飘浮柳絮翻飞蝴蝶戏舞，世界依然如故，只有玉兰花谢了。

“喵——”我从生命深处发出深深的哀鸣。

再回头恋恋不舍地看一眼我和玉兰的小窝，“别了，我的主人！别了，我们共度的幸福时光！别了，我的家猫时代！”

三

我的流浪猫时代并不像传说中那么糟，至少我拥有自由——自由是个好东西。

我走过田野，大片曾欣欣向荣的田野正在荒芜，因为农村的壮劳力离开土地涌入城市；留守儿童用脏兮兮的小手抚摸我，喂我食物，和我玩耍，我喜欢他们晶莹的黑眼睛。我走过正在崛起的到处是拆迁的瓦砾场的小城镇，走过灯红酒绿的大城市里隐藏的破烂的城中村。我学会了捕捉老鼠、野雀，扑蚂蚱，有一次我还咬死了一条菜花蛇。我也习惯了在垃圾堆里翻找食物，遇见许多和我一样无家可归的同伴，它们大多比较友善，虽然它们肯定不知道“同是天涯沦落猫，相逢何必曾相识”的诗句。

某一天，我嗅到一股提神醒脑妙不可言的鱼腥味，那气味仿佛伸出温柔的手臂，牵引着我穿街过巷径直来到一户人家的窗口，然后我看见一条鲜活的大鲤鱼赫然躺在砧板上，厨房里静悄悄的，空无一人。我突然觉得饿，无法忍受地饿，事实上我已经好多天没有寻觅到像样的食物了，我一纵身迅疾地叼起那条鱼，像离弦的箭一般逃跑了。那个瞬间，我记起玉兰曾用她温婉的教育方式让我明白一只有教养的猫不该偷食。是的，“偷”，多么耻辱的字眼。我真心感到羞愧，但也很快原谅自己。在严峻的生存困难面前，一些所谓的道德底线往往会变得不堪一击。我不是第一个为一条鱼放弃原则的猫，也不会是最后一个。黑格尔也曾说过：一个被饥饿折磨到极限的人，他有权去偷一块面包来保护自己的生命；这句话的意思是，一个被饥饿折磨到极限的猫，它有权去偷一条鱼来保护自己的生命。

我跑到一个安全的墙角，放下鱼，正准备美美享用一顿大餐。忽然发现不知什么时候在我的前方、后方、左边，出现三只流浪猫，此时暮色四起，毫不掩饰的贪婪和野性的火苗在六只猫眼中跳跃。不用问，它们的目标就是这条鱼。我的大脑在两秒钟之内作出判断，敌众我寡，形势对我极为不利，要知道它们可不是愚蠢的、脑满肠肥、战斗力为零的宠物猫。但我绝不甘心放弃就要到口的美食。

“喵”“喵”“喵”，对峙。这个僻静的墙角这一刻似乎已弥漫着金庸小说里那种刀光剑影的肃杀气氛。

我先发制猫，施展“降猫十八掌”，内力雄厚，掌风凌厉，虚实配合，“飞猫在天”“战猫在野”“潜猫勿用”“神猫摆尾”……

为什么理想和现实之间总会有差距？现实是我的脊背被重重一击，钻心疼痛，我的肋下被抓破了，火辣辣地疼，我被三只野猫逼得节节败退。就在这千钧一发之机，一个黑影扑过来，“汪！”一声怒吼，众猫已胆战心惊，它们只是象征性地抵抗几下，便三十六计走为上，溜了。

“路见不平一声吼”的大黑狗威风凛凛地看我一眼，功德圆满地转身走了。

“一见钟情”这个词如一颗流星般划过我的脑海。是的，我爱上它了。一切都是那么突然，又是那么简单。虽然只是一眼，但我能捕捉到它眼神中难言的情义。也许它也爱上我了？它是狗，我是猫，我们不是同类，可是这有什么关系？在爱的世界里，爱就是最高法则，其余所有规则可以忽略不计。不是吗？修行千年的蛇仙可以爱上一个凡人，天上的飞鸟可以爱上水底的鱼，黑狗当然可以爱上黑猫。

我在心里默默地数：“一、二……”我决定只要它在我数到三之前回头，我愿意跟它走，无论天涯还是海角都跟定它。

我数到三它没有回头，我数到五它没有回头，我数到十，我数到十五……

它的背影消失在迷蒙的暮色中。我的胸口产生一种痉挛的疼痛。我忽然记起在玉兰写给江的信里，有这样一句话：“胸口那种痉挛的疼痛。”

又一日，我寻了些碎骨头、残虾剩鱼，算是马马虎虎地果腹——其实能果腹已经不易，我们对生活不能有太多奢求。更何况我还拥有无价的自由，如果从这个角度来说，我无疑是一只富有的猫。

富有的我依然保持着爱干净的习惯，我选择了一处斜坡形状的屋顶，开始认认真真地把自己舔得干干净净（现在不会再有人用温柔的巧手帮我洗澡了）。

另一只猫也爬上屋顶，在我身边蹲下。我瞥一眼，有种眼前一亮的感觉。它浑身上下没有一丝杂毛，毛茸茸雪白雪白的，活像一个椭圆形的大雪球，这家伙帅得不像话！

“喵”，白猫风度翩翩地向我打招呼，开口第一句话就把我给惊着了，它说它不是一只地球猫，它来自半人马座阿尔法星。

我在一秒钟之内恢复平静，潜意识里我不想让它觉得我大惊小怪、没见过世面。看在它长得帅的份上，我不介意它从哪里来、往哪里去，我们像朋友一样聊了起来。

白猫帅哥操着熟练的地球猫语，谈到了爱因斯坦狭义相对论、以太“风”、熵、霍金辐射、量子力学中的纠缠和叠加等。对于这个话题我并不完全陌生，因为此前我认识一位开口银河系闭口熵物理的老专家，他时常喂我吃牛肉馅饼，同时诲猫不倦地进行科普宣传，我也就很给他面子地将可口的牛肉馅饼和那些伟大的物理理论一并吞下肚。

一轮上弦月升起来，白猫帅哥仰望璀璨星空，蓝宝石颜色的猫眼在夜色中熠熠生辉，神情严肃专注得如同猫学院一位大学教授，它继续侃侃而谈，且逻辑缜密，佳句频出。

“黑洞，是时空结构的一个裂开的伤口，随着它吞噬物质而变得越来越大，它成为一个填不满的沟壑。实际上，黑洞附近的区域与宇宙中其他部分已经切断了联系。从某种意义上说，每一个黑洞本身就是一个宇宙。”

“当恒星诞生、发光和死亡时，它们的信息分散在整个星系中，当黑洞吞噬着游荡在它眼皮底下的一切物质和能量时，它们就是在吞噬着信息……也许，真相完全是幻影。”

“请相信，在一个无限宇宙中，有无限数目的哈勃泡泡。那些哈勃泡泡中的每一个，甚至都有一个与你的波函数一模一样的复制品，就是说有一百万个你自己，每个地方都一模一样，连你身体中每个原子的量子状态都一样……”

就在这一刻，我的脑海中出现一些模糊的图像，渐渐地我清楚地看见一条清朗朗的河，阳光充沛，天空一碧万顷，岸边盛开的野花上闪耀着亮晶晶的露珠，空气中弥漫着醉人的甜香，每一块石头似乎都在微笑。这是一个我从未涉足过的仙境般美丽的地方，比我所有的想象都美丽。河的彼岸是如茵的草地，水洗过一样绿，不起一丝尘土，草地的尽头有一片茂盛的树林，风儿摇曳着宽大的树叶，像母亲温柔的手摇着绿色的婴儿床，那“床”上也的确有漂亮的小孩，这里一个，那里一个，他们有的是一头乌黑的卷发，有的是一头灿烂的金发，有的是一头凌乱的古铜色头发，这些天使一样可爱的孩子都长着一对蝉翼般轻薄的翅膀，自由自在地在清风中、在天地间飞来飞去，不时发出夜莺的歌声一样咯咯的笑声。一棵大树下，一个穿蓝裙的女孩在全神贯注地弹奏古琴，是玉兰！她浑身洋溢着青春的活力，脸上没有一丝病容，显得神采奕奕。漆黑的长发，明亮的眼睛。古琴、琴弦、她的蓝裙闪出淡淡的光泽。

她唱了，空灵的、阳光般的声音，“青青子衿，悠悠我心。纵我不往，子宁不嗣音？”

她唱一句，小天使们跟唱一句，天籁般的童音。歌声此起彼伏，犹如河水一般流淌。

“青青子佩，悠悠我思。纵我不往，子宁不来……”

我的心里充满从未体验过的安详之感，在歌声中安然入眠。

醒来时，天际处隐隐约约现出一抹鱼肚白。白猫帅哥已了无踪迹。

流浪，流浪，我觉得已经在苍茫的路上流浪了一千年。迎着西边如织锦般绚烂的晚霞，我一边走一边吟，“枯藤老树昏鸦，小桥流水人家，古道西风瘦马。夕阳西下，断肠猫在天涯。喵——”

四

这个秋季，我的第二任主人婉玲出现在我生命的路上。

某晚，我蜷缩在路边一把长椅下面。这座北方城市的空气常年污浊，幸好我已经蛮适应了。我的耳朵里拥挤着的是城市夜生活的交响乐——来自于酒吧的轻音乐、夜总会的喧闹、夜市的嘈杂、汽车在停车场泊下时马达逐渐熄灭的声音，以及其他诸多混杂的声响。忽然我露在外面的尾巴被踩了一下，疼，我抗议：“喂，您会不会走路？你们人类没有尾巴，就嫉妒人家有尾巴吗？喵——”

“咦，是一只黑猫。”有人把我抱起来，一股强烈的酒精气味夹杂着苔藓香水味道扑到我的脸上，我可以肯定这人刚从附近的“骑士”酒吧出来。她轻叹：“你的眼睛绿得发蓝，真可爱。”

她环顾四周，“你的主人呢？嗯，我知道了，你没有主人，也可能你的主人把你遗弃了。没关系，来，我请你吃大餐。”她从斜挎的背包里取出一截火腿肠，放在我面前。

我那时并不是很饿，不过美食永远是多多益善。拒绝美食？那不是我的风格。我细嚼慢咽的时候，她抚摸我颈项的毛发，说：“我当你的主人吧，你愿意吗？对了，我给你取个名字吧，”她略一思索，脱口而出，“黑精灵，就叫你黑精灵！”

一霎时我泪盈于睫（如果我长了睫毛的话），为什么是黑精灵？为什么不是黑汤姆、黑加菲或者随便什么黑某某，为什么偏偏是久违的黑精灵？一饮一啄，莫非前定，原来一切都是注定的。

婉玲把我带回家。一进门，坐在沙发上正在看手机的男人抬起头，一脸不悦，问：“你怎么带回来一只黑猫？黑猫会招来厄运的。”

婉玲不以为然地耸耸肩，“谁信那些鬼话？我喜欢这只黑猫，以后它就是咱家的新成员，记住它的名字叫黑精灵。”

男人不满地嘟哝一句什么。其实在回家的路上，婉玲已经告诉过我，他叫涛子，目前和婉玲同居。我也知道，他在一家保险公司工作，收入不高，而且不稳定。

涛子目送我们进了卧室，摇摇头，继续埋头看手机。在我穿行于这座城市的屋顶、树梢、大街小巷，贯看众生百态的流浪岁月中，对涛子这一类人是再熟悉不过了，事实上他们的队伍正在日益壮大。他们在办公室一整天对着电脑，在回家路上接着用手指划 iPad，回到窝里第一件事也不过是开电脑，等最后钻进被窝了依然是赤身裸体地抱着手机上网。总之，暮暮复朝朝他们所做的事都是一脉相承的，换个地方也是换汤不换药。好像网络才是他们的灵魂，而他们的身体不过是附加在网络外面的一具躯壳而已。

和当年的玉兰一样，在我和婉玲独处的时候，婉玲愿意向我倾诉她心底的秘密。

某夜，我正懒懒地趴在阳台上，婉玲一身酒气地从酒吧回来了。她对酒的依赖应该是无可救药的程度，因为她已经无法控制自己。涛子在公司加班，没回家。她站在窗前，看着外面灯火辉煌的不夜城，有点神经质地笑，“黑精灵，你知道吗？水会让人越喝越冷，而酒会让人越喝越暖。”

她转过身面对我，出门时精心化的浓艳的妆已经残了，像颓败的花朵，那张脸有种惨不忍睹的憔悴。披散的头发有一绺挑染的酒红色，在夜色中闪着幽幽的红光，有点诡异。她轻轻抚摸我，沉默半晌，没头没脑冒一句：“这些男人，我太懂得了。不要指望他们心里还残留着爱情，全部都是欲望，只有欲望。”

她瘦瘦的手腕上套一大串暗色的银镯，手上十片妖冶的红指甲。我津津有味地舔吮着她的手指，那是我熟悉的味道，在玉兰的手上我曾尝过，寂寞的味道。

又一次，婉玲带着我在租住的小区里散步。天空忽然下起小小的雪花，是这一年的初雪。她自言自语似的说：“黑精灵，婚姻是什么？不过是一张纸。拥有这张纸就拥有幸福吗？或者拥有承诺，爱的承诺、责任的承诺？”她脸上有隐隐的嘲讽的笑意，带一点冷漠，这一刻她看上去比实际年龄老了十岁，像个沧桑的妇人。

“喵——”我不置可否。

她又说：“每一次，我和一个男人在一起的时间，都超不过半年。”

细碎温柔的雪花静静飘落，我们转了一圈，往回走。走到楼下两棵光秃秃的玉兰树下，婉玲停下来。她闭上眼睛仰起头，感受着冰凉的雪花在脸上迅速地融化成小水滴，她在寒风中张开手臂，轻轻地旋转着身体。她说：“黑精灵，也许我还是想要婚姻的。如果到明年四月，我的三十岁生日，我还和涛子在一起，我就相信他是命运交给我的男人，我就嫁给他。”她嘴角有一抹很轻很淡的稚气的笑，却像一盏雪地里的红灯笼一样，瞬间便把她的整张脸照亮了。此时她看上去比实际年龄小了十岁，像个不谙世事的小姑娘。

我看着婉玲，她无疑是一个有故事的女人。对于她的故事如何开始、如何结束，那些快乐的战栗的心碎的微妙的细节，我却没有猜测的兴趣。时光流逝，我已经是一只老猫了，我不再像年少时那样喜欢炫耀聪明，也不再认为聪明是什么了不起的品质，我现在奉行的生存哲学是，与其锋芒毕露，聪明反被聪明误，不如明哲保身，难得糊涂，事不关己，不闻不问，在必要的时候装装傻，不显山不露水地融入芸芸众猫的集体中安度余生。

又是人间四月天，草长莺飞，万物生长，万木花开，到处都是欣欣然的样子。一夜的春雨淅沥，楼前的两棵玉兰树开满了白玉兰，满树冰雕玉刻的花朵散发着陶瓷般的光泽，淡黄的花蕊在风中摇曳，有一种寂静的清雅的气息。我喜欢趴在树下，阳光穿过花影，筛下点点光斑，明明暗暗的，让猫昏昏欲睡。偶尔一群鸽子从头顶飞过，翅膀在空中留下了一串凌乱的划痕，鸽哨声嘤嘤嗡嗡不绝于耳。

婉玲和涛子经常吵架，几乎是三天一小吵，五天一大吵。他们似乎已经习惯用吵架的方式沟通，就像猫习惯吃鱼、鱼习惯吃蚯蚓一样。

那天，婉玲一边吃晚饭，一边说："我姐们儿刚在天猫上网购了一条裙子，渐变色的，玫红色渐变成白色，我试穿了一下，姐们儿说好看，简直像是为我量身订制的一样，她让我也买一条。"婉玲看看涛子，涛子对她的话毫无反应，正全力以赴地消灭他面前一盘西芹炒百合。

婉玲面有愠色，又说："我买衣服、买化妆品的费用都是自己承担，从来没有跟你要过钱。下午我去了趟超市，花了两百多，这个月家里的费用你还没给我，吃完饭你给我两千块钱。"

涛子抬头看她一眼，冷冷地说："我一开始就告诉过你，我没钱。"其实他的五官还算得上英俊，只是皮肤上蒙着一层颓废的灰黑，像是洗不净的一层老污垢。

"没钱你就去死！"婉玲从牙缝里迸出那个"死"字，突然端起桌上一盆鱼丸汤，像小旋风一样刮进卫生间，“哗啦”一声全倒进马桶。“喵——”我不禁为鱼丸汤的命运惋惜，碧绿的生菜叶配上雪白的鱼丸，那简直就是一件艺术品啊！

歇斯底里的情绪控制了她，她已经无法思想。小旋风又刮回来，她随手抄起一个碗，狠狠地摔在地上。“叭”的一声脆响，青花瓷碗已支离破碎，褐色的菜汁在大理石地面上泛起细小的泡沫。

谁都没有留意，风把窗外玉兰花树的花瓣吹进来，飘落在一本翻开的书页上，落日的余辉在洁白的花瓣上闪烁，清香的汁液像花的血液一样沿着皮肤的纹理缓缓渗透。

婉玲还要摔第二个碗时，涛子紧紧地扭住她的手臂，她挣扎着用手去扯他的头发。他劈头就给了她两记耳光，打得她晕头转向，差点跌倒，她的脸颊慢慢泛红，有明显的指印。他怒气冲冲地咆哮：“你这个疯子！”

她的确如同疯了一样，扑上去狠狠地咬住他的胳膊，他痛极放手。一放开手，她就像一条鱼一样滑开，飞快地打开门跑了。

她会去哪儿？她能去哪儿？不用猜，她肯定又泡在某个酒吧，这一夜又是不醉不归。

涛子找烟，找打火机，然后颓然倒在沙发上深深地、深得不能再深地抽一口烟，随意地吐着烟圈。除了虚拟的网络，他最离不开的就是烟，他的烟瘾已经很深了。一个能对自己的女人甩耳光的男人，难道还能指望他对小动物有什么爱心？也许他会把我一脚踹飞，事实上这种风险是显而易见的。如果我明智一点，我应该避开他，可不知怎么，我却小心翼翼地靠近他，最后竟趴在他身边轻轻蹭他。幸好猫有九条命，我还有适当挥霍生命的资本。

他并没有踹我，反而伸手抚摸我的毛发，说："黑精灵，我又想起她的脸了。那时候我二十四岁，我第一次爱上一个女孩子，我那么真挚那么深切地爱过她。十年过去了，我还是不能摆脱对她的记忆。"他的声音有点沙哑，语气轻柔。眼睛闪闪发亮，好像有泪光。他怎么会有这样的眼睛？我有点迷惑，因为我目睹他对婉玲的薄情、伤害和暴戾，而那样的眼神该属于那种多情的男人。

他抽口烟，又说："她，喜欢穿蓝裙。黑精灵，你一定没有见过那样的女孩。她是那么干净，那么单纯，她身上有一种不食人间烟火的气质。"他的眼睛泪光闪烁的，突然我以为会有眼泪滴下来，但是没有。似曾相识的感觉，我曾在哪里见过这样的眼睛？

他深深地抽一口烟，嘴角神经质地抽搐，像是自嘲地笑，"什么不食人间烟火？TMD，女人，那是多么势利的物种！到头来她还不是投入有钱人的怀抱。"

我津津有味地舔吮着他的手指，他的手温热、宽厚，散发着孤独的气息。

婉玲和涛子没有结婚，也没有分手，日子在吵吵闹闹中一天天过去。相爱的人不能相守，不爱的人偏偏苦苦纠缠，这是许多故事的逻辑。

夜深了，万籁俱寂。我发现阳台上有一个深褐色的钱包，我认得那是涛子的，估计是从他衣袋里掉出来的。我想起涛子说的“她”，“她”是他心上一个不能愈合的赤裸的伤口，“她”当然不是婉玲，这个神秘的“她”究竟会是谁呢？也许谜底就藏在这个钱包里。好奇心害死猫——我不应该好奇。

我还是好奇。

我用灵巧的猫爪翻来翻去，在最里面的夹层里找到一张微微泛黄的照片。我的脑子里仿佛划过一道闪电——玉兰！清澈的眼神，无邪的笑容，漆黑的麻花辫，飘逸的蓝裙，这样的女孩世界上不会有第二个，她千真万确是玉兰。

像一张拼图完整地呈现，原来涛子就是当年的江，准确地说他叫江涛。十年前江涛被无情地踢出局，他心灰意懒地离开了那座南方城市，辗转来到这里。他不知道玉兰在他离开后的第二年春天就香消玉殒，他更不知道他拥有世界上最真最纯最圣洁的爱。这个不幸的男人永远不会知道，其实他是最幸福的人。

“真相完全是幻影。”谁说的？我记起来这句话出自那个半人马座阿尔法星的白猫帅哥。

我猛地抬头，一轮满月挂在半空中，硕大的，明亮的，仿佛静静地和我对视。

“一直以为这世界上最古老的思念方式就是看月亮，因为两个人无论身在何方，就是远隔着千山万水也总是可以看到同一轮月亮，你看到了我也看到了，这便是思念吧。江，现在你在做什么？会不会偶尔抬起头也看到这轮满月？”

我的身躯已与黑暗融为一体，一对猫眼在夜色中闪烁碧蓝的光，我仰天长叹：“天若有情天亦老，月如无恨月常圆，喵——”

光阴的故事

一九五六年暑假，江建军随父亲回乡下老家探望年迈的奶奶。

八岁的建军从小在城里长大，忽然置身于一片青山绿水间，瞧什么都觉得稀奇。

这会儿他正在奶奶家的院墙外满头大汗地训练一头肥猪，他爬上猪背，想象自己像军人出身的父亲一样骑着一匹白马驰骋疆场、英勇善战。可惜肥猪对于由卑贱的猪升格为高贵的马并且是战马的诱惑却完全不为所动，它毫不犹豫地一甩小蒲扇似的大耳朵，让建军结结实实摔了个屁墩。一个背着破背篓的小女孩从山里的小路跑过来，背篓里那个脏兮兮的小男孩想必是她的弟弟吧，女孩被对着她冲过来的肥猪吓了一跳，慌乱中被路边的茅草绊倒了。“哇！”小男孩象征性地哭了一嗓子，即止，女孩马上爬起来，小心地拍拍膝盖上的土。建军明明看见她的手磕破了，掌缘处有细小的殷红的血珠渗出来，她好像一点不在意，只是心疼那条补丁摞补丁的裤子。建军忽然有一种冲动，想和这个不知名姓的女孩说点什么。女孩的目光落在他身上，浅浅一笑，跑了。跑出去不远，又回头看他——这一次，他发现瘦瘦的她有一双乌溜溜的大眼睛。

“嗨！你叫什么名字？”建军鼓起勇气喊了一声。

建军和女孩一起度过了一段快乐温暖的时光。女孩叫赵兰花，比建军小一岁。他们跑到村后的南山脚下，那里有属于他们的“百草园”。他们一起抓蝴蝶，一起玩泥巴，也玩家家酒，建军当爸爸，兰花当妈妈，兰花的弟弟自然当儿子。兰花把树叶撕成细条，捡一堆小石子，收集红色白色黄色蓝色的野花，都用土里挖出来的破瓷片盛着，建军找到一个破铁罐装满山泉水，三个人便郑重其事地围成一圈“吃”酒宴。他们还爬上高高的山顶，危险的山崖，陡峭的坡路，兰花每次跌倒都很快爬起来，她不让建军扶，也不让建军看她胳膊上新鲜的伤痕。她喜欢笑，山风把她的头发吹得乱乱的，她的眼睛漆黑明亮，小脸蛋上一边一个深深的小酒窝，他看着她笑得烂漫无邪。

建军要回城了，他慷慨地把一副小弹弓送给了兰花。弹弓是父亲亲手为他做的，也是建军最心爱的宝贝。

兰花问：“你还会回来看俺吗？”

建军哄她：“一定回来看你！”男子气十足地拍胸脯，“骗你是小狗。”

建军走出去很远了，回头看见兰花还站在原地。黄昏，天边流动的火烧云，苍郁的南山，孤单的小身影从此在建军脑海中凝固成一幅温柔的图画。

一九七一年，江建军以知识青年的身份在父亲的原籍呆了三年。广阔天地，大有作为，日复一日他却越来越感到前路迷茫，迷茫前路。

三年前，村支书和兰花赶着牛车到长途汽车站接来他们这批知青。乍一见兰花，建军简直无法将眼前这个梳一根粗粗的长辫子、活泼、美丽、水灵灵的姑娘和记忆中那个瘦小的女孩重叠在一起。

兰花一把抢过他简单的行李，说：“等了你十二年，总算把你等来了”，话一出口，她自己先意识到这不是一个没出阁的姑娘家该说的话，脸腾地一下红了，笑了。她的眼睛漆黑明亮，脸颊上一边一个深深的小酒窝，这是他看到过的和他一起玩泥巴一起爬山的女孩的笑容。兰花长大变样了，只有笑容还在，这笑容让他没来由地觉得踏实。

兰花的美丽在十里八乡是出了名的，来提亲的人把她家门槛都磨低了几寸。郑爱国（邻村村支书的二儿子）相中了兰花，请媒婆崔巧巧来说过几次媒了，谁不知道媒婆崔巧巧天生一张八哥儿似的巧嘴，死人都能让她给说活了，郑家也真大方，礼钱涨到八十块，另外还许诺六条线提软缎被面、六套件条绒衣裳（六件褂子六条裤子），这在村里也算是史无前例了（用新世纪的语言说，堪称“土豪”）。奇怪的是兰花至今不点头。

北京知青刘卫国一脸的大惑不解，问江建军：“你说，兰花咋想的？”

江建军没好气：“你操哪门子闲心？”

刘卫国便苦着脸扛起一把锄头下地干活去了。建军担着给庄稼施肥的粪桶，走在长满野草的田埂上，扯开嗓子吼：“太阳最红，毛主席最亲……”其实他懂兰花的心思，兰花看他的眼神和看别人是不一样的，好几次兰花来找他想要说什么却又说不出口，兰花乘四下无人时偷偷塞给他的带着她的体温的煮鸡蛋，那味道是他一辈子也难以忘怀的，还有，在生产队食堂里帮厨的兰花给他盛菜时暗中加的份量，那微不足道的份量给他的辘辘饥肠带来多么宝贵的安慰，他怎么敢说他不懂？

秋风渐起，建军看着梧桐的黄色树叶在风中大片大片地飘落，觉得自己就是其中的一片，从此就算归根了。他去找了村支书，说他要和赵兰花同志结成革命伴侣，扎根小田村。

老支书一拍桌子，说："好事儿呀。你小子眼光不错，兰花是个好姑娘。这事包在我身上。"

隔天老支书去兰花家找她爹赵大壮。赵大壮对郑爱国是一百个愿意的，偏偏兰花太有主意，当爹的也拗不过她，谁料到半路又杀出来一个江建军。不等老支书说完，赵大壮把头摇得像个拨浪鼓一样，"不行不行，姓江那小子细皮嫩肉的，枉长了一副好身架，他是会种地还是会养猪，会干木匠活儿还是会做泥瓦工？兰花跟了他，日子怎么过？难不成去喝西北风？"

老支书在他的鞋底上使劲磕了磕烟袋，慢条斯理地说："你是有眼不识金镶玉。咱爷儿俩关起门来说句封建迷信的话，我家祖传的麻衣神相，据我看，建军这孩子面相不俗，将来要成气候哩，兰花跟了他，指定能享福，错不了。"

赵大壮对老支书的话将信将疑，但是支书大小是个官，说到底老百姓在骨子里还是怕官敬官的，架不住老支书三番五次苦口婆心地撮合，江建军和赵兰花的婚事就基本定下来。

过了秋收农忙时节，兰花的四个弟弟一起出力，把江建军奶奶过世时留下的两间土坯房重新修葺了。1971 年 10 月 12 日，小田村鸣放了一阵鞭炮，村里的大喇叭连续播放了《毛主席的兵最听党的话》《大海航行靠舵手》等革命歌曲，江建军就与赵兰花结婚了。小院儿里摆了十几桌酒席，兰花的大弟（一九五六年兰花背的背篓里那个小男孩）在乡里当饲养员，将特意带回来的猪蹄褪得净净的，炖得烂烂的，酱得红红的，每桌上一盘酱猪蹄，着实为酒席增色不少；赵大壮好面子，咬牙买了一百五十斤地瓜烧，让大家放开肚皮喝。

一片欢声笑语中，建军却感到身后怨毒的目光，像一把利刃刺得他背心一片斑斓。他知道，那目光来自陈丹。陈丹是北京知青，比建军晚一年来小田村插队，不知从何时起陈丹对建军生出一种明显超越了革命友谊的青涩情愫，她把从家里偷偷带来的一本劫后余生的《呼啸山庄》借给建军看，在当时那是冒着很大风险的。建军要结婚的消息传到知青点后，陈丹一脸鄙夷地问建军："你看上兰花哪一点了？兰花长得好看，不错，可再好看她也就是一村姑。她不就是盛菜的时候多给你盛点吗？你的感情就值那小半勺萝卜炖白菜？"

建军暗叹：群众的眼睛是雪亮的，果然。兰花"假公济私"的小动作终于还是被一针见血地揭穿了，像一只可怜的蚯蚓被扔在太阳下暴晒。

简陋的洞房里，兰花穿一件红彤彤的碎花棉布褂子，秀丽的脸被窗户上大红的双喜字映得红彤彤的，脸上挂一抹羞涩的笑，那深深的酒窝里盛得满满的是幸福，是快乐，是陶醉。建军坐到她身边，她紧紧依偎着他。"你和兰花能有什么共同语言？也许你可以试试和她探讨《呼啸山庄》。江建军，有你后悔的一天！"陈丹冰冷的话在这时猝不及防地在建军的耳边响起。

兰花钻到他怀里，柔声说："俺自打七岁时见到你，就想有一天能做你的新娘。”

隔了一会儿，又说：“这辈子能嫁给你，俺知足了。”

一九八零年冬天，江建军从城里回小田村的家。五年前，他被推荐上了大学，毕业后作为工农兵大学生分配到市钢铁厂做了一名技术员，这两年全国上下提倡干部知识化，他凭着读过高中的文化底子，又下苦功复习了一阵子，最终以优异的成绩考上了代职研究生，再过半年研究生毕业，他的前途就有了一层重要的保障。建军感觉自己的人生有了亮光，虽然时值万木萧瑟的冬季，他却有一种青春作伴好还乡的轻快心境。

刚进院门，兰花领着石头笑盈盈地迎出来。石头是他们婚后第二年出生的，大名叫江怀远，是江建军的父亲给取的。石头有点认生，躲在妈妈身后，只用一双漆黑的眼睛（这双眼睛活像兰花）好奇地打量这个似乎是从天而降的“爸爸”。

建军笑：“儿子，快看，爸爸给你买了新书包。”石头毕竟无法抵抗新书包的强大诱惑，走过去，被建军一把逮住，高高地举起来，转个圈，“好儿子，又长高了。”石头咯咯咯地乐了。又过一会儿，石头已经像小尾巴一样寸步不离地缠着建军了。

父子俩又笑又闹的时候，兰花已经麻利地包好了芹菜猪肉馅儿的包子。

岁月催人老，兰花已不再美丽，细密的皱纹爬上她的额头眼角，由于常年风里雨里地下田劳作，皮肤变得粗糙，简直像老南瓜皮，腰身失去了昔日玲珑的曲线，此时穿着厚重的棉衣更显臃肿，只是脸上还时常洋溢着建军所熟悉的温暖的笑容。

热气腾腾的包子端上炕桌，兰花说：“今天爸爸回来，咱家改善伙食。”说着，给建军碗里夹一个大包子，“建军，你多吃点，你天天看书，费脑子，得好好补补——俺在笼屉上铺了一层松针，这包子有森林的味道呢”。

“森林的味道”，建军在心里默念一遍，他的心竟柔柔地一颤，这几个简单的字里流露出的质朴无华的诗意让他感动。这些年来，他其实常常惊诧于兰花身上与生俱来的灵性。比如兰花给他写的信，兰花认字不多，遇到不会写的字，就随手画图来代替，她想告诉他家里的老母猪下崽了，“猪”字不会写，就画个憨态可掬的小猪；她想告诉他家门前的苹果树结果了，“苹果”不会写，就画一棵粗壮的树，大大的树冠，累累的果实，果子她用儿子的蜡笔涂成黄色，看上去像一树灿烂的金苹果。兰花的信他总是看了又看，看一遍笑一回，事实上他们之间没有任何沟通的障碍，有时他想其实兰花的天赋很高的，如果她有机会读书肯定会成为一个才华横溢的画家或者是诗人。

很晚了，石头已经入睡还紧紧抓着建军的手指，他害怕爸爸像上次一样在他睡梦中消失，等他一觉醒来再也找不到。建军任儿子抓着，直到儿子睡熟了，才轻轻把手抽出来。他感到心疼，又感到愧疚，是的，他总是忙于工作忙于学习，陪伴他们娘儿俩的日子实在是屈指可数。

兰花靠在炕沿边的一摞旧衣服上，轻声说：“咱村的小学教学质量太差，石头上学快半年了，啥也没学会，倒打了几次架。”

建军说：“我正想跟你商量呢，你看，让咱石头到城里上学好吗？”

兰花眼睛一亮，说：“好啊”，顿一下，又说：“可孩子的户口在小田村，行吗？”

建军说："咱俩可以办离婚——不是真离，是假离。按照政策，离婚了，孩子的户口就能随我进城，进了城，就能在城里上学了。"

兰花一怔，半晌没吱声，轻轻说："先睡吧，容俺想想"。

这一夜，两人各想各的心事，都是辗转无眠。公鸡叫头遍，建军轻轻搂一搂兰花，说："昨晚那事你不同意就算了，算我没说。"

兰花却问："那事……俺爸俺妈是啥意见？"

建军差点冲口而出，假离婚其实是母亲给他出的"锦囊妙计"，话到了嗓子眼儿又自动转变为："这事儿我还没跟爸妈提过，不过我想他们百分百赞成的，你也知道，'文革时期'爸妈受过冲击，吃了不少苦，现在他们都老了，就盼着早点把孙子接回身边。"

两天后，江建军和赵兰花提交了离婚申请。

去长途汽车站的路上，石头背着新书包（书包里除了书本还有一副小弹弓，对，就是一九五六年建军送给兰花的小弹弓），兴冲冲地走在爸爸妈妈前面，他那一颗幼小的心仿佛插上翅膀，早已飞到城里的新学校，新学校里有明亮的教室，有平整的操场，有亲切的老师，有友爱的同学，还有常青的树木和漂亮的花坛，这些他已经缠着爸爸讲了一遍又一遍，每一遍在他听来都是那么新鲜，那么地令人神往。

到了车站，石头才知道妈妈是来送行的，只有爸爸和他一起进城。石头的一团欢喜好像突然遭遇了霜冻，他大声抗议："不，妈妈跟我们一起上车，妈妈快走啊！"他像头小蛮牛一样使出蛮力拽住妈妈的一只胳膊，小脸儿涨得通红，徒劳地想把兰花拉上车。

形势突变，建军一时失措，只好哄儿子："过几天爸爸就回来接妈妈，好不好？爸爸说话算话。"

石头寸步不让："过几天是几天？两天、三天、五天？不！不行，妈妈今天就和我们一起走。"这是建军第一次发现石头性格中倔强的一面，如果从基因遗传的角度解释，这恐怕要该归因于兰花。

兰花恋恋不舍地摸摸石头的脸蛋儿，温柔的语气中透着少有的严厉："石头，你已经长大了，不是小娃娃了，记住妈妈的话：要勇敢，要坚强，要好好学习，要听爸爸的话。放心，妈妈会来找你的。"

石头看看妈妈，又看看爸爸，像泄了气的皮球，不闹了。

兰花又说："建军，你不会变心吧？要是江建军变成了江世美，赵兰花就成赵香莲了。"兰花看过京剧《秦香莲》，对陈世美的故事如数家珍。她用的是一种开玩笑的口吻，脸上也确实笑着，两个小酒窝若隐若现的，却有眼泪扑簌簌滚落下来。

"兰花，你怎么哭了？"建军一愣，问。石头也问："妈妈，你咋哭了？"

"没事，风大，沙子迷了眼"。兰花低声说，带着掩饰不住的哭腔。

这些年来无论日子过得多么穷多么苦多么累，兰花从没掉过半滴泪，这是建军第一次看着兰花哭泣，无声地哭泣，他忽然感到一阵慌乱。那温热的液体从此在他的心上留下无痕的烙印。多年后他一次次回想临别那一幕，他确信兰花当时对事情后来的发展和等待她的运命已经有了清晰的预感，只是，她没有说。

建军顾不得周围有没有人看（其实也没人看），紧紧握住兰花微凉的手，赌咒发誓："兰花，你怎么能不信我呢？我要是变了心，让天打我，让雷劈我。这都是为了孩子呀！"

大巴车绝尘而去，带走了建军和石头。

夕阳把兰花孤单的影子拉得好长好长。

小雪纷纷扬扬地下了起来，渐渐变成鹅毛般的大雪。地面、屋顶、梧桐树的枝桠上都像堆了一层厚厚的白砂糖，举目皆白，雪花飞舞，这个世界在转眼间有了一种童话般善意的气息，即使是错觉也是温暖的。

一个月后，江建军和赵兰花的离婚申请才被正式批复，两人领到了离婚证。石头的户口在年底以前终于转到了城里。

一九八五年，时任市钢铁厂副厂长的江建军无奈地看着江怀远沉默地吃饭,沉默地收拾自己的碗筷,然后旁若无人地钻进自己的小房间，那“砰”的关门声仿佛宣布了他这个爸爸被无情地隔绝在儿子的世界之外。

建军不禁悄然长叹，那个像小尾巴一样缠着他问东问西对他无限信赖无比亲昵的石头再也找不回来了。当然他可以自我安慰：儿子提前进入了青春叛逆期，这很正常。事实上，自从建军组织了这个新的家庭，怀远对他的态度就越来越疏远。建军甚至有点怕他——怕自己的儿子？这一点是建军绝对不愿承认的，可是每当怀远用那双酷似兰花的眼睛冷冷地甚至带着敌意地和他对视，建军总是不自觉地移开视线，因为在内心深处，他感到自己对怀远有愧，更对兰花有愧。

建军的现任妻子夏梦馨没有留意丈夫的情绪变化，她的全部注意力都被三岁的小宝牵动着，因为她正锲而不舍地打一场“吃鸡蛋”的攻坚战。

“小宝，来，张嘴，妈妈喂，很好吃的，很有营养的”，她举着小勺儿，注视小宝的目光中满是宠溺。胖嘟嘟的小宝犹犹豫豫地吞药似的吞下一口妈妈煞费苦心做的蛋黄泥，这一口让梦馨大受鼓舞，可她还没来得及高兴，小宝撇一撇小嘴，奶声奶气地扔下一句：“不好吃，我要去玩儿了，小汽车都想我了。”

调皮的小宝便跑到客厅那一片专为他开辟的玩具领地找他最心爱的玩具汽车了。梦馨不急不恼，又端着小碗追过去，“小宝乖，小宝乖，再吃一口，就一口！”小宝的小眼睛里闪过一丝狡黠，歪着小脑袋和妈妈讨价还价：“你先喂小汽车，小汽车也饿了。”梦馨对儿子百依百顺，“好，好，听小宝的，小汽车张大嘴，吃蛋黄喽。”

建军眼前触电般闪过一幅残破的画面：一个瘦瘦的一脸菜色的青年小心地捧着一个煮鸡蛋，这只剥了壳的鸡蛋不老不嫩，富有弹性，弧线优美，洁白，温润，细腻，完美，闪着柔和的光泽，还有种特殊的神秘香气（那香气来自送鸡蛋的美丽的姑娘），在这个即将享用还未享用的美好时刻，他愿意用他学过的所有美妙的词汇来赞美它。终于，青年开始贪婪地、一小口一小口地吃鸡蛋，让那种鲜、那种暖、那种香缓缓地渗入他贫乏的味蕾、敏感的神经细胞、正在闹革命的肠胃。那个青年就是一九七一年的自己。

建军就在这个瞬间突然暴怒，他重重地将碗往餐桌上一蹾，汤水四溅，洁白的桌布上顿时留下了斑斑点点的污渍，像被人们的脚步肆意践踏过的一片雪原。“喂什么喂？不爱吃就别吃！饿他三天三夜看他吃不吃？”他冲妻子和小儿子吼。

小宝从出娘胎以来何尝见过这样凶神恶煞般的架势？他被吓愣住了，愣了足足有三秒钟才“哇”地一声大哭起来。

梦馨心疼地抱起儿子又是哄又是拍，忙乱中不忘用她尖细的嗓音回骂过去：“江建军，你吃饱了撑的，发什么神经？”

一时间建军觉得这个家简直无法忍受，好像置身于严重缺氧的高原地带。他出门，下楼，走出钢铁厂的家属区，到路口处一家小商店买了一包烟，又慢慢往回走，走几步，颓然靠在路边一棵柳树上。

建军点上烟，深深地吸了两口，再缓缓吐出。看着幽蓝的烟圈在头项缭绕，终至消散，他仿佛又回到了四年前厂里举办的那次文艺汇演，又看见舞台中央正朗诵诗歌的她，又听见她悦耳动情的声音：“我必须是你近旁的一株木棉 / 作为树的形象和你站在一起 / 根，紧握在地下 / 叶，相触在云里 / 每一阵风过，我们都互相致意……”，那一刻的她，纯洁，高傲，亭亭玉立，像降落凡尘的小仙女。后来他才知道她叫夏梦馨，是新分配到厂里的大学生。那时厂里追求她的小伙子毫不夸张地说足以组成一个加强连，可她偏偏一个也看不上。工作之余她喜欢看书，经常找厂里的藏书大户建军借书，借了必然要还，一借一还，一来二去，两个人的距离不自觉地拉近了。

那一天，梦馨去建军家还书，恰好石头被奶奶接走了，家里只有他们俩。两人谈得兴起，从泰戈尔的诗到《红楼梦》里的金陵十二钗，从文化名人的逸事趣谈到厂里的新闻旧闻，天地良心，当时两人规规矩矩地坐在沙发上，中间还隔了一张虽然袖珍但是足以构成安全防线的茶几，事后建军绞尽脑细胞也回忆不起来两人怎么就到了床上，他甚至怀疑那张古旧的床突然迈开四条腿向他们迎了过来（一张四条腿的床像一只猫一样自由行走的镜头在动画片里实属常见，谁规定它不会在现实生活中偶尔发生一回？）究竟是人上床还是床迎人，这个问题实在说不清楚——生活中说不清楚的事真是太多了。但是这个问题其实并不重要，重要的是后来，后来建军觉得整个世界都在缩小、缩小，缩小成一张明丽如春的脸庞，缩小成一双仿佛注入了春水的明眸，在那个意乱情迷的刹那，他完全忘记了天，忘记了地，忘记了时间，忘记了他对另一个女人的誓言。再后来，也就是两个多月之后，梦馨让他看了医院的诊断证明，轻轻抚摸自己的腹部一脸娇羞地说她“有了”，建军傻傻地问：“有什么了？”，梦馨白了他一眼，说：“当然是有了爱情的结晶呗。你想给石头要个妹妹还是弟弟？”建军彻底傻了，眼前两片鲜果肉似的红唇上下翻飞，他却什么都听不见了。

好像大梦初醒，江建军蓦然发现，雾霭、流岚、虹霓、清风、朗月、松涛、波纹，所有的美好都不过是一场幻觉。生活甚至不给他喘息的时间，因为一个现实问题已经逼近眉睫，那就是生活作风问题。毋庸质疑，这是一个最羞耻的问题，所有的人都宁可犯政治错误，而不愿意出生活作风问题，因为政治错误毕竟还是有思想的人才会犯的，而生活作风错误，那就等同于流氓了。“流氓”这个词太有杀伤力了，想到这儿，建军头皮一阵发麻，冷汗涔涔下。

仅仅在三个小时前，车间主任找他谈了一次话，透露了组织上准备提拔他为车间副主任的内幕消息，此刻他甚至还能感觉到车间主任在他肩膀上拍的那一下，那恰到好处的力度，那传递出的鼓舞人心的亲切、爱护、信任和期许。“小江，好好干，前途不可限量啊！”曾让他如沐春风的车间主任的话时隔三小时又一次在他耳边回响，不知怎么竟似有了一丝嘲讽的意味。在组织上考察他的关键时期却发生了这档子事，怪谁呢？事已至此，后悔又有什么用？难道他像那只修炼千年的鲤鱼精，注定要功亏一篑，跳不过龙门？

这一年的年底，江建军和夏梦馨闪电完婚。

婚后不久，建军如愿荣升了车间副主任。生活似乎终于对他露出了笑脸，一条洒满阳光的大道似乎已经在他的脚下延伸。

没有人知道，每天他都在惶惶不可终日中度过。他心里清楚，一旦兰花得知他再婚的消息（纸包不住火，这是迟早的事儿），只要她来他的单位一哭二闹，根本无需三上吊，假离婚的真相被揭穿，“背信弃义”“现代陈世美”等桂冠就非他莫属了，他的前程也会遭受毁灭性的打击。

兰花啊兰花，现在她是一颗威力巨大的炸弹，随时可能引爆。但是时间一天天过去，风平浪静，他感到庆幸的同时又觉得奇怪。这个谜直到半年后他遇见到城里来揽活儿的郑爱国才解开。郑爱国告诉建军，正如建军预料的那样，他再婚的消息不胫而走，早已传到了小田村。赵大壮闻讯气得一病不起，大骂江建军是喜新厌旧的负心汉，是喂不熟的白眼狼，是过河拆桥的阴谋家；兰花四个弟弟个个虎背熊腰力大如牛，也都气急了眼，拿菜刀扛铁锹操铁铲，扬言要进城找姓江的讨“说法”，眼看一场全武行就要上演，兰花却在这时赶回娘家。

她进门第一句话就把家人都说愣了，她说：“俺和建军的事，俺自个儿心里有数，不用你们瞎掺和，”又扫一眼弟弟们，说：“今天谁要是找建军的麻烦，从今往后就不要认俺这个姐，俺也不认你这个弟。”

大弟反应过来，问：“姐，你是气傻了还是气疯了？老话说真心换真心，你把一颗心都掏给他了，他又是咋对你的？到现在，你还要护着他？”

兰花斩钉截铁地说：“俺没傻也没疯，今天俺就把这话撂这儿了。”

说完她扭头走了。兰花娘一直体弱多病，后来早早过世了，四个弟弟都是兰花一手拉扯大的，平时最听兰花的，此时不由面面相觑，大弟把手里的刀一扔，一屁股坐地上，赌气：“俺不管了！”其余三个也就此偃旗息鼓。

彼时，建军和爱国坐在一家小饭店里。窗外是暮色中车水马龙的街景，窗内是惨白的灯光照着一桌杯盘狼藉的残席。光阴改变了很多东西，曾经，两个人是势不两立的情敌（至少爱国一直认为建军横刀夺爱，抢走了他心爱的姑娘），谁料到数十年后，两个人像老朋友一样坐在一起，喝个不醉不罢休，酒杯相碰的声响都是青春的梦破碎的声音。

“甜蜜蜜，你笑得甜蜜蜜，好像花儿开在春风里，开在春风里。在哪里，在哪里见过你，你的笑容这样熟悉……”邓丽君的歌声从路边人家的窗口飘过来，打断了建军的思绪。

建军的嘴角神经质地抽搐一下，又猛吸一口烟。是啊，她笑得真甜蜜，就在今天凌晨那短短的梦里。他突然意识到为什么今天一整天都心烦意乱，为什么刚才对梦馨和小宝大动肝火，原来，都是因为那个梦。

他轻轻闭上眼，努力回想梦境中每一个情节。在梦里，春方半，郁郁山前白鹭飞，桃花流水鳜鱼肥，建军远远看见伊人倩影，心头一阵欢喜，“兰花，兰花”，他飞跑着追赶她，追上了，他说：“我买了一束花，送给你，喜欢吗？”兰花分明是少女时的模样，她接过一大捧洁白的花，花面交相映，鲜花将她的面庞衬托得真像一朵开在春风里的花儿，无比娇俏。兰花不说话，只是笑，甜甜地笑，那两个对称的小酒窝像是盛满了蜜。建军说:“我买了金戒指，来，我给你戴上”，兰花把手伸给他，她的手指上立即出现一枚金灿灿的戒指，不大不小，正合适。她依然不说话，只是甜甜蜜蜜地笑。建军说：“我买了一件布拉吉，来，穿上吧”，兰花伸开双臂轻盈地旋转了一圈，她身上的碎花棉布褂子神奇地变成了一袭银光闪闪的布拉吉。兰花还是不说话，衣袂飘飘，笑靥如花。建军说：“我们去吃饭吧，今天我带你去个好地方”，他的话音未落，两人手牵着手，已置身于一座豪华的饭店，天花板上有璀璨的水晶吊灯，地上铺着厚厚的地毯，建军说：“兰花，你爱吃什么咱就点什么，你爱吃牛肉，我知道，咱就先点一盘酱牛肉。”

酱牛肉还没端上来，建军被该死的闹钟叫醒了。

这梦做的太离谱了，建军苦涩地想。兰花和他在一起的那几年，日子总是过得紧巴巴的，他哪有闲钱给兰花买什么礼物？记得有一次，他和兰花路过乡里的供销社，兰花拉着他进去逛逛，她一眼看见柜台里一个很精致的宝蓝色塑料发夹，请售货员拿出来，至今他还记得兰花爱不释手地握着那个塑料发夹，摸了又摸，脸都亮了，那时他咬咬牙说：“兰花，你这么喜欢，咱就买了吧。这发夹你戴上肯定好看。”兰花却摇摇头，把发卡还给售货员，推着他出了供销社，小声说：“那发夹太贵了，标价八毛钱呢。八毛钱够买两袋盐的，咱家没盐了，咱去买盐吧。”那时他暗自发誓，他一定要混出个人样来，为自己，也为兰花，等将来自己有钱了，一定给兰花买最漂亮的发夹。谁料到他现在可谓出人头地了，也真的不必再为钱发愁，却再也没有资格给兰花买发夹了。

这一天是 1985 年 10 月 12 日，十四年前的这一天，他娶了兰花，执子之手，与子偕老。时隔十四年，他却只能在梦中与兰花牵手，只能在回忆中体会她点点滴滴的好。

突然，建军抬手抽了自己一耳光，又抽了一下。

他的脸火辣辣地疼，心里却舒畅一些。

二零零二年早春，在江怀远的婚礼上，时任市人大主任的江建军又见到赵兰花。香格里拉饭店的大厅里，来宾几乎聚齐了本市名流商贾，女士小姐们个个妆容精致，珠光宝气，暗香袭人，在这豪华热闹、杯影交错的背景下，头发已花白、身穿干净的蓝色棉布褂子的兰花显得有点格格不入。

建军端起一杯鸡尾酒，像是一脚跨进一个梦境，向兰花走过去，有人和他打招呼，叫“江主任”，他好像没听见，并没有停下来礼貌地寒暄几句，他好像走过了千山万水，走过了寒来暑往，走过了半个世纪，终于走到兰花身边。“兰花，我给你寄的钱你怎么每次都给我退回来？”他听见自己的声音沙沙的，像被风干了一样。话一出口，又发觉不妥，那种语气竟像一个丈夫轻轻责备自己的妻子。

兰花看看他，说：“俺不缺钱，你以后别再给俺寄了。石头也给俺钱，俺说用不着，现在日子好过了，不缺吃不缺穿的，俺要那么些钱有啥用？”

“你……过得好吗？”话一出口，才发觉更加不妥。简直是哪壶不开提哪壶。自从他和她假戏真做地离异后，她没有再嫁，一直独身。头几年常有人劝她趁着还年轻，为自己的将来打算，她却听不得这些话，总是横眉冷对，不给人家好脸色，时间久了，也没人再提。

“挺好的。”她回答，语气淡淡的。二十多年了，可以想象她一个人过得多么不容易，有太多的苦难，可是她轻描淡写：“挺好”。兰花啊兰花，她还是一九五六年的兰花，危险的山崖，陡峭的坡路，她每次跌倒都自己爬起来，她不让他扶，也不让他看她的伤痕，身上的心上的伤痕。

《婚礼进行曲》奏响，鞭炮声中，迎着漫天的彩带和纸屑，一对新人从用鲜花装饰得流光溢彩的婚车上下来。怀远身着黑色西服，白色衬衣，红色领结，显得神采奕奕。新娘穿的象牙白的婚纱是从香港定做的，婚纱镂空的花全是玫瑰花样，戴了全套的翡翠首饰，娇艳欲滴的翠色更衬得新娘肌白胜雪，光彩照人。刚刚被评为本市“十大杰出青年”的怀远挽着美丽的新娘一个酒桌一个酒桌地敬酒。

“哇！难得新郎新娘都这么养眼。”“真是一对璧人！”“看见没有？这才叫门当户对，郎才女貌，这才叫般配！”啧啧称赞声不绝于耳。怀远脸上始终保持着春风得意的笑容，只是有一个瞬间，一丝疲惫在那双活像年轻时的兰花的眼睛里不易察觉地一闪而逝。

“怀远从小就懂事，长大更是争气。以前人家说江怀远是江主任的儿子，现在倒过来，人家说我江建军是远梵集团的江总的父亲。青出于蓝胜于蓝，他的风头早已盖过我，兰花，谢谢你给我生了一个好儿子……”话说到这儿，建军第三次发觉大大地不妥。如果说她给了他一个好儿子，那么他回报她的又是什么？是欺骗？是背叛？是二十多年的孤苦？奇怪，他好像突然丧失了多年宦海沉浮中磨炼出的老于世故、精于应对、滴水不漏的职业本能，不再是那个城府深深深几许的江主任，与兰花重逢的短短几分钟里，他表现得像一个情窦初开、天真鲁莽的小伙子，虽然他自己并没有意识到这一点。

兰花没接他的话茬儿。建军讪讪地举起杯，把杯中酒一饮而尽。这杯酒不是那杯酒，这高价的鸡尾酒比起当年的地瓜烧，味道实在寡淡。刹那间，地瓜烧，酱猪蹄，大红的双喜字，《大海航行靠舵手》的旋律，新嫁娘红彤彤的脸颊，一九七一年那场婚礼像一部老电影在他脑海中清晰地播放。

“兰花，你还恨我吗？”借着酒劲，建军竭尽全力问出了深埋心底的那句话。是的，有些话不在有生之年说出来，也许再没机会说；有些问题现在不问，也许直到哪一天去见马克思了也不知道答案。

兰花的身子好像震了一下，轻轻说：“不管你信不信，俺从来没有恨过你。人，是俺自己选的；路，是俺自己一步一步走的。俺谁也不恨，谁也不怨。”

在鬓发已苍的建军的视线里，兰花布满皱纹的脸上有一种安宁的神情。她就像一株生于深谷的兰——风来，雨过，它静静绽放；晴天，阴天，它暗吐幽香。

这天晚上，江建军把自己关在书房，饱蘸浓墨，挥毫写下一行字：“东风恶，欢情薄，一怀愁绪，廿年离索，错！错！错！”

力透纸背。

二零一三年冬天，江建军老年痴呆的病症日益恶化。早在他退休前，小儿子小宝远赴澳大利亚留学，一去不回头，反认他乡做故乡了。梦馨去探亲，没过多久便办了移民手续。按照梦馨的计划，建军退休后也办移民，他们一家三口就在那个满街跑袋鼠的发达国家实现历史性的团聚。不料建军对她的计划不屑一顾，他怒气冲冲立场坚定：“我就在中国，我哪儿都不去！”梦馨打国际长途过来软磨硬泡，可建军油盐不进，软硬不吃，梦馨气极了，骂他是“土包子”，建军倒心平气和：“得，你们做你们的洋包子，我做我的土包子，咱们也算各得其所。”

建军退休第二年患了老年痴呆，他每天都在不停地遗忘，每分每秒都会忘掉一些事。比如他会要求保姆一小时内给他几次刷牙洗脸，又或者刚刚吃过午餐，马上又要求午餐；曾多年追随他的李秘书来看他，他会疑惑地问来人是谁。有时候甚至不记得自己，好多次看到镜子都被吓一跳，想，咦，这满头白发的老头子是从哪里钻出来的？

这年头，保姆不好找，伺候老人的保姆尤其不好找，好不容易找一个也极少有长干的。第九个保姆辞职以后，江怀远开始考虑送父亲进养老院。几经比较，他初定选定了一家，这家养老院以医疗条件好、生活设施完善、周边环境优美和不菲的报价著称。

赵兰花恰在这时风尘仆仆地从乡下赶来了。

“妈，这次您来就别回去了。我一直想接您到城里住，您年纪越来越大了，一个人住村里，我真是不放心。”怀远高高兴兴地把母亲从火车站接回自己家。

“妈这次来，是想照顾你爸”，顿一下，兰花又说：“他那个病，身边需要人哩。”

“他那边我早安排好了，养老院我也联系好了，服务、设施、环境都是一流的。”怀远万万没想到母亲为这件事来的，他皱了皱眉，一脸不悦地说。

“养老院再好也不是家啊，俺觉得，你爸还是想住自己家里。”

“他想，你怎么知道他想什么？他想什么跟你还有什么关系？难道你忘了，是谁毁了你一辈子？可是我忘不了，忘不了那年他把我接回城里，在汽车站他亲口说过几天就去接你，可是他骗了我，也骗了你。你知道吗，从那以后我再也没有真正快乐过。我也忘不了，忘不了爷爷、奶奶看你的眼神，提到你的语气，他们看不起你，因为你是农村人，因为你没文化。你知道我为什么拼命学习、拼命赚钱吗，因为我要比别人强，我要让别人四十五度角仰视我，因为我憎恶那种被人瞧不起的感觉！我憎恶！”怀远几乎是咬牙切齿地咆哮。尘封了三十年的往事，那些他以为自己已经淡忘或者说他希望自己已经淡忘的往事像潮水一样排山倒海般涌上心头，淹没他所有的思想。下一刻，他意识到自己的失态，走到窗前，努力平复澎湃的心湖。

他拧紧了眉毛，仰望天空，在高楼大厦间躲躲闪闪的一线天空笼罩着灰蒙蒙的雾霾。是，怀远拥有很多财富，他的父辈在多年前做梦也梦不到的财富，可是他也再不能像他的父辈在多年前那样，随时汲取甘美的山泉，每分每秒呼吸清新的空气，一推开窗户就可以拥抱灿烂的阳光、澄澈的蓝天。人哪，也许你永远也无法计算，究竟是得到的多一些，还是失去的多一些。

“石头，妈让你受委屈了。这些年，眼见你越来越出息，妈替你高兴；可是其实妈更愿意看见你活得轻松些、自在些、快乐些。三十年了，你也是当爸的人了。人，都有身不由己的时候，别再记恨你爸了，好吗？”

又说：“你爸没有毁了俺一辈子，真的没有。这辈子妈没享什么福，可是妈说什么、做什么都是照着自己的心，一辈子没说昧心的话，没做昧心的事，妈活得挺舒心。妈只是心疼你，石头，你心里那些疙瘩也该解开了，妈不想看你难受的样子。”

那是母亲的声音，虽然她的容颜已苍老，但声音依然像怀远记忆中的一样年轻，一样清丽。“石头”，那是母亲唤他的乳名，用他久违了的乡音，用他熟悉的慈爱的口吻。那是母亲的手，布满老茧的粗糙的手，轻轻抚摸他的背，给他的感觉就像一层浅浅的温暖的阳光。怀远僵直紧张的身体一点点地放松下来。

兰花不顾儿子的劝阻，搬到江家照顾建军。

邻居一位老大妈发现一个硬硬朗朗的乡下女人在江家出出进进，神神秘秘地招手叫她，问：“你是江主任家新来的保姆吧？”兰花不置可否地笑笑。老大妈好心眼儿地给她支招：“江主任的儿子是大老板，不差钱儿，你多跟他要点工钱，不要白不要，对不对？”“对！”兰花应。

寻常的午后，兰花搀扶建军坐到沙发上，她搬个板凳坐他身边，一边择菜，一边有一搭没一搭地跟他聊天。兰花说，今晚咱们包包子，你想吃芹菜馅儿呢还是想吃韭菜馅儿？对了，二妮你知道不？就是俺大弟的小舅子的二侄女，她叫俺婶子呢。这二妮好好一个黄花闺女，还是大学生，不知怎么和一个有老婆的男人好上了，那男人比二妮她爹还大一岁呢。俺纳闷儿，问二妮你图什么呢？你看上他什么了？二妮答得倍儿干脆：我不是看上他了，我是看上他送我那辆车了。听二妮说，那车，叫什么马，对，想起来了，叫宝马。二妮还说，宁肯坐在宝马车上哭，也绝不坐在自行车上笑。现在这小姑娘，俺真是不懂，在哪儿哭也是哭，就算在皇帝的金銮殿里哭，那也是哭，哭怎么会比笑好呢？不懂。还是说咱今晚上的包子吧，你说放点猪肉好呢还是放点羊肉好？你现在不看书也不写字了，也好，有时间了。你呀，也别等着吃白饭，来，给你根芹菜，学着俺的样儿，跟俺一起择菜吧。

江怀远买了一堆吃的用的，给父母送过来，一进门正看见这一幕：

母亲絮絮叨叨和父亲唠家常，完全不介意父亲听没听明白；父亲的脸色比上次见时红润多了，像个孩子似的笨拙地摆弄着一根芹菜。就在这一刻，怀远理解了母亲，她的付出，她的宽容，她的坚守。

“上邪！我欲与君相知，长命无绝衰！山无陵，江水为竭，冬雷震震，夏雨雪，天地合，乃敢与君绝！”这首诗在怀远的大脑屏幕上闪现。怀远想，没有多少文化的母亲肯定不知道这传诵千古的诗句，但是她比那些倒背如流的人更能领悟这诗句的精魂。

忽然怀远嗅到一缕幽香，沁人心脾。他这才注意到客厅一角古色古香的小几上摆了一盆君子兰，他记起来这盆君子兰是父亲患病前养的，后来他病得糊里糊涂，再没精力呵护这盆花了，记得上次来，这盆花已经枯萎颓败，他还嘱咐当时那位保姆扔了算了。谁料到它现在活得那么茁壮，墨绿的叶片不枝不蔓，不偏不倚，肥厚光亮，经络清晰，叶片之间花箭从容地高高挺起，头项一簇艳丽的花蕾，落落大方，清雅高贵，暗香盈室。隆冬时节，屋外寒气逼人，而屋内，有了君子兰的俏丽点缀，显得格外温馨，仿佛已经充满了生命的旋律和春天的气息。

眼眶一阵潮湿，怀远不忍打扰他们，把东西轻轻放下，轻手轻脚出了门，关门走了。

又一天，兰花收拾屋子，突然惊呼：“老天爷，建军，你猜俺找到了什么？”过一会儿，兰花拿出找到的东西，一件一件指给建军看。

“看，你八岁时送俺的小弹弓，后来石头回城又带了回来，那年，石头也是八岁。”

“看，俺给你写的信，信纸都有点发黄了，这是俺画的小猪，那是俺画的苹果树，当时你还夸俺画得好呢……”

即使她和他分开了三十多年，这些东西始终都在他的身边。

迎着冬天煦暖的阳光，兰花脸上的纹路渐渐变成一朵灿烂的花儿。

建军浑浊的眼睛慢慢泛起一丝异样的神采。

他看着她笑得烂漫无邪。

他也笑了。

玉泉河的美人鱼

一

她终于听到门铃声了，她坐在藤椅上已经过去多长时间了？一个小时？一个半小时？不知道，好像也不必知道。屋子里阴暗的单调夺走了她对时间的一切感觉。

若兰回来了吗？于婆婆站起来去开门。

于若兰站在光线昏暗的楼道里，她从 X 市回来了。如云的长发被宽宽的发带束起，显露出她饱满却不突兀的额头。耳朵一半埋在发里，一半白得像出了乌云的月亮。眼窝稍稍凹陷，眼眸笼着一抹淡淡的灰蓝色的水汽，长长的密实的睫毛衬得她的鼻梁更为高挺。浅浅的小麦色肌肤细腻紧致，轮廓清晰的人中让丰润的唇有点儿嘟嘟的翘意。身段窈窕，穿一袭棉质的纯白色长裙，如同月光下的百合。

“若兰，蔡远没有和你一起回来？”于婆婆往若兰身后张望，有点希望看见那个抱着一把木吉他的大大咧咧的大男孩，听他没心没肺地调侃："婆婆，您比上次来看您时更显年轻了，真是传说中的今年八十，明年七十，后年六十。"

若兰说："蔡远读研究生呢，忙。"

又说："其实就算他研究生毕业，就算他能留在那所大学里任教，又能怎么样？他一个月的工资都不够在世贸天阶买一支好点的唇膏。"

"怎么？你嫌弃蔡远不会赚钱？"于婆婆意味深长地瞟了她一眼，"你俩上中学时就在一起了。我还记得那时他带你去镇子东郊的河滩上疯玩儿，不论是他给你采的菖蒲花，还是他用狗尾巴草编的自行车什么的，你都当宝贝似的收藏着。"

若兰说："此一时彼一时。婆婆，您不懂的。念书时候他是学霸，只要考试能考一百分，整个世界都和颜悦色、春暖花开。但是现在，一切都不同了。"

又嘟哝："理想很丰满，现实很骨感，就是这么回事。"她的耳垂变红了，耳朵像她情绪的晴雨表，无论是兴奋羞涩还是郁闷生气，她的耳朵无一例外会红得通透。

"我不懂，你们年轻人总是爱说老年人这个不懂，那个不懂"，于婆婆不满地叨叨。马上，若兰搂着她撒娇，她又笑得一脸灿烂。于婆婆头发依旧浓密、漆黑，只是两鬓角夹杂几根白发；耳不聋，眼不花，走起路来腿脚利落，牙齿也没有损兵折将的。她的脸上有四条很深的垂纹，它们有时候是笑纹，有时候不是，这些纹路透着岁月沧桑，透着生活的艰辛和智慧，也透着一种幻世的神秘。

厨房里一片分田分地真忙的景象，若兰包饺子，擀面杖在她手下欢快地唱着歌。很快白白胖胖的饺子端上桌。进门饺子出门面，若兰回来该吃饺子，再说于婆婆也最好这一口。

这夜，祖孙俩躺在雕花大床上，这张床和老屋里很多家什一样，也是老物件了，还很结实，朱红的油漆擦一擦，仍然泛出暗沉沉的光。于婆婆半闭着眼，不经意似的说：“若兰，在大城市工作是不是挺累？等蔡远研究生毕业了，不如你俩一起回来吧。”

“回来？回Y镇？这镇上连一家麦当劳都没有，我怎么能一辈子呆在这么个小地方，过那种琐碎得不能再琐碎的生活？我不回来。”若兰的语气斩钉截铁，虽然她自己也觉得回不回来的问题和镇上有没有麦当劳并不存在任何逻辑关系。

静默，于婆婆以为若兰已经入睡了，若兰在黑暗中又轻轻笑了，“真想像小时候那样，牵着婆婆的手去河滩。”

若兰的脑海中出现儿时记忆中的河滩，她记得，早春的风轻轻吹过脸颊，清澈的河水有节奏地拍打着岸滩，她赤裸的小脚踩在柔软的沙滩上，沙子的细流从她的脚趾缝里不断冒出来，温暖而熨帖。野花一片一片，姹紫嫣红，绚烂得无法无天。每次婆婆带她去河滩，她就像一只惊喜的小兽，一头扎进那个神奇的世界，再也不愿出来。

数年前河滩附近建了一座化工厂，几个巨大的烟囱直插云霄，夜以继日地冒着奔腾咆哮的黑烟，散发怪味的废水肆意排放。河滩渐渐不复旧观，河水已断流，花花绿绿的肮脏的塑料袋满地飞，就像昔日高贵的公主沦为乞丐一样，如今那里差不多已经沦为一片垃圾场了。

曾经生机勃勃的河滩，留下若兰快乐的儿时记忆和少女时代风花雪月的情事的河滩消失了，永远。

祖孙俩皆沉默了。夜色已浓。

二

若兰只住了一晚，第二天一早就赶回 X 市。并不宽敞的两间屋忽然变得像一片草原般空旷。

光线一寸一寸地变暗，于婆婆打开电视。恰好是她惯看的戏曲频道。小匣子里一片锦绣，生、旦、净、墨、丑，都是名角儿，你方唱罢我方登场。

于婆婆坐在藤椅上，轻轻摇一把蒲扇。电视里的唱声仿佛离她越来越远，飘飘渺渺，就要消逝了，不知所踪，蓦然脆响，却是另一个人的唱腔，隐藏在岁月深处的熟悉的唱腔。

于婆婆的蒲扇越扇越慢，终于静止。伴着单调和谐返璞归真的胡琴声，她的眼皮渐渐合拢，沉沉入梦。在梦中，她又变成那个年少活泼的鲛人。

她在海底自由自在地游到东，游到西，游到南，游到北，她长满金色鳞片的鱼尾翩翩摆动，像一种优雅的舞蹈。追逐着色彩艳丽的桃花水母，把橘黄色的海星插在长发里当发饰；恶作剧地将一只小海龟推倒，看它四脚朝天地挣扎，再轻轻把它扶正了；一伸手分开两只生死决斗的大海蟹；捧起一个痛苦的老蚌，从它的壳里取出一颗精光四射的大珍珠，然后随手抛进水草丛中。这时她注意到一束穿透幽深水底的光线。她清楚地知道那光线象征着危险，但她天性中对冒险充满渴望。她的脑海里好像出现两条小鱼，一条小鱼吐着气泡，要求她安安分分继续水底无聊的游戏，另一条鱼也吐着气泡，怂恿她迎着那神秘的光线游上去，看看光线的尽头有什么奇幻的景致。她听从了后者，用手臂轻轻拍打水花，以一种飞翔般美丽的姿势游上去，游上去。当她小心翼翼地从水面冒出头来，一个陌生的明媚的世界展现在她面前，浩瀚的江流无边无际，清爽的江风迎面吹来，江面泛起细碎轻柔的波浪，江鸥喳喳叫着飞翔，几只白鹭高高低低地嬉戏，天空像海洋一样湛蓝，那是民国二十三年（一九三四年）的天空。

一个小黑点进入她的视线，小黑点渐渐变大，她几乎屏住呼吸，因为她确定那是一艘轮船，是万能的巫鲛曾经提起过的轮船，是她平生第一次看到的轮船，这令她兴奋不已。她的身体情不自禁地从水里弹起来，她那引以为傲的鱼尾在空中轻盈地划出一道金灿灿的弧线，刹那之间，几起几落。她不知道她的惊鸿一现在那艘客轮上已引起一场小小的争论，一个浓妆艳抹的时髦女郎指着她远去的方向夸张地喊：“我的上帝，一条飞鱼！”一个看上去八九岁大的男孩小脸通红地纠正：“不，是美人鱼，我看见她的脸，她的长头发。”大人们照例对孩子宽容地一笑置之，兴奋不已地讨论起有关飞鱼的种种话题，船上一位脸色苍白的诗人文思如涌，即兴赋诗：“啊！飞鱼！”

她已经潜回水底，继续跟着感觉游。她远离了族人的队伍，但并不急于返程。既然一顿责罚已在所难免（自小调皮的她已将责罚视为家常便饭，大不了被关在海底幽深的洞室里绣手帕，她的好姐妹会偷偷来给她送饭的），她有意放纵自己要玩个痛快。

再次从水面冒出头来，四处打量一下，全是密密匝匝亭亭玉立的翠碧荷叶，一眼望去满眼绿意，只觉得自己跌进了一个绿色的世界，完全不知究竟身在何处。小荷才露尖尖角，早有蝴蝶立上头，童心未泯的她一心想抓住那只停在荷花上的宝蓝色的大蝴蝶，一扑扑个空，蝴蝶灵巧地飞走了。她侧身看见河对岸清澈水面上的倒影，水平如镜，纹丝不乱，像一幅色彩浓烈的油画，画里有垂柳，有修竹，有盛开的桃花，有形态各异的山石，还有一座玲珑雅致的亭子，亭子里有一个男子的身影。

她从水下向那座亭子潜过去，听见那男子反复吟诵："三百年来，我华夏威风久歇。有几个，如公成就，丰功传烈。拔剑光寒倭寇胆，拨云手指天心月。到于今，遗饼纪东征，民怀切。会稽耻，终须雪。楚三户，教秦灭。愿英灵，永保金瓯无缺。台畔班师酣醉石，亭边思子悲啼血。向长空，洒泪酹千杯，蓬莱阁。"

这个鲛人对震惊中外的"九一八"事变一无所知，也不知道中华这个古老民族正在面临的危机，对诗中寸心如焚的忧思更无从了解。她只是感到那人吟诵的声音里有一种直指人心的悲凉，她从来没有让一个男人的声音那样地走进她的心，她的心忽然变得柔软，从未有过的柔软。

吟诵声渐渐变得低不可闻，那人半靠栏杆坐着，好像沉沉睡去。

她竟上了岸，事实上直到她的尾鳍接触到坚硬干燥的地面，感到一阵生疼，她也不清楚自己究竟想要干什么。事情变得有点奇怪，曾经让她最为自豪的鱼尾这时显然成了她行走的障碍。她想起从巫鲛那里学来的口诀，试试看，她想，她虔诚地念了三遍，接着惊奇地看到自己的鱼尾幻变成修长雪白的两条腿，尾鳍幻变成一双脚。她对伟大的巫鲛心悦诚服。

她轻盈地走上玉泉亭前的石阶，走到那人身边。她看见一张年青俊朗的脸，浓密的头发有点凌乱，两道浓眉紧锁，下巴上有青色须根，脸上有浅浅的泪痕。

国军独立第九旅中将旅长于默感觉到有人靠近，手警惕地按在腰间的佩枪上。一睁眼，残存的醉意一扫而空。

他和她默默对视，足有五秒钟。这是注定的相逢，他们是命运棋局上的两个棋子，无论结局是悲是喜都不应该有任何怨怼。最后她用饱含露水的声音打破沉默，“我饿了。”

他摸摸衣兜，掏出一个小纸包递给她，“姑娘，这儿有一块绿豆糕。”莫名地，他有一丝慌乱，“这个，其实我是给乔治带的，乔治是我养的一只小狼狗，你不介意吧？”

“小狼狗？我没见过，想象不出它的样子，不过我想它肯定很可爱。我吃了，你说乔治不会介意吧？”她顽皮地吐下舌头，说。

他此前从未见过这样的女子。她赤着脚，像披了一块布一样随便穿件碎花布衣裳，津津有味地吃着一只小狼狗的口粮，她身上却不自觉地流露出一种贵族气质，无法掩盖，甚至她吃东西的动作都让人自然而然地联想到“优雅”这个词。她乌黑柔顺的长发上、洁白如玉的手臂上、如花盛开的脸颊上、小贝壳一样的脚趾甲上都挂着晶莹的水珠，在夕阳的映射下闪着碎钻一样的光芒。他有一阵迷惑，这个奇特的女子是从哪里来的？天地良心，她洁净得仿佛一分钟之前才刚刚诞生。

他的目光落在她柔软得宛若红缎子似的嘴唇上。他忽然感到干渴，觉得周身有火蹿出。

他将这个玉泉河边“捡”到的女子带回家。她不知道自己的姓名，也说不出自己住在哪儿、有没有父母兄弟。他猜测她可能受了什么刺激，暂时性失忆，在这个战乱的年代，这种事并不鲜见。

她在于宅住了三天。

第三天，她决定离开了。于家的李妈、李妈的小丫头，她都熟识了，给于宅送菜的老陈、送豆腐的老刘，她也见过，人类住的房子，吃的菜品，用的笔墨纸砚一一见识过了，她对人类这种生物的好奇心已经得到满足，最重要的是她对于每天黎明默念三遍魔咒以确保她的鱼尾不会显形的功课已经厌倦了。

真的要走，心里又有一丝不甘，难道她还有什么期待？

他三天不曾露面，却在这时候回来了。他和她是注定的孽缘，谁都无法逃脱。又见到他的一瞬间，她忽然明白了，原来她期待他的出现，原来她其实一直在暗暗地等他，在一个隐秘的不为人所知的角落里那么委屈地等着他。

他骑了一匹矫健的白马，带着她去了西郊的草场。天那么蓝，云那么白，草那么绿，嫩嫩的鲜亮的新绿，最是一年春好处，绝胜烟柳满皇都，润湿的空气含着微香，仿佛有无数花朵正赶着节令隐秘地开放。

他取出两只风筝，一只燕子，一只雄鹰，色彩斑斓，都有用彩绸做成的飘带。他兴兴头头地教她放风筝，她试了两次，没有成功，看她手忙脚乱顾此失彼的样子，他觉得有趣，心中暗笑，又有一丝不忍，他试探着问："咱们今天不放风筝了，其实就在这里散散步也挺好的，对，阳光这么好，干脆我在这草地上躺一会儿吧，肯定舒服"，说着他做势要躺下，她急了，一把拽住他的胳膊，说："不行，我今天一定要放风筝，我一定能把风筝放起来。"他饶有兴致地发现，看似柔弱的她骨子里却有一种誓不服输的执著。

他耐心地给她做示范，说："放风筝要有纵有收，放放收收，牵牵引引，让风带动着风筝，风筝迎着风势，顺其自然，顺势而为，因为风筝和人的关系不是谁能主导谁，而是风筝与人的契合，也是风与人的契合，只有合力，只有合理。"

她试了又试，终于，她的燕子风筝随风飘起，悠悠地飘飞在碧空和白云之间，与白云为伴，与轻风共舞，在阳光的折射下宛如一道靓丽的风景。他也放飞了他的雄鹰，燕子和雄鹰比翼双飞，在深不见底的蓝天中翱翔，像比目鱼在大海里自由地遨游。是，风筝是自由的，它们自由地飞着，自由地呼吸着，那长长的线，不是束缚，是情丝，是留恋不舍的徘徊。

“燕子飞起来了，雄鹰飞起来了！”她像个孩子似的欢呼。在他的视线中她的笑容像一朵蓓蕾。她的笑声真好听，银铃似的质感，那么干净，毫无心机，像这四月的阳光。他觉得这一缕阳光直接穿透他心中的阴影，将他全身笼罩。

那晚，他为她订制的新旗袍送来了，他让李妈帮她换上。那是一件浅藕荷色的绣有牡丹花的旗袍。真合身，她不禁想，她没有告诉他自己的尺码，可是裁缝是按他给的尺码做的，他对她的身体竟那么熟悉，好像用尺子量过一样？想着，一颗心怦然乱跳，脸烫烫的，瞥一眼镜子，镜子里的人儿面若桃花。李妈又将她的长发在脑后挽了个髻，插了一支莹洁的玉簪。

他轻叹：“翩若惊鸿，婉若游龙，荣曜秋菊，华茂春松。仿佛兮若轻云之蔽月，飘摇兮若流风之回雪。远而望之，皎若太阳出朝霞；迫而察之，灼若芙蕖出渌波。”

又说：“美丽的女子就该有美丽的名字相配。灼若芙蕖出渌波，从今天起，你姓我的姓，叫渌波，于渌波，好吗？”

他一身戎装，英气逼人，目光柔情似水，一步一步向她走过来。她突然害怕了，像个闯了祸的孩子不知道该如何善后了，她想抽身，想逃跑，想立即跳进玉泉河，快游，快游，回到属于她的水底世界，接受她的部族最严厉的惩罚。但是，她却一动也不能动。

现在，他离她那么近，她在他漆黑的眼瞳里看见自己的影子。他的眼睛像一池深不可测的潭水，她是一尾心甘情愿被囚禁在潭水中的鱼。

唱片机播放着悠扬的舞曲，他们随乐起舞。这种舞蹈完全不同于她在水底时经常跳的舞，因为这不是一个人孤独地起舞，而是两个人，他的身挨着她的身，他的心贴着她的心。

一曲终了，他的唇柔软地覆盖在她的额头，慢慢地往下移动，然后贴在她的嘴唇上，他说：“于渌波，你的嘴唇是天生用来亲吻的，你知道吗？”

三

窗外，下雨了，细雨霏霏，弯弯曲曲，连绵不绝。

屋子冷清，挂钟的声音单调地重复着，滴答滴答，滴滴答答。

日子一日挨一日，夜晚无休无止。迷迷糊糊地，于婆婆睡着了。一声响，又一声响，她被惊醒了。

楼上住着一对吵架成性的夫妻。于婆婆经常睡到半夜，被椅子倒地、杯子摔碎、怒骂、歇斯底里哭泣的声音惊醒。楼上女人的哀怨一声接一声，声声入耳。于婆婆想不去听它，它却渗透入这深深长长的巷子的静寂的夜。

睡不着了，于婆婆又坐在藤椅上，慢慢陷入回忆的沼泽地。

一九三四年，夜像一块黑色的幕布笼罩着天地，一个叫于渌波的女人，不，一个鲛人在幕布中匆匆走着，她的腰身已显臃肿，她的脚步不再轻盈，每一步都迈得沉重。走到玉泉河畔，她已累得气喘吁吁。她下了决心，她要做回自己，不能像上一次那样。上一次，她已经回到水里，尽情扭摆着鱼尾，全身每一个细胞都快乐地跳舞，可是就在一瞬间，她想起了于默，她不该想起他的，他们原本属于两个不同的世界，只是一次浪漫的邂逅而已，并不能改变什么。就像海鸥与波涛的相遇一样，遇见了，走近了，然后海鸥飞去，波涛滚滚地流开，留下绯色的记忆，就这样分别。不分别又能怎样？难道她能让他也长出鱼尾，和她一起在水底畅游？但是有什么办法，他的声音，他的笑容，他的眼睛，他的身影，他的气息，他对她说的那些话一下子包围了她，像是筑起一座无形的没有出口的堡垒。她就这样神差鬼使地放弃了。原来她竟那么贪心，一味贪恋着他的温存，和一个贪吃糖果的小孩别无二致，明明知道牙齿会被蛀光，但她还是一闻到糖果的味道就心猿意马。

流水淙淙，像是千百年的絮语，反反复复讲述着一个古老的故事。这个鲛人把脚伸进水里，意外地，她的鱼尾没有出现；更加意外地，河水不再像以往那样热情地迫不及待地拥着她、吻着她，反而像退潮一样离开她的身体，她能感觉到每一滴水都嫌厌她、拒绝她，感觉到河水集体地排斥，甚至还有隐隐的敌意。

她知道，想要重返水世界，她必须解决问题，就在今夜。她变得出奇地冷静，黑色的小药丸是早就预备好的，她用荷叶卷成的荷叶杯从玉泉河里取一捧水，药丸投进水里，瞬间溶化。她端起这杯堕胎的药水，她的手在颤抖。艳美的颜色，特殊的香气，她只需将它一饮而尽，就像饮一杯香浓的咖啡——于默喜欢喝咖啡，第一次他要她喝，她嫌苦，不肯喝，于默笑看她，眼睛里是满满的宠溺，不知从何时起她也喜欢上了咖啡独特的味道。不行，她不能在这千钧一发的时刻想到那个男人！她警告自己，头痛欲裂。

喝了它，一切都结束，尘归尘，土归土，上帝的归上帝，凯撒的归凯撒。她闭眼，却听到一声嘤嘤的啼哭。哭声那么柔弱，那么细，细得像一缕丝，马上就要折断了。那一声来自她身体深处的啼哭渗透了整个静夜，一种悲伤弥漫开来，空中、地上、水里，一棵树、一叶草、一朵花、一条小鱼、一只蝌蚪，一张荷叶，仿佛一切全哭了起来。

手一抖，荷叶杯掉进了玉泉河。不，她做不到，她不能亲手杀死自己的孩子，她深爱的男人的骨血。她做不到。

抉择的时刻到了。她的身后是一棵老槐树，它站在这里，已经过千年的风，经过千年的雨，依然枝繁叶茂，树皮泛着青光，宛如龙鳞，在夜色中鳞光闪闪。她踮着脚折下一根树枝，触手冰凉，一咬牙，从脑后的发髻上拔下白玉簪，一簪下去，刺破自己的小腿。血滴在树枝上，一滴两滴三滴，树枝好像是一只嗜血的小兽，贪恋地吮吸着胭脂一样鲜艳的血珠，渐渐变得通体血红，暗夜中闪着骇人的红光。

渌波举起这根喝足了鲜血的红树枝，划着弧线抡起来狠狠抽打在自己的腿上，只一下，疼痛钻心。她咬紧牙关忍着疼，再抽。突然一道闪电划过，墨黑的夜空像是被撕开了一道口子，翻出惨白的疮面。一声惊雷在天边炸响。毫无预兆地，一场暴雨倾盆而下。雨，鞭子似的抽打着大地和大地上所有的生灵。渌波痛得站立不稳，倒在岸边，顾不得满身泥水、血水和雨水，她发疯一样继续抽打自己。渌波恍惚在雨雾中看见巫鲛的脸，那脸上的皱纹沟壑纵横，她注视渌波的眼神充满悲悯；渌波恍惚看见自己的腿时而是腿，时而是鱼尾，双腿，鱼尾，鱼尾，双腿；恍惚看见玉泉河惊涛澎湃，激起冲天的巨浪，那白沫翻腾的浪花仿佛每个瞬间都可能把河岸吞没；恍惚听见轰隆隆的雷声中隐隐夹杂着众神愤怒的诅咒，又恍惚一切都只是自己的幻觉和幻听。

只有疼痛是真真切切的，疼痛像水面上一圈圈扩散的涟漪，那痛却一圈比一圈更剧烈，直到她的手再也无力举起，终于失去意识。

黎明时分，于渌波从昏厥中悠悠醒转。她知道她已经如愿以偿成为这滚滚红尘中一个平凡女子。如愿以偿。

有人说，英雄选择成为英雄，懦夫选择成为懦夫。而她究竟选择了什么？她选择背叛自己的部族，选择做他于默的二姨太，选择了——爱？这一番九死一生的辛苦，这一番感天动地的挣扎，值得吗？

爱，是多么不靠谱的一件事，千百年来爱情由于被反反复复无休止地放大和神化，使必须小心轻放的奢侈品承载了普罗大众的厚望，难免不分崩离析，化做一缕青烟。爱，可以怎么来怎么走，怎么沸腾怎么熄灭，说穿了其实是转眼即灰飞烟灭的一件事。看着东边的微弱的红霞，于渌波心里一片空茫。

老陈吸着旱烟袋，赶着牛车，往X城里走。他看见一个女子的倩影在玉泉河边一闪，再看时已经不见了。那个身影有点眼熟，好像在哪里见过。是她吗？于少爷新娶的二姨太？不，她不可能在这个时间出现在这荒郊野外。老陈的眼前浮现出唯美的一幕，那是数月前他去于宅送蔬菜时无意中瞥到的：一个年轻女子穿一袭绣着梅花的粉缎旗袍，站在樱花树下，她仰起头像是在看天边的云朵，她笑了，那笑容那么明亮，那么温暖，一阵风吹过，粉白的樱花纷纷扬扬飘落在她肩头，好像为她洒下一场樱花雨。美，她就像从一张画里飞下来似的，真美。只有男人中的男人才能找到女人中的女人，这句话以老陈的文化程度恐怕概括不出来（事实上老陈连自己的名字都不会写），但他有他朴素的人生哲学，简单说就是王八看绿豆，公猪找母猪，二姨太那样的美人只有风流才俊的于少爷才消受得起吧。老陈其实并不老，四十多岁一条精壮汉子，他突然渴望老婆粗糙肥硕的身体。

老陈甩一鞭子，老牛不满地“哞”一声，老陈扯起破锣嗓子吼了一段《霸王别姬》，“怎奈他十面敌难以取胜，且忍耐守阵地等候救兵”。“无奈何饮琼浆消愁解闷，自古道兵胜负乃是常情。”

渌波要于默发誓，说他永不负她，说他这一辈子只爱她一个人。誓言是最靠不住的，但她还是要。

于默的内心开放了许多柔软的花朵，他心疼地搂着她，说：“我的小水妖，我说过多少次了，你把我的魂儿都勾走了，你还有什么不放心？”

又说：“委屈你了，老家那个是我不愿意的，完全是父母包办的婚姻，我已经提了几次要离婚，老爷子死活不答应。”

她把水葱似的手指轻轻按在他唇上，摇摇头说：“我不在乎什么名份，我只要你全心全意地待我。”

他忽然皱眉，紧紧抱着她，说：“渌波，其实我心里害怕，不知为什么我总觉得我会失去你，总觉得你有一天会离开我，总觉得你看着我的样子，就像随时想要跟我说再见。”

她还来不及回答，阵痛已经开始了。

她的胎位有问题，是难产。一个昼夜过去了，她的脸苍白如纸，头发因为浸泡在汗水里面，闪烁着潮湿的光泽。她看着教会医院雪白的天花板，感觉自己快要死了。她明亮的眼睛开始黯淡下来，像一只鸟轻轻地收拢了它的翅膀。有一个瞬间她闻到了死亡的气息，阴森的死亡之气笼罩了她。这是一个背叛了部族的女人应得的下场吧？也罢，魂归故里，她的一缕魂魄终于可以无牵无挂地回到魂牵梦萦的水世界。无牵无挂？她真的无牵无挂吗？

金发碧眼的詹姆斯医生在中国已经生活了二十多年，他恰在这时赶来，他轻轻拍着她的脸，让她保持清醒，在她耳边一字一顿地说："凡事包容，凡事相信，凡事盼望，凡事忍耐。爱是永无止息。"他刚做完一台手术，声音里有掩饰不住的一丝疲惫。这里不是教堂，于渌波也不是基督徒，她不可能知道这是《新约·哥林多前书》第十三章里的一段话。说不清为什么，渌波的眼睛里刹那间溢满了泪水。

伴着一阵泣血的阵痛，孩子出生了，是一个粉雕玉琢的女婴。

二十年后，当年的女婴做了妈妈。

又过了三十多年，她的女儿又有了女儿。已经是于婆婆的于渌波给她女儿的女儿的女儿取了一个名字，叫于若兰。

四

于若兰的手机愉快地响一声，是蔡远发来的短信："千山鸟飞绝，都在写论文；举头望明月，低头写论文；生当做人杰，死亦写论文；远上寒山石径斜，白云深处写论文；垂死病中惊坐起，今天还要写论文。人生自古谁无死，来生继续写论文；但使龙城飞将在，看谁敢不写论文；众里寻他千百度，蓦然回首，那人正在写论文！"

若兰知道蔡远正在X市某著名学府的生物实验室兢兢业业，他必须在实验中发现现象，经过分析写成论文，交给他的导师，而论文发表时需挂上导师的大名。献身于科学这样的念头曾经在他脑子里存在，现在也许依然存在，不过事实是他其实是导师一个无比廉价的劳动力，每月两百多的生活费，偶尔有论文奖励费，但通常是没有的。

“活该！”若兰对着手机屏幕做了个鬼脸。

与其同情蔡远，不如同情一下自己。若兰在大学读了一年就辍学了，因为眼见婆婆日益衰老，已经到了风烛残年，若兰实在不忍心再花婆婆的钱，那种辛酸那种压力让她无法承受。她在山水房地产公司找到一份售楼小姐的工作。

今天若兰要去拜访最近联系的一个重要客户——杨姐。按照杨姐在电话里给的地址，若兰找到了孔雀宫。天热无风，马路上飘过来的汽车尾气凝结在半空中，让人感觉不到风景。她站在复式排屋前，看一眼门牌号码“201”。

她按了门铃，几分钟以后，有人开门。不是那个身材圆滚滚的、眉毛总是描得细细的杨姐，而是一位气宇不凡的中年男人。她愣了一下，那人也愣了一下。

“您是杨姐的先生吗？杨姐约我来的。”若兰感觉到不对劲儿，硬着头皮说。

那人面无表情地摇摇头。

若兰忽然明白过来，她走错路了。杨姐说的一定是位于城南的孔雀花园，而她一听“孔雀”，就想当然地以为是本市有名的位于玉泉河畔的孔雀宫了。她怎么会犯这种低级错误？一定是最近为了省钱，一天吃两顿阳春面，吃傻了。

若兰很窘，小声说：“对不起，打扰了，我走错了”，她刚要离开，微风吹拂，她的裙子飞起来，还有丝巾，上面的流苏一下子缠上了那人的西装纽扣。若兰慌忙去解，偏偏那浅蓝色的流苏和扣子纠缠不清。若兰更窘了，她的脸一下子就红了，一直红到耳朵根。

齐振江心里柔柔的一动。在他的视线中，这个女孩有天使一样的脸庞，长了一双秀气的耳朵，耳廓耳垂薄薄的，一抹夕阳透过，呈现一种透明的粉红。他有一阵迷惑，这样一个可人儿是从哪里来的？她走错路了吗？不，她是从一部童话中某个千年城堡里跑出来的公主。他齐振江说她是，她就是。

“你找那个杨姐有什么事？”他忽然问。

若兰掠一下额前的长发，开始干巴巴地重复“交通便利”“南北通透”“精装修”“拎包入住”一类售房的广告语，她刚说了几句，齐振江一摆手，说“走吧”，大步流星走了。

若兰没反应过来，傻傻地站在原地。

他好像长了后眼，冲她挥手说：“快走啊，你与其找那个不靠谱的杨姐，不如跟我推销你的楼盘，因为我正准备趁现在房地产市场低迷时做些投资，我叫齐振江，记住我的名字，因为我很可能是你的一个大客户。你的主管没有教过你如何维护客户吗？”

齐振江开动宝马X5，让若兰上车，他戴着墨镜，脸上看不出什么表情。若兰问他去哪儿，他没搭茬儿，若兰只好识趣的闭嘴。X市的风景在车窗外一闪一闪地掠过，若兰好像免费看了一部彩色宽银幕的纪录片。片子中呈现的，是林立的高楼、浩荡的车流、形形色色的人、俊男靓女笑得假假的巨幅广告牌。齐振江打开音乐，一首挺怀旧的英文情歌响起，歌声沉着而干净，听着很近，渐渐就飘到了远方。

车停在一家餐馆门前。他要请她吃饭？为什么？若兰来不及多想，跟着他走进去。侍者热情地过来招呼，“齐主任，里面请”，把他们领进了最里面的一个小房间。房间里摆放着胡桃木色的餐桌和餐椅，布置着许多绿色植物，旁边的落地窗能清楚地看见夕阳下火树银花的街景。

菜很快就上齐了，四菜一汤，每样菜都精致考究，特别是盛菜用的瓷器和饭碗，异常晶莹剔透。其中一道芙蓉鱼是这里的招牌菜，用西红柿和鳜鱼搭配出来的效果，是毛泽东《沁园春·雪》，“看红妆素裹，分外妖娆”。可是这道芙蓉鱼，若兰却没有动筷子。齐振江向她推荐，她摇头说：“我从小就不吃鱼，我婆婆也不吃鱼。”

“你婆婆？”

“我婆婆其实是我的太外婆，我从小就这样叫。”

“你和你婆婆一起生活？你的父母——”

“我父母，从我记事起，我没有见过他们。”

她是一个孤女。齐振江的心隐隐地疼。

到目前为止，她和他基本上还是陌生人，为了饭桌上不至于冷场，若兰只好制造话题，讲讲读书时代的段子，“我有一个学姐，是那种很知性的美女，她说话基本随口就是名言，有一次她语重心长地告诉我：我们无法拉伸生命的长度，但是我们可以拓展生命的宽度。这句话够深奥吧？我正努力体会呢，她打着手势给我解释，这句话的意思就是——”

若兰顿了一下，顽皮地眨眨眼，嘴角有隐隐的笑意，说：“虽然我们无法再长高了，但是我们还可以继续长胖。”

齐振江哈哈大笑。

“你也会笑啊，我还以为你不会笑呢。”若兰调侃道。

“我的样子很严肃吗？”齐振江摸摸自己的下巴，若有所思。

“是啊，感觉你的神经好像一直都紧绷着。”

若兰对上他的眼睛，她发现，这个男人有一双充满睿智的眼睛，有柔有刚，她能想象得出，在这样的眼神里，不知多少个女人香消玉殒，化成了空气。

那是一顿美味又愉快的晚餐，吃完饭齐振江很绅士地把若兰送回住处。

若兰要下车时，齐振江忽然说：“其实今天下午我本来要去儿子的十九中学参加家长会的，我儿子学习很棒的，儿子的老师安排我给家长们分享教育经验，我还认认真真地准备了一张发言稿。没想到早晨接到通知，说北京的刘主任要来市里考察工作，刘主任是主任，我也是主任，可刘主任那个主任比我这个主任大了好几级。刘主任来X市，对我来说是一次难得的机会，我当然要把握这次机会，让刘主任吃好、喝好、玩好，让他乘兴而来、满意而归，总而言之，让他不虚此行。所以我只好让我太太去参加家长会了，好在发言稿我都弄好了，她照着念念问题也不大。更没想到的是，我又遇见了你，我突然改变主意，我要和你一起吃晚餐，至于刘主任嘛，就把陪刘主任吃饭的机会让给别人吧，反正别人也急不可待地想要表现一下呢。有人说，人生就像吃巧克力，你永远不知道下一刻拿到的巧克力是什么味道的，现在我知道了，今天为我预备的巧克力的味道是——”

若兰又用眼神表达一个问号。

“四个字：秀色可餐。”齐振江说完笑了，他的笑容透着一丝神秘。

三天以后，一位先生到售楼处指名要找于若兰。他自称姓赵，看上去三十出头，戴一副黑框眼镜，很干练的样子，他让若兰给他推荐一套楼，若兰随口说十七号楼二单元四零二呗。赵先生很认真地问若兰，如果是你自己买，会选这套楼吗？若兰也就很认真地答，当然，在X市拥有这样一套楼是我的一个梦，可惜我没钱，梦只能是梦，不过人生总该有梦想，万一实现了呢？

赵先生当场交纳全款，买下若兰推荐的那套楼。他那份轻描淡写的从容，好像买的不是多少人倾尽一生积蓄才换来的金贵的房子，而是在早市上买了一棵大白菜。

这一笔交易对若兰来说真可谓雪中送炭，她拿到了一笔可观的业务提成。她第一时间把这天上掉馅饼的利好消息告诉蔡远，两人约定周末在“老地方”见面，庆祝一下。“老地方”是蔡远那所大学附近的一家小餐馆，若兰爱吃那里的焦糖布丁。

周末，若兰刚要出门赴约，手机响起悦耳的铃声。赵先生来电，请若兰务必到他的新房子来一趟。若兰感觉到赵先生的语气有些焦急，没问什么事，爽快地答应了。

按门铃，赵先生来开门。他带她走进客厅，她一眼看见堂而皇之坐在沙发上的齐振江。

“齐主任，我还有点事，我先走了。”赵先生说。

“去吧，忙你的去。”齐振江吐一个烟圈，说。

赵先生对若兰询问的眼神视而不见，只是礼节性地点下头，没有一个字的解释，出门走了。

门被轻轻关上，若兰忽然意识到房间里现在只剩自己和齐振江两人了。她张了张嘴，不知道该说什么。奇怪，好像她每次见到齐振江，都是在一种匪夷所思的情景中。

齐振江又吸一口烟，说：“你觉得很奇怪吧？其实一点不奇怪。小赵并不是这所房子的主人，他是替我买的，因为我不方便出面。你不信？你看，房产证就在这儿，货真价实。”

若兰这才注意到茶几上摆着房产证，她拿起来扫一眼，房屋所有人一栏赫然写着齐振江。

齐振江又说："不过这房子的主人马上不是我了，你猜是谁？"

"谁？"

"是你，于若兰。"齐振江说着，变魔术似的从公文包里拿出一份《赠予协议》，并排放在房产证旁边。"我已经在协议上签字，我把我名下这套房子赠予你了。不用担心，这不是什么陷阱，协议条款写的很清楚，白纸黑字，你只有权利，没有任何义务。"

房产证、赠予协议，几分钟之内一套房子三易其主，这简直就是要把人砸晕的节奏。

齐振江凝视她，现在若兰确信这人已经掌握了江湖中传说的"读心术"，他轻笑，"怎么？有点晕。其实我名下有很多套房产，你想象不到的数目，除了X市，北京、上海、广州、三亚都有，所以这不算什么事儿。你说过人生总该有梦想，万一实现了呢，现在咱就把万一实现变成马上实现，这算不算一件挺浪漫的事？人生到了我这个年纪，能干点跟浪漫沾边的事的机会已经不多了。"说到最后，他的语气中竟有一丝落寞。

于若兰的星座是双鱼座，她的头脑中好像出现两条小鱼，一条小鱼吐着气泡，警告她要当机立断，拒绝这个从天而降的大礼包，齐振江是个危险人物，这一点是显而易见的，齐振江有妻子，还有一个正在读初中的儿子，这一点她也是知情的，无需自欺，如果她今天接受了诱惑，就意味着准备要迈向万众鄙夷的小三儿的行列，她的好姐妹，以前一起做售楼小姐的朱娜半年前被一个台商包养了，做了台商笼子里的金丝雀，难道若兰要步朱娜的后尘？另一条小鱼也吐着气泡，理直气壮地反驳，万众鄙夷又如何？自甘堕落又如何？你可以将励志的口号倒背如流，可事实是你漂在这座城市已经很累很累了，你还能挣扎多久？你还能支撑多久？在你的潜意识里，难道不是已经开始动摇？罢、罢、罢，抓住这个堕落的机会，先收下礼包再说，机会并不是天天都有的。

齐振江闲闲地问：“你的小男朋友还好吧？”

若兰用那双会说话的眼睛抛出一个问号，你怎么知道我有男朋友？

齐振江一笑，“上次吃饭的时候，你告诉我的，你忘了吗？”

若兰在记忆系统中紧张搜索，却完全想不起来上次吃饭时自己说了多少该说的或者不该说的话。她有点泄气，正像有人调侃的那样，像她这样糊里糊涂的妞，在电视剧里活不过第二集。

齐晨江说：“房子是你的了，你可以和你男朋友安居乐业，我不会再出现，就像我从来没有在你的世界里出现一样；你也可以把房子卖了，按照现在流行的说法，他带上你，你带上钱，你们来一场说走就走的旅行，去爱琴海、去巴厘岛、去维也纳、去马尔代夫，”他顿了一下，口气中竟不自觉地有了一种央求的意味，“但是现在，你能陪我一会儿吗？就一会儿。”

若兰僵在那里。

齐振江不再年轻，长得也不算帅，但他看上去却是帅的，他的帅是整体感觉，他的仪态，他的着装，甚至包括他锃光发亮的皮鞋，他们相辅相成，缺一不可。她察觉到他那双细长的眼睛里有一丝软弱水草般的掠过，她能够捕捉它。多年以后，她总是回想起那一刻，她深信是那一丝软弱最终打动了她。她的脑子里嗡嗡作响，像是被催眠一样向前一步，她的膝盖抵到了他的膝盖，他稍微一动，她就坐到他大腿上了。他把她抱在怀里，他的呼吸他的温度他的气味就这样不依不饶地侵袭了她。

他吻住了她敏感的透明的粉茸茸的耳朵，说："知道吗，你的耳朵天生是用来亲吻的。"

很多很多年以前，一个叫于默的男人对一个叫于渌波的女人说："知道吗，你的嘴唇天生是用来亲吻的。"相同的句式。

意乱情迷的时刻，于若兰想起了蔡远。此时蔡远已经到了"老地方"，点好了焦糖布丁和她最欢吃的菜眼巴巴地等着她吧。

从十六岁那个夏天，她和他在一起以来，这是她第一次放了他的鸽子。

对不起，蔡远。

五

夜半时分，于婆婆又被惊醒。

楼上传来一阵比一阵激烈的争吵声，哭声骂声中夹杂着"股票""借钱""挣钱""赔钱"几个词，其他的就听不清了。楼上小夫妻于婆婆见过几次，在楼道里碰上了也打招呼。他们不是房主，是租客，男人开出租车，女人在超市当收银员，收入都不高。两人都不过三十出头，女人一脸哀怨，眼角皱纹累累，看上去像个痨病鬼，男人头发稀疏，一脸暮气。这一对怨偶能走到一起，两人应该是有过真心相爱、海誓山盟的时刻吧？怎奈，郎耕田来奴织布的甜蜜到底维持不了多久，贫寒的生活能摧毁一切，容颜、青春、爱情、尊严，到头来，干干净净，什么也剩不下！

于婆婆摸索着坐起来，脑子乱乱的，迷迷糊糊，胸口闷，几近窒息，天旋地转……

她摸索着下了床，小心地走几步，伸出手去，在藤椅旁的小柜子里找出一瓶药。手抖得厉害，吞进去两片，大口呼吸，慢慢喘息。她小声念，阿弥陀佛，阿弥陀佛，阿弥陀佛，阿弥陀佛。

于婆婆渐渐缓过劲来，全身绵软。

忽然，她怔住了。她见到半幅绣品。那是从中间被剪开的半幅绣品——春蚕吐尽一生丝，莫教容易裁罗绮。无端剪破，仙鸾彩凤，分作两般衣。

绣品在暗夜中闪着素缎的柔光，上面的于默神采奕奕，目光深情，穿着几乎没有皱褶的戎装，戴着军帽，腰间荷枪，胸前佩满勋章。她用青筋裸露的手摩挲这半幅绣品，摩挲那绣上去的三个娟秀的小字：长相守。绣品看上去还是崭新的，好像昨天才刚刚绣好，谁料它被收藏在这小柜子里，倏忽近八十年了。

良久，如梦初醒，她又把半幅《长相守》收进柜底，石沉大海似的。

往事纷至沓来。

一九三六年，国家正值多事之秋，局势很不稳定，于默军务繁忙，家里很少见到他的影踪。

某一天，渌波找出一块白绫，在房间里支起了绣花绷。绫面展开了，就像月光下无风无浪的水面。一根蛛丝一般的线，她用绣花针的针尖一点，辟成三根或者四根，织得成蝉衣。一双水葱似的手擎着针，引上线，埋头往绫面一送针，底下的手接住，递回去，绣了一针，来回几番，绫面上波澜不惊，再有几番，绰绰约约，一朵睡莲出来了。

睡在摇篮里的采萍不知什么时候醒了，盯着五彩的丝线，亮晶晶的眼睛里含着欢欣。渌波停了针，抱起女儿来，逗她，“采萍乖，等爸爸过生日那天，妈妈把这幅绣品绣好了送给他，是不是一个大惊喜？采萍说好不好？好不好？”

古英格兰有一首著名的歌谣：“少了一枚铁钉，掉了一只马掌，掉了一只马掌，丢了一匹战马，丢了一匹战马，败了一场战役，败了一场战役，丢了一个国家。”据说这是发生在英国查理三世时的故事。无独有偶，于默的人生轨迹发生重大的转折，只是缘于一根小小的鱼刺。

郑司令为他最宠爱的九姨太过生日，宴请不少官绅政要。于默也参加了宴会，宴席上有一道水煮鱼味道正宗，颇为美味，事实上因为渌波不吃鱼，也见不得杀鱼，于默吩咐家里从此不做鱼，因此他有一阵子没尝到鱼肉了，正是由于这一层隐情更增加了水煮鱼的鲜美。可是于默刚吃了几块，一根细刺就扎进了下面大牙的牙龈里，他用牙签挑了挑，没有挑出来。刺太细了，一会儿就没有了疼痛感。于默继续吃鱼，一边推杯换盏、指点江山、高谈阔论。

过了两天，他感觉牙龈里有些胀疼，但没放在心上。一周后，越来越疼了，他不得不去找詹姆斯医生。詹姆斯医生说牙已松动，牙龈坏死，必须拔了，不然整口牙都会松动的。于默从来没有想过会发生这样的事，牙拔了，他的心情很不好。

晚上，于默换下军装，着一袭灰地素净长袍上了街。街上行人很少，他心事重重地走着，听见有人说“看戏去吧，今晚花戏楼的压轴大戏是霸王别姬，黄老板演的虞姬，过瘾！”于默心里一动，叫了辆黄包车，去了花戏楼。花戏楼门前华灯初上，兀自辉煌，兀自映照着门楼上那一副字迹遒劲的楹联：一曲阳春唤醒今古梦，两般面孔演尽忠奸情。

池座子人头涌动，卖零嘴的、卖烟卷的、递送热毛巾的、提壶冲水的穿梭其中。

于默包了厢座，一个服务员给沏了八宝茶，他没工夫喝，只被戏台上的人吸引着。

霸王末路了:“力拔山兮气盖世,时不利兮骓不逝;骓不逝兮可奈何，虞兮虞兮奈若何！”

虞姬念白：“大王慷慨悲歌,令人泪下。”伸出兰花指，作拭泪、弹泪之姿，末了便是：“待妾身曼舞一回，聊以解忧如何？”

霸王答道：“如此说来，有劳妃子——”

虞姬强颜一笑，慢慢后退，再来时，斗篷已脱，一身鱼鳞甲，边唱二六，边舞动双剑。“劝君王饮酒听虞歌，解君烦闷舞婆娑。嬴秦无道把江山破，英雄四路起干戈。自古常言不欺我，成败兴亡一刹那。宽心饮酒宝帐坐！”

一个濒死的女人，尽情取悦一个濒死的男人。

于默看得如痴如醉，以手中折扇敲击，配合板子。

有人窃议：“这小娘是谁？不是黄老板。”“对，不是黄老板，戏园子贴的演员名单上清清楚楚写着黄老板，这不是骗人吗？”“这小娘演的虞姬还真不错，比起黄老板来一点儿不逊色。”“他们骗人，换了演员，找班主出来说话。”

“好！好！”于默气定神闲、中气十足地叫了两声好。有人认出他来，“咦，那不是于少爷？”众人附和：“好！好！”台下一片彩声。台上的霸王靠的是四梁八柱、铿锵鼓乐、唱造念打，令角色栩栩如生，而台下这位于少爷有背景有实力，谁都不敢得罪，也就等于是霸王了。

碧云演的虞姬在涮剑，她的目光飘到了于默身上，于默也正注视着她。四目相对，于默薄薄的嘴唇上掠过一抹笑意。另一个故事开始了，于默和碧云的故事。这个故事更像一场旖旎的春梦，于默有意放纵自己在这梦里渐渐沉沦，屏蔽了他无法改变的敌强我弱的现实，屏蔽了他无法面对的国土沦丧的耻辱，也屏蔽了他对另一个女人刻骨铭心的爱。

蝉鸣雀静的午后，渌波针走如飞地刺绣，她的心却如同颤颤巍巍的风中芭蕉叶，找不到一个落脚的地方。一不小心，针狠狠扎进手指上，涌出颗圆滚滚的血珠子，也不觉得疼，心中琢磨着倒可以就着这血珠子绣一朵含苞的莲。

她的眼前似有两个人影在不停地晃动。那男子是于默，但他穿的不是军装，而是一身戏装，他什么时候开始玩票？她竟一无所知。一双纤纤玉手伸过来，细细地给他勾脸，那么温柔地。那双手的主人，穿一袭流光溢彩的鱼鳞甲的女子，转过脸来，十分诡异地，那张脸是空白的，没有五官，没有表情，没有悲喜。

那个陌生的于默在念：“妃子啊，四面俱是楚国歌声，莫非刘邦他已得楚地不成？孤大势去亦！”

那空白脸的女子一边唱，一边造，身姿翩然。

“汉军已略地，

四面楚歌声。

君王意气尽，

贱妾何聊生……”

于默生日的前一天，渌波绣完了“守”字的最后一针，这幅《长相守》的绣品完工了。

李妈恰好进来，本来她只当二姨太是闲极无聊绣着玩儿的，此时看见这幅绣品，不由自主地走近细看。只见月白色的素缎绣布上，于默眉目英挺，神采奕奕，穿着几乎没有皱褶的戎装，戴着军帽，腰间荷枪，胸前佩满勋章。他用柔情似水的目光凝视着身边的渌波，渌波穿一袭浅藕荷色华贵的旗袍，手执一把纨扇掩着嘴笑，端的是百媚横生，顾盼生姿。一对宝蓝色的蝴蝶在他们身边飞旋，身后是一泓碧水，水边荷叶田田，荷叶上的雨露鲜活无比，朵朵莲花盛开，嫣然摇动，冷香飞上诗句。这哪里是针线女红，分明是神仙点化。李妈惊叹连连，问：“这是人绣出来的吗？”

李妈不过随口一问，言其出神入化。渌波却被问得一愣，难道李妈火眼金睛，已经发觉她原是鲛人，是人中异类？无可奈何道：“你说呢？”

李妈说：“不是人，是仙。就像住在广寒宫里的嫦娥、下嫁董永的七仙女，您呀，是个仙女。”说着自己也笑起来。

渌波才知道她在说笑，放下心来。李妈又说：“这幅绣品是送给少爷的贺礼吧？您真是有心了，少爷见了不定喜欢成什么样儿呢。”

世事难料，这幅完整的《长相守》，于默却无缘一见。

六

这天早上，雾很大，空中到处弥漫着水汽。于婆婆走在去往菜市场的路上，看着两边朦胧的街道，突然觉得有些不解。这是一座生长了三千多年的古镇，让于婆婆不解的是，以往感觉它并不向外生长，而是向内生长，灰色的建筑、苍劲的黑枝老树，凹凸不平的砖街石路、窄而弯转的商业街市，镇子的轮廓似乎永远长不大。就如一把上等的紫砂茶壶，经过几十年上万人上百万壶名茶的浸泡，茶渍不断向内生长，留下来的空间越来越小，近乎于长实了。而最近几年，突然变了，像被炸开了一样，枝枝杈杈向四周疯狂地生长开了。到处是在建的楼盘、售楼的广告牌，于婆婆住的这条街上，很多熟悉的老店铺，不管开在何年，有怎样的传统，现在都有一个刷在店门墙上的大黑圆圈圈着的“拆”字。走着走着，拆、拆、拆……于婆婆的眼睛里，蹿跳滚动的似乎只有那个带圈的“拆”字了。

听消息灵通的居会会的张大妈说，于婆婆住的那栋老式楼房也已列入拆迁规划，听说拆了以后，原来那片地上要建一家现代化的综合商场（若兰所谓的这镇上连一家麦当劳都没有的情形，即将成为历史）。不过到了于婆婆这个年纪，对于拆或者不拆，建以及建什么，已经没有操心的必要了。

回来的时候，在楼下遇见张大妈。张大妈五十多岁，白白胖胖（脸上几片老人斑可以忽略不计），看上去像刚出笼的撒了葱花的花卷。“老寿星，买菜去了？您这身子骨，啧啧，真是福气。我爸还没您高寿呢，前两天又感冒了，现在还在医院打点滴呢。”张大妈这话匣子一打开，基本没有对方插话的机会，这是她聊天的一贯风格。今天天气预报有雨，出门别忘了带雨伞，其实天气预报多半不准；今天早晨她家的小狗贝贝又和刘大妈家的小狗宝宝互相咬起来，好像前世的冤家；昨天在大世界批发市场遇到以前一个厂子的同事，小样，装了一副假牙就绷起脸来不认人了；前天“好邻居”超市的日用品打折，搞促销；老年人还是要注重养身，湖南卫视新开了一档养身节目；她昨夜在梦里又减掉五斤肥膘肉，等等，等等。

话题最后转到股市上，张大妈顾不得于婆婆懂不懂，两眼兴奋地放着光，说：“最近股市可是大牛市，傻子进去都能赚个盆满钵满，随便买一支股票都翻着番儿地涨。”

好像是为了呼应张大妈这句话，或者是给张大妈这句话做独特的注脚，在接下来的一秒钟，一个男人突然掉落下来。于婆婆清楚地看见那个男人的脸，像突然伸过来的手一样出现在她们面前。他的眼睛大睁着，空白的眼睛。

男人没有任何声音地随着迅疾的风速下滑，撞击在前面人们跳广场舞的宽敞空地上。就像一只沉重的米袋子。他那头发稀疏的脑壳爆裂，白色的红色的液体混杂在一起飞溅。

“阿弥陀佛，阿弥陀佛，阿弥陀佛”，于婆婆叨念。她认出来，死者是住她楼上的男人。以后她不会再在深夜听到争吵的声音。世间所有的嘈杂终将归于无声，归于寂静，永恒的寂静。

雨淅淅沥沥地下起来。张大妈报了警，警察封锁现场，众人围观。一具破碎的尸体被装进黑色塑料袋里拖走了。

悲剧发生之后，一条贴子迅速疯传网络，贴吧信息显示，坠楼男子姓丁，35 岁，湖北人，平时喜欢炒股，丁师傅生前将准备购房的家里的全部积蓄 20 万元，全仓了一只股票，开始两天有 20% 的收益，丁师傅尝到甜头，又向亲友借了 40 万元补仓，此后连续三天该股票三个跌停，至此丁师傅基本已经赔到倾家荡产，他的承受力已接近崩溃，他妻子和他大吵一架后意外发生了，他一纵身跳出了红尘万丈。据知情人透露，丁师傅在跳楼前给妻子留下一封信：“炒股本来就是变相的赌博，愿赌服输，我没有埋怨谁，只怪自己太贪心。这一生我能娶到你，是我最幸运的事，却是你的不幸，因为我没有能力让你过上一天好日子。如果有来生，如果你又遇见我，记着假装不认识，与我擦肩而过，因为只要相见，就会相知、相恋和受伤！”

现代生活日新月异，新闻旧闻不断，这则新闻像所有新闻一样，渐渐淡出。

夜晚，月色如水，于婆婆陷入沉思。思维似沙漏中的沙，自一个细小的孔道缓缓钻进过往的岁月。

于默三十岁生日那天，渌波在一家人围坐的饭桌上第一次见到了碧云。于默郑重其事地咳嗽一声，说："大家认识一下，这是碧云，昨晚我们已在望月楼举办了婚宴，碧云过了门，以后就是三姨太。"说着用眼风示意碧云，碧云端着一杯茶笑盈盈地站起来，面向渌波说："姐姐，我年轻不懂事，以后有什么事做得不对，姐姐还要多教教我。"

渌波盯着碧云看了足有十秒钟，黛眉、水眸、朱唇，配上那凝脂一样的肌肤，好一个倾城倾国、似桂如兰的女子。无数次在她意识中浮现的那个没有脸的虞姬现在有了一张美丽绝伦的脸，活生生地出现在她面前，毋庸置疑地走进了她的生活。她睃巡着桌子，桌子上摆满了精致丰盛的菜肴，正中央赫然是一盘红烧鲈鱼，那黑褐色的圆凸的死鱼眼仿佛也在瞪着她，悲伤而麻木地。渌波的心像被狠狠扎了一下，她接过碧云敬的茶，突然手一抖，一杯热茶全倒在碧云的手上，碧云"啊"地惊叫一声，那双玉白的手沾满残茶，微微泛红，样子十分狼狈。

渌波死死地看着于默，很快眼眸里闪烁着水晶一样的光泽，"你说过永不负我的，既然说了，为什么做不到？为什么又让这个女人进门？"

"你太过分了！都是我平日把你宠坏了。"于默厉声说。他坐在那里，表情漠然，眼神却无比锐利，她忽然感到他是那么疏远、陌生。

她粲然一笑，竟然艳丽得不可方物，"世人皆负心，永远也不要说永远！"

采萍哇地一声大哭起来，渌波从李妈怀里抱过女儿，头也不回地跑回自己的房间。

那日以后，于渌波再不同于默说一句话。

静夜，小采萍已熟睡了。隔了双面蝶绣，只见渌波披散着长发，在房间里走过来、走过去。

迟迟钟鼓初长夜，

耿耿星河欲曙天。

几声悠长清亮的唱腔随着夜风飘送过来，“汉军已略地，四面楚歌声。君王意气尽，贱妾何聊生……”屏息再听，却只有一片空寂。

西窗又吹暗雨，愤恨、嫉妒、孤独、忧伤、怅惘、绝望、委屈、寂寞，种种情绪充满了她的身体，她好像是一只快要爆炸的圆球，她觉得必须马上找到一个发泄口才能阻止这个圆球的爆炸。她拉开抽屉，一支枪躺在那里，那是于默送给她防身用的。她把那支德国造的小左轮拿出来，紧紧地攥着，再把一粒花生米大小的子弹装进弹槽，然后将弹槽滚儿旋转了几圈。渌波举起了枪，想象着子弹穿透那个贱女人的脑袋，她会不会一枪毙命。在那个女人生命的最后一瞬，她会发出“啊”还是“呀”的哀鸣？那哀鸣会不会像她平日的唱腔一样悦耳动听，抑或更为悦耳动听？

猛一抬头，渌波在紫红色镶贝梳妆台的镜子里看到一张陌生的脸：长发凌乱，脸色蜡黄，眼圈发黑，眼角已经有了清晰细密的皱纹，一簇妒恨的邪恶的疯狂的火焰正在她的眼睛里燃烧着。她下意识地摸摸自己干燥的脸颊，以前于默喜欢叫她小水妖，喜欢摸她的脸，夸她的皮肤拧得出水来。小水妖？这个昵称现在似乎成了一种讽刺。原来，她已经不再是从玉泉河上岸的那个迷人的渌波；原来，这短短三年的时间里，她已经耗尽了她的美丽。镜子里这个满脸戾气、妒火中烧的疯女人是她于渌波？她怎么能允许自己变成这样？太可怕了！她全身的每一个细胞刹那间发生了一种骇异的震颤，细细密密的骇异，从脚尖到头顶，啮噬着她的肉体，酷似无法抵制的寒冷。

偌大的房间正在变成一片冰冷的海，而她是一条快要冻僵的鱼。

第二天清晨，鸟儿在窗外叫出一片平和与宁静。于默穿一身丝绸衫裤，兴致勃勃地为碧云画眉——深画眉，浅画眉，蝉鬓鬅鬙云满衣，阳台行雨回。没有战火，没有硝烟，没有侵略，没有敌人的屠刀，没有菜色的饥民，没有满目疮痍的家园，没有同胞累累的尸骨，没有惨淡的人生，没有力挽狂澜的使命，于默心无旁骛地沉沦，在他自己营造的小小的温柔乡里沉沦。

李妈慌慌张张跑进来，说："二姨太不见了，小小姐也不见了，家里我都找遍了，哪儿都不见人影。"

眉笔"啪"地一声掉在地上。于默呆住，如遭雷打。

他骑着白马（对，三年前他也是骑这匹白马，带着渌波到西郊的草地上放风筝），一路飞驰如电，赶到玉泉河边。不再是翻空白鸟时时见，不再是照水红蕖细细香。盛开了一个夏季的荷花早已凋谢，映入他眼帘的是横七竖八的残荷败叶——还与韶光共憔悴，不堪看。于默就对着这一片残荷，声嘶力竭地喊："渌波，渌波，渌波——"

一阵秋风卷着什么东西刮过来，于默下意识地伸手一抓，触手柔滑，像是一块手帕，展开看，竟是半幅绣品，边缘有凌乱的丝线，显然被人从中间剪断了。月白色的素缎绣布上，一个女子穿一袭浅藕荷色华贵的旗袍，手执一把纨扇掩着嘴笑，端的是百媚横生，顾盼生姿。纨扇，纨扇——人生若只如初见，何事秋风悲画扇？等闲变却故人心，却道故人心易变！那女子正是他的渌波。他看得痴了，觉得缎布上绣的渌波像活的一样，他甚至听见她银铃般的毫无心机的笑声，嗅到她独有的兰草般幽香的气息。

这个女人，三年前他在玉泉河边把她“捡”回家，如今她像河里的一条鱼一样一甩尾便消失无踪了。

这个女人，他给了她一个姓，给了她一个美丽的名字，他却没能给她曾经承诺的地老天荒地坚守。

这个女人，在他彻底失去她的这一刻，他才发现，原来他爱她爱得那么深，深到灵魂的最深处。

晚了，太晚了！白马长嘶一声，于默嘴一张，一大口鲜血像越狱一样喷薄而出，紧接着他像电影里的慢镜头一样缓缓地倒在地上。

后来，于默昏迷了三天三夜，碧云衣不解带地伺候他。再后来，他终于苏醒，整个人却像丢了魂儿一样。“小水妖，你把我的魂儿都勾走了”，当初一句戏语，谁料一语成谶。她走了，也摄走了他的魂魄，一个没有魂儿的人要如何捱过此后漫长的人生路？

数月后，日本人的铁蹄逼近X城。郑司令的专车驶过动荡的街头，郑司令无意中往车窗外一瞥，在人群中发现一个似曾相识的身影，他犹豫一下，让司机停车。郑司令下了车，走到那人身边，上下打量，有点不确定地问：“于默，你是于默，你怎么在这儿？”于默喃喃：“我找人呢，别耽误我找人。”他满身酒气，目光呆滞，衣衫不整，两鬓已染微霜，和郑司令印象深刻的一直欣赏和看重的那个儒雅机敏的于默判若两人。郑司令一怔，卫兵凑到他耳边，把于默的事向他简要汇报了，郑司令惋惜地目送又跌跌撞撞钻进人群中“找人”的于默的背影，长叹一声，说：“我也听说于默成了个废人，可我还不相信，以为是流言蜚语、以讹传讹，谁料，唉，红颜祸水，红颜祸水啊！”大敌当前诸事繁杂，不容郑司令多作逗留，他痛心地摇摇头，上车走了。

于默四十八岁的时候，在台湾病逝。他的父亲、母亲、原配陈氏都在长年战乱和逃亡中相继离世，在他弥留之际守在他身边的只有一个人，就是碧云。那时他们已经一贫如洗，住在一间四面漏风的低矮破旧的房子里。一盏15瓦的电灯昏黄地照着几件简陋的家具，照着多日缠绵病榻的于默。他的面孔如黄蜡制成的骷髅，碧云看着他的喉头艰难地动了一下，痛苦地咽下了最后一口气。她的手颤抖地抚过他冰凉的身体，她整个人比尸体更加冰凉。

她记得，多年前那一场《霸王别姬》，本来轮不到她扮虞姬的，她打小就是配角，唱了十来年的丫鬟，偏偏师姐在开锣前嗓子失了声，她便硬着头皮上了。怨一个人，一辈子似乎都不够；而爱一个人，差不多一眼就够了。那天，她在台上把于默就瞥了一眼，便在心里踏踏实实地爱上了。

她记得，那场戏她得了个满堂红，下了台师姐说：“碧云啊，你出师啦，以后这班子里你是头牌了。”可是她还没来得及过头牌的瘾就嫁给了于默。洞房夜，他用指尖托起她低下去的头，柔声说：“终于娶到你了。”她不知该说什么，眼波四处流转瞟到别的地方，牙齿咬着柔嫩红唇，终于低低“哎”了一声。那一刻，她体验到此生从未有过的幸福。只可惜，像流星划过夜空，刹那美丽，刹那寂灭，属于她的幸福瞬间何其短暂。

她记得，进了于家，她很少见到二姨太，偶尔见了，她不自觉地讨好二姨太，在心底里她骂自己贱，二姨太对她却总是冷冷的。那个女人真是美，早就听说二姨太是美人，见了才发现她比传说中的还要美，但是她的美是那种有杀气的美。她第一次知道，原来美丽可以这样凛冽，这样杀气腾腾，美，可以杀死人！

她记得，二姨太离家的那个清晨，于默发了疯一样掘地三尺地找她。碧云的脑子里就像有一阵飓风吹过，她蓦然发觉，原来她错了，于默是她的霸王，而她却并不是他的虞姬。那个女人走了，那么决绝地走了，她带走了于默的心，留给碧云的只是一具空壳。这场以爱为名的战争里，她赢了？二姨太赢了？或许他们三个都是惨败。岁月荏苒，这些年无论日子过得多么艰难，她从未试过要离开于默，人人都说于默是个废人了，但在她眼里她已经把于默整个定格在他的全盛时期。无论他变成什么样子，他永远是她的霸王，永远。

碧云清晰地预感到带走了于默的死神正在一步步逼近她，她觉得她的一生像纸片一样被渐渐风化，变成碎片。许多往事一齐袭上心头，心如刀绞，泪涌出来，在她浑浊的双眼里转。不记得多少年不曾唱过，现在她又咿咿呀呀地唱了，在这阴冷的夜，在于默的尸体旁。昏暗的灯光下，她的脸色微微发青，酷似一个苍老的苹果。

“汉军已略地，四面楚歌声。君王意气尽，贱妾何聊生……”

一阵剧烈的咳嗽声骤然而起，仿佛从一株朽空了的老树的树洞里发出来的，像哭，又像是在笑。

七

一辆奶白色的保时捷跑车拐了一个弯又拐了一个弯，像条鳗鱼一样在 Y 镇狭窄的街巷里游来游去，最后停在于婆婆家的巷口。焕然一新的于若兰从车上下来。浅蓝色的爱马仕长裙很好地提亮了她的肤色，显得柔和有光泽，细细的腰带和拎包也是同品牌的。玉腕上戴一款百达翡丽的手表。两只细长的白金流苏耳环，衬得下巴更加尖削，女人味十足。除了这身价值不菲的行头，她的身上还多了一种忧郁的气质。

若兰一进门，看见坐在藤椅上的于婆婆，嘴微微张开，好像吃了一惊，半晌才说："婆婆，你的头发，怎么全白了？"

满头银发的婆婆笑容很慈祥，说："傻丫头，婆婆老了，头发到了该白的时候了。自然而然的事儿，哪值得你大惊小怪的？就像冬天树梢上的黄叶一样，该随风飘落了。"

若兰心里一酸，险些掉泪，赶紧转移话题。陪着婆婆聊了一会儿，若兰提议请婆婆到外面选一家上档次的餐馆吃午餐，婆婆却坚持要在家里吃，还说要给若兰做她从小最爱吃的辣子鸡面。拗不过婆婆，若兰打下手，祖孙俩说说笑笑做辣子鸡面。婆婆把辣椒酱用葱姜蒜末在油锅里煸炒一下，再加进切成小丁的鸡块、香菇、豆干，若兰再切一些拌料，鸡蛋丝、黄瓜、豆芽、木耳、花生，搅拌搅拌。

婆婆给若兰盛了一大碗面，"尝尝，是不是以前那个味道？婆婆的手艺没有退步吧？"

若兰暗笑，老小孩老小孩，一点不假，婆婆的神情竟像个渴望获得大人一句半句表扬的孩子。若兰便搛一筷子面，吃一大口，表情夸张地称赞："热辣辣香喷喷，就是这个味，一点都没变。婆婆，你的辣子鸡面一定有独家秘方吧？"

于婆婆的脸笑成了一朵花，"你小时候是个馋丫头，一听辣子鸡面就流口水，可是婆婆不能常给你做，因为一碗面差不多要加小半碗鸡丁呢。”

若兰撇撇嘴，“在所有的肉类里面，鸡肉是最便宜的。”

于婆婆轻叹，“是啊，就是最便宜的鸡肉，咱们当时也吃不起啊。若兰，跟着婆婆，让你受委屈了。”

“不，和婆婆在一起的日子都是阳光灿烂的日子。婆婆从来不打骂我，从来不给我施加压力，比起那些被变态家长和各种比赛各种课外班折磨到崩溃的同学们，我的幸福指数要高太多太多了。”

婆婆笑，“你呀，就是婆婆的开心果。”又怜惜地抚摸着若兰的头发，“像，真像……”

若兰敏感地意识到婆婆接下来可能要提到她的身世，小时候她也问过婆婆别人都有爸爸妈妈、为什么我没有？我妈妈去哪儿了？她什么时候回来？她长什么样儿？婆婆对这个家族的过往却守口如瓶，讳莫如深。

但，踌躇良久，婆婆说：“喜欢吃就多吃点。”

若兰当然失望，不过也有种释然。其实，她猜也猜得到，父母的故事绝对不会有一个幸福美满的结局，否则若兰也不会成为孤女，由年迈的婆婆抚养长大。有些事，不知道也好，眼前许多事、许多人已经够纠结，剪不断、理还乱，又何必再把陈年旧事翻起，徒增烦恼？下次来看婆婆时再细说当初也不迟。是，人生总会有期待，下一次团聚总会在不远的地方等着我们。

后来，若兰想起那顿温馨的午餐。婆婆常说，进家饺子出门面。难道那时婆婆已经预见到若兰即将远行，特意做了辣子鸡面给她送行？

若兰走了，冰箱里塞满了若兰带回来的食品和各种补品，桌子上留下一个鼓鼓的信封，里面是若兰留给婆婆的生活费。

于婆婆在藤椅上坐一会儿，静，听得见时间逝去的汩汩声。走到窗前，推开窗，青天白日，极淡的云丝，就在那云丝间有女子如花的笑脸，渐远，渐远，直至消失。吃饭时她说“像，真像……”，其实想说若兰像她年轻时的妈妈，像她年轻时的外婆，也像年轻时的自己。模样像，神态像，性情也像，都是误入情网中，而尚不自知。

于家代代是女儿，代代女儿都是美人胚子，都在最美的年华里遇见一个错的人，然后像扑火的飞蛾，为爱受苦，为爱心碎。

悲剧一次次重演，还不完的情债，消不尽的业障。愿得一心人，白首不相离？也谁料，春风吹已断，又谁料，朝云飞亦散。天易老，恨难酬。长相厮守的福分似乎注定和于家女儿无缘。

到了若兰这一代，命运又为她安排了怎样的磨难？被鲛神诅咒的家族会有一个什么样的未来？

思绪起伏，于婆婆又想起了蔡远。几天前蔡远打来电话，先是云山雾罩地说了几个笑话，逗得婆婆一个劲地乐，后来他似乎随口一问，“您把若兰新换的手机号给我，行吗？”说完又急忙给自己找台阶，“若兰这丫头，您也知道，经常忘东忘西的，她换了手机号忘记告诉我了。”

婆婆并没有老湖涂，知道若兰不想让蔡远找到她才换了手机号，当然，她并未点破，把新号码给了蔡远。蔡远是个好孩子，忠诚、厚道，如果把若兰托付给蔡远，女萝有托，婆婆也可以了无牵挂地离开这个乌烟瘴气的世界了。只是，缘分岂能强求？有些人恐怕注定是情深、缘浅。

八

蔡远给若兰发了条短信："今天是我的生日，在这个特殊的日子你能和我再见一面吗？只是见一面，请不要拒绝我。我在你家小区马路对面的忘情水茶室二楼等你。"

短信发出去，蔡远在心里骂自己，笨。知道熊是怎么死的吗？笨死的！今天是八月二十，根本不是他的生日，他是腊月的，若兰怎么可能不知道？若兰会不会戳穿他？但是他实在想不到更具说服力的理由了。他的脑子里只有一个念头：他想见她。自从她和他分手以后，他努力过，他咬牙对自己说，蔡远啊蔡远，拿出点姿态来，我可以惯着你，也可以换了你——当然被换的是他自己，那么，至少也可以拿出点姿态来，我可以想着你，也可以忘了你！可是他发现，忘记她，尽管她狠心，尽管她无情，却是这么难。不怕，现代生活丰富多彩，电视、电影、QQ网聊、电脑游戏，转移注意力的方式不胜枚举，当然还有最古老最有效的疗伤大法——借酒浇愁。没有用，他是理科出身，现在却像个中文系毕业生似的多愁善感、焦躁不安，所谓"衣带渐宽终不悔，为伊消得人憔悴"，所谓"夜长争得薄情知，春初早被相思染"，所谓"日日花前长病酒，不辞镜里朱颜瘦"，所谓"求之不得，寤寐思服"，若兰的脸忽隐忽现，若兰的声音忽远忽近，若兰整个地包围了他，他在这被包围中一天比一天更清楚地感知着什么叫相思入骨。

蔡远在二楼选了一个日本风情的包房。茶室本来有小姐表演茶艺的，被蔡远拒绝了，他让小姐把茶具拿来，就让她退下。现在他不想让任何人打扰，只想一个人静静地等。

手机响了一声，若兰回复："你怎么知道我的新地址？怎么知道我的新号码？我们已经分手了，你难道忘了吗？”

“分手”两个字强烈刺激着蔡远的神经，他清晰地感觉到心里锐利的疼痛。你好残忍，若兰！一口气往上冲，他“奋笔疾书”：找到你的新地址和新号码的确有点难，但是也不是不可能，相恋八年的女友一转身就投入别人的怀抱，这个世界上还有什么事不可能发生？

手指点了“发送”，他马上懊悔起来，因为他意识到若兰看了这条短信百分百会生气，她可能不会来了，他把事情搞砸了。想把短信撤回来，已经来不及。他茫然地看着窗外，窗外已是暮色沉沉，一缕叹息似的橘黄色夕光浮在树梢上。

蓦然想起去年八月，蔡远、若兰还有蔡远的大学同学费俊尘和林晓红，四人结伴去青海湖旅行。也是这样的黄昏，若兰披着金色的晚霞站在沙滩上，长发束在一起直到腰际，她的侧面像希腊石刻似的秀丽端庄，蔡远弹着吉他，以她为中心绕着她慢慢走、轻轻唱《信仰》，“我那么多遗憾 / 那么多期盼 / 你知道吗 / 我爱你是多么清楚 / 多么坚固的信仰 / 我爱你是多么温暖 / 多么勇敢的力量 / 我不管心多伤 / 不管爱多慌 / 不管别人怎么想 / 爱是一种信仰……”距离他们不远的地方，费俊尘正用借来的傻瓜相机一张接一张给林晓红拍照，林晓红是费俊尘的女神，她一扭腰，秀了个舞蹈姿势，叫“俊尘”，“拍上了吗？要把落日和远山都拍上呀”，俊尘胸有成竹，“对我的技术你还没信心？放心，包你满意！”

包房的门被轻轻推开，蔡远回过神来，看见进来的是于若兰。他闻到栀子花香的香水味。算起来不过三十几日未见，却有种恍如隔世的感觉。

“这里环境幽雅，挺适合聊天，我想，你应该喜欢这样的地方吧？

来，咱们自己动手吧。我不会茶艺，只知牛饮。”蔡远搓搓手，说。

“随便吧。我也只是瞎喝。”若兰坐到蔡远对面的位子上，将沏好的茶倒在小杯子里，慢慢啜着。又横他一眼，“这里消费一次要多少钱，你知道吗？你这个月恐怕只能顿顿吃阳春面了。你这又何必？”

她还是关心他的，蔡远心里一暖，“为你，我顿顿吃方便面也愿意，什么都愿意。”

两个人默默地喝了一会儿茶。蔡远说：“前几天我在QQ上遇见俊尘了，和他聊了几句。”去年他们从青海湖旅行回来不久，费俊尘在深圳谋到一份前景不错的工作，带着林晓红一起去深圳发展了。

“他们过得还好吧？晓红走之前已经有结婚的打算，他俩选定日子了？”

“他俩——也分手了。俊尘说，他那份工作，操的是卖白粉的心，拿的是卖白菜的钱，薪水少不说，还经常加班，没有时间陪晓红。后来晓红在网上结识了一个富二代，那家伙对晓红一见钟情，天天开着宝马送玫瑰，风雨无阻，晓红便顺理成章地选择了富二代。”

“俊尘怎么办？”

蔡远苦笑，说：“俊尘能怎么办？双方实力太悬殊了，俊尘和那富二代怎么比？比豪车？比房子？比存款？比地位？俊尘有哪一项能加分？他只能放手，祝晓红幸福，尽量不让自己输得太狼狈。”

又说：“以前真没看出来，林晓红是这么现实这么虚荣的女人！这要搁过去战争年代，她林晓红肯定是当叛徒的料。不用上刑，不用老虎凳，不用辣椒水，只要香车宝马、真金白银地诱惑，马上就得叛变。”

“我以前也没看出来，你蔡远除了会念书，还会指桑骂槐、拐着弯儿地骂人。你要骂我就直接骂，干嘛借着林晓红说事儿？”若兰狠狠瞪他一眼，没好气地说。

“我没骂你啊，你误会了，我怎么舍得骂你？”蔡远委屈。

若兰沉着脸，啜一口茶，“咱俩分手，对你也有好处。你上次跟我提过，你的导师把他侄女介绍给你，那女孩在你们大学中文系读大三，条件很优秀呢，以后你俩成了，导师跟你就成亲戚了，还能不帮你？如果导师帮你留在大学任教，对你来说也是一条不错的出路，甚至可以说前途一片光明，再说你父母也一直希望你能留校。”

“你说什么呢？我发誓，对那个女孩我从来没有动过心，我只是碍于导师的情面，在咖啡厅和她见了一面，纯粹是敷衍，我连她长什么样子都没有仔细看。若是我真动了心，又怎么会把这件事原原本本告诉你？我心里只有一个你，从我十七岁到现在，从来没有变过。你要我把心掏出来给你看吗？我蔡远是那种三心二意、朝三暮四的人吗？”

“你和那女孩其实挺合适的，你们是属于一个世界的人。不是，蔡远，你有什么可骄傲的？人家哪一点配不上你？”

“这根本不是配得上配不上的问题。你简直就是无理取闹！”

“你刚才还说没骂我，这会儿就骂我无理取闹？我误会你了吗？”

蔡远语塞。从若兰的眼里，他看见她内心的痛苦，那种正在沸腾的、无法压抑的痛苦。八年了，他们在一起八年了，那段生命中最美好的青葱岁月他们彼此拥有，怎么能说分手就分手？争吵吧，彼此深深地伤害吧，最好伤到骨髓里去，也许只有这样才能真正结束一切，真正一刀两断。

蔡远突然伸出手，一把握住若兰握着茶杯把手的那只纤细的手，他的眼里闪烁着泪光，声音有点哽咽，“若兰，别再闹了。我们重新开始，就当什么事也没发生过一样。我决定了，我毕业以后咱们一起回Y镇，我去镇上的高中当老师，我虽然不能给你特别富足的生活，但是我可以给你快乐简单的幸福。我们会结婚，过两年还会有自己的宝宝，我希望是个女孩，如果是女孩一定像你一样漂亮。你婆婆老了，我们守在她身边，一起孝敬她。我妈刚退休，身体还好，一定乐意帮我们带小孩儿……”

“别说了，不可能重新开始，不可能当什么事也没有发生，不可能，”若兰冷冷地打断他，“我，已经不是以前的我。”说出这句话，若兰好像从梦中醒来，她发觉，对齐振江，其实她早已泥足深陷，欲罢不能了。

是，今非昔比，有些事已经改变，不容你视而不见。蔡远注意到若兰戴了一枚米粒大小的钻石戒指，遇到某一角度，便放射出纯粹而耀眼的光芒。不用说，戒指是那个人送给她的。

恰在这时，若兰的手机铃响，是齐振江打来的，他让若兰去玉泉河畔的孔雀宫等他，他正在单位开会，开完会马上过去。若兰答应了。她匆匆和蔡远说声“bye”，拎起包，就要走。

蔡远一把抓住她的胳膊，“别去，别去见那个人。”

他几乎要崩溃，低吼，“为了几个钱就出卖自己的灵魂，你为什么这么傻？”

“放开我”，若兰的声音出奇地平静，“或许我爱上他了。”

嘎的一声，地球停止了转动，陷入了万劫不复的沉静。蔡远的脸色变得煞白。怎么可能？不，他不能放手，绝不能放手！可是他的手已无力地垂下。

若兰飘然离去。

蔡远抱着吉他从忘情水茶室出来，漫无目的地走在车水马龙的街上。不知道走了多久，后来他在路边驻足。他的手指触到吉他弦上，空弦音在指头上绽放，紧接着，冰棱棱的乐曲流淌而出。那是他准备为若兰弹却没有机会弹的曲子。“我那么多遗憾 / 那么多期盼 / 你知道吗 / 我爱你是多么清楚 / 多么坚固的信仰 / 我爱你是多么温暖 / 多么勇敢的力量 / 我不管心多伤 / 不管爱多慌 / 不管别人怎么想 / 爱是一种信仰……”他的歌声嘶哑，有一种不该属于他这个年纪的沧桑。唱完一遍，他又唱第二遍。

他好像又回到那逝去的美好时光。那时候，菖蒲花盛开，他爱的女孩靠在他的肩头，欣赏他为她编的花冠；那时候，青海湖为证，他爱的女孩和他一起在沙滩上奔跑、唱歌，他们的欢笑直冲云霄……那时候，他拥有爱。纯洁无瑕的爱，像天山上的雪莲一样纯洁。

不时有路人停下来，站在一边听一会儿，议论几句，又走了。两个背着双肩包的女孩，一个皮肤白皙，一个稍黑些，看上去像大学生，站在不远处。白女孩问黑女孩：“那人是干什么的？是街头艺术家吗？”

黑女孩摇头：“不知道，看上去不太像。”

白女孩：“他失恋了吗？他的歌声好忧伤。”

黑女孩摇头：“不知道。他弹的吉他真好听。”

黑女孩又轻叹：“他的样子真酷！”

白女孩白她一眼，“你就花痴吧。”

“我爱你是忠于自己 / 忠于爱情的信仰 / 我爱你是来自灵魂 / 来自生命的力量 / 在遥远的地方 / 你是否一样 / 听见我的呼喊……”蔡远弹了十遍《信仰》，弹完第十遍，他把吉他高高抡起，啪啪啪地在马路牙子上敲。

任何事物都是有生命的，吉他也有。蔡远每敲一下，吉他就哭一声。

那哭声那么凄惨，比人哭起来还凄惨。

终于，吉他碎成了一堆碎渣。

蔡远迈开大步，汇入人流，消失在茫茫人海中。

九

夜半，若兰醒来，身边没有齐振江的身影。她身下的大床单此刻像一面风平浪静的港湾。一床柔软的丝绸被子一半拖到地毯上。她贪婪地嗅着他的枕头，上面有残留的他的气息，像夏天树林里的清香，混合着淡淡的烟草味和汗味。这独有的气息让她痴迷眩晕。仔细听听，卫生间里也没有动静，若兰穿着真丝睡裙走出卧室，转到客厅，发现振江正靠在阳台上，面向黑色的夜空，抽着烟。

她静静地站在客厅的黑暗里，看着他。他举起手，将烟送到嘴边，又放下，然后一股轻烟从他头项袅袅升起，逐渐散去。一时间，那背影，透出一种孤寂，一种凄凉。

在他表面的风光下有多少不为人知的疲惫，多少不能说出口的烦恼。他的世界她走不进去。振江，是不是有点累？是不是有点烦？可惜我帮不了你。若兰在心里暗暗对他说。

若兰不想打扰他，想悄悄回卧室去，但齐振江已经听到动静，他转过身，对她疲倦地笑笑，说：“若兰，怎么不睡了？也好，来，陪我坐一会儿。”

孔雀宫这套房子有三百多平米，阳台很大，摆着大理石的小圆桌和两把椅子。振江拉开椅子坐下，若兰走到他身边，小猫一样安静地趴在他腿上。

半晌，若兰突然吐一句："我怀孕了。"

齐振江的神情明显一震，腿都有些抖动。若兰敏感地捕捉到了。她低声说："别担心，我会处理掉的。"

振江的声音提高了，问："为什么？"

"什么为什么？"

"什么叫处理掉？"

"就是……就是我自己会去医院做掉。你不用担心。"

"为什么要做掉？"

若兰愣了，不明白振江是什么意思。

"留下来。"他干脆利落地说。

"你疯啦？我没结婚，没丈夫，没名分，没有准生证，我怎么生孩子？"

齐振江把若兰小心地扶起来，让她坐在他的大腿上，认真地看着她的脸说："你希望我给你婚姻吗，若兰？"

若兰垂下眼，摇着头说："不，我不想因为我的存在而伤害任何人，也不想破坏你的婚姻，真的不想。"说话的时候，她想起不知在哪里看到的一句话：婚姻是爱情的坟墓，更可悲的是，还有小三这个掘墓人。她事实上已经扮演了小三这个不光彩的角色，因此她这句话听上去实在软弱无力。

"可是我想要给你婚姻。不完全因为孩子。即使没有这个孩子，我也在考虑这个问题。我想娶你，想让你做我的小新娘。当然，我现在没有资格向你求婚，所以，我决定要——离婚。"

"离婚？"若兰看着他，将信将疑，"为什么？"

振江把身上的外套给若兰披上，宠溺地刮了一下若兰的鼻子说:“傻瓜，还用问为什么吗？”他的脸上洋溢着一种令她心醉的温柔的笑容，“我爱你，就这么简单。”

他说，刚开始时他自己也不能准确地判断，对若兰的感觉究竟是一种肉欲、一种占有欲、一种征服欲，或者仅仅是一种新鲜感。但是日子一天天过去，他发现自己对若兰的渴望越来越强烈，他就像关在笼子里的野兽向往山林泉水、向往同类、向往自由一样，不可抑制地渴望她年轻干净的身体，渴望她的感情，渴望她的灵魂。他不能再自欺欺人，他必须承认，爱情在他四十多岁的时候来了，虽然来得晚了些，但毕竟来了。这爱情如同火山爆发一般，燃烧的熔岩夹带大量炽热的泥石流，能把一切草木顽石都熔化；又像洪水决了堤，咆哮翻滚，摧枯拉朽，势不可挡。没有人能经历这样的爱情而无动于衷，而保持冷静。

他说，离婚这个决定对他的太太的确不公平，虽然他从来没有爱过这个姿色平平的女人，但两个人风风雨雨这么多年走过来，已经建立了一种血肉相联的亲情。如果能有别的选择，他是绝对不愿意伤害他的太太的。孩子，他和若兰的孩子让他最后下了决心。是的，他决定了，不管付出多大代价，婚是一定要离了。瞻前顾后、优柔寡断、举棋不定，那不是他齐振江做事的风格。对他的太太，他会在经济上尽量去补偿她。只有儿子是他最大的顾虑，儿子可能不理解，不，不是可能，而是肯定不理解，儿子会怨他，甚至会恨他。但他相信将来儿子长大了，儿子也会爱上一个姑娘，到那时儿子终究会理解他、原谅他的。

他说，他其实已经厌倦了现在的官场生涯。从橡胶厂一个普通的技术员一步步爬到现在这个位置，说过多少违心的话、做过多少违心的事、他算计过谁、谁又算计过他、多少次差一点在阴沟里翻船、多少次差一点做了别人成功路上的垫脚石，这些即使用计算器也难以计算清楚。和若兰在一起的每一分每一秒都是那么美好，让他觉得曾经灰暗和虚伪的世界好像又返璞归真了，也让他更加厌倦像签了卖身契一样在其中打滚的官场。官场，TMD，他说，官场的肮脏远远超出局外人的想象。

他抱着若兰，轻吟“蜗角虚名，蝇头微利，算来着甚干忙。事皆前定，谁弱又谁强。且趁闲身未老，须放我、些子疏狂……”

那个夜晚，他的话像大河决堤，语言的洪流不论流到哪里都漫无阻挡，在她充满爱恋的目光中，他卸下了一切伪饰和面具，把自己成熟的或幼稚的、严肃的或荒诞的、深邃的或浅薄的、崇高的或可鄙的、圣洁的或猥亵的，明晰的或模糊的……把肺腑里的东西所有的思想都酣畅地说出来。那简直是一种享受，一种令他颤栗的幸福！

事情就这样决定下来，两周以后齐振江用一贯沉稳的语气告诉若兰，他都安排妥当，若兰去巴黎一家月子中心待产，他留在这边尽快办理离婚手续，一俟这边的事情处理完，就去巴黎和若兰结婚。他要给她一个风光浪漫的婚礼，让她铭记一生的婚礼。

临行前，若兰拨通了婆婆的电话，“婆婆，您最近身体还好吗？”

“是若兰啊。婆婆的身子骨好着呢。”

只是听到婆婆唤一声“若兰”，泪水已从若兰的睫毛下面渗出来，漫洇在脸上。她努力控制着自己的声音，让它没有任何变化，说：“婆婆，我要出一趟门，是和朋友一起去旅行，这段时间不能回去看您了，您自己要保重。”

“旅行？好，去吧。婆婆这里你不用操心。”过一会儿又说：“丫头，记住婆婆的话，人这辈子只有享不了的福，没有受不了的罪。”

若兰有一种感觉，婆婆其实什么都知道，没有什么事能瞒得过婆婆。就像她几年前辍学去打工，开始还谎称在大学读书，但婆婆还是知道了，她没有责备若兰，只是说，既然你已经做出选择，就不要后悔，人活着总要往前看。

若兰觉得一种悲悯从电话那端流过来，白发苍苍的婆婆的悲悯。若兰只得找个借口匆匆挂了电话，她害怕自己忍不住哭出声来。

齐振江把若兰送到X市的天海机场。今天她的脖子袒露着，没有项链和小饰物遮掩的皮肤在阳光下微微发光，蓝色苹果牛仔裤上发白的磨损让她修长的两腿很性感。振江恋恋不舍地凝视她，舍不得把目光从她身上移开。电光石火间，一幕情景在他脑海中清晰地浮现：在孔雀宫的房间里，床如海，无边无际，没有开灯，月光透过窗帘如水银一般洒在若兰的胴体上，她变成一条洁白的银鱼，一条沉默的银鱼，一条慌乱的银鱼，在他轻微的触碰之间，她的肌肤一阵哆嗦……想到这里他心脏的某个地方传来一阵刺痛般的激流。

他在她入关之前，突然又把她拉回来，他紧紧地抱着她，很久很久。他用牙齿轻轻咬着她敏感的透明的粉茸茸的耳朵，悄声说：“一切有我在，你什么都不用管，只管安心养胎。到了那边会有人接你，他们会替我好好照顾你。”

事后想起来，也许那个时候他已经有不好的预感了，他突然有一种被淘空的感觉，所以他紧紧地紧紧地抱着她。他不想让自己空！

飞机滑行起飞，腾空那一刻若兰感到一种无以言表的迷惘。飞机爬升起来又从云层中穿出，这时她的眼前是一片广阔长天，一碧如洗，只有舷窗以远的天际有一抹带状云线被夕阳染成橘黄，无比绚丽。

一行诗句在天际飘过：好风频借力，送我上青云。这是《红楼梦》中薛宝钗咏柳絮词中的一句。她不知道为什么会在此时想到这句诗。这是一个无关紧要的偶然抑或是命运某种神秘的预兆？

十

天气越来越凉了，原来总在窗外的梧桐树上过夜的两只斑鸠也不知去往了何处，青葱的树叶已经完全转为了枯黄，随风坠落堆积在地，于婆婆现在很少出门，大多数时候躺在雕花大床上，听着行人踩在落叶上发出的沙沙的声响。有的落叶堆积在窗台上，被雨水淋湿，再和从窗户上脱落的油漆混合在一起，散发出一种萧瑟的深秋的气息。

一天清晨，张大妈穿身宽松的练功服，提一把长剑，准备到附近的小公园和老姐妹们一起晨练。走到巷口时她看到一个熟悉的背影，是于婆婆。于婆婆随身带一个蓝布兜，像是要出门的样子。她发现于婆婆的背影很有点好看，好像她曾在电视剧中看见的一个女人。

那是张大妈最后一次见到于婆婆。

于婆婆上了开往 X 市的火车。

火车抵达 X 市，已是午后。于婆婆走出火车站，时隔近八十年，她又一次站在这片土地上。这里已换了人间。

于婆婆走到公交车站，向一个模样忠厚的小伙子打听去往玉泉河方向怎么坐车，小伙子告诉她刚开通了 552 路公交车，可以直达玉泉河畔的孔雀宫，但不知道她是不是去那儿，于婆婆想了想，说“好，就去那儿吧。”话音未落，552路车呼啸而至，未等车停稳，自动门就弹开了，里面传来售票员的吆喝声：“快下快上啦！”下车的两个中年人，如旋风一样闪下，而上车的乘客则急行军似的跨进车门。于婆婆在车门关上的前一秒钟挤上车，人群伴着难闻的气味立即夹紧了她，售票员呼吁了好几次：“哪位给这位老人让个座？”一直没人吭声。售票员没办法，把自己的座位让给于婆婆，冲着坐在座位上的人嚷：“小心你们的屁股，别坐出烂疮了！”这下好，有个坐在前排的烫着鸡窝似的爆炸头的姑娘不干了，她指着售票员的鼻子骂：“你骂谁呢？你妈屁股才生烂疮呢！”售票员梗着脖子，说：“我就骂你了，怎么啦！”于婆婆一看她们斗鸡似的掐上了，赶紧起身劝架，说自己身子好，不用坐着，一场“战事”才渐渐平息下来。

于婆婆没有坐到终点站，她提前两站地下了车，想一个人走走。沿着马路慢慢走，行人来来往往，车辆川流不息，满眼是林林总总的森林般密布的高楼大厦。这座城市好像显得很亲切，也很陌生。腿有点酸了，于婆婆笨拙地躲闪车辆，穿过马路，走进一家快餐店，打算吃点东西，歇息片刻。

快餐店隔壁是一家生意火爆的海鲜酒楼。范小三正在后厨忙活着，他从水池里拎起一只甲鱼扔在地上，一只脚便踩了上去。甲鱼立即把头缩进壳里，却露出一双小眼睛，迷茫地看着范小三。范小三伸手抓起一根筷子，用筷子敲打甲鱼的头，大概被打疼了，甲鱼急速地伸出头，张开嘴巴，露出了两排尖利细小的牙齿，一口咬住了筷子。可能是想发泄心中的不满，甲鱼死死地咬住筷子不放，眼睛里流露出几分得意。

范小三等的就是这个机会，他急忙抄起一把菜刀，快速朝甲鱼的头上剁去。甲鱼意识到危险，赶紧把脑袋往进缩，可它却忘了自己嘴巴里还咬着一根筷子，怎么缩也缩不进去，正着急的时候，菜刀已经劈了下来。

范小三连着杀了两只甲鱼，这时一个人撞了进来，手里拎着一个鼓鼓的蛇皮袋，扔在地上。范小三惊呼一声，“老吴，你来的真是时候！这两天生意不错，客人都捡个头大的甲鱼点，眼看水池里没有几只了，我正着急呢，你就给我送来了。放心，有财大家发，兄弟亏待不了你，每斤甲鱼再给你加二十块，好吧？”

老吴咧嘴笑了笑，说：“如今这甲鱼是越来越难钓了，妈的，我花了三天工夫才从玉泉河钓了这一只。”

“只有一只啊？”范小三有些失望。

老吴笑嘻嘻地说：“这可是一只神鳖，你看，我敢肯定你这辈子都没看见过。少说也有四十斤重！”说完打开那只蛇皮袋，倒出了那只神鳖。

后厨所有人的目光刷一下聚焦在“神鳖”身上。只见它大如中号木盆，浑身呈青黑色，背上带有斑纹，脑袋像秤砣一般大，静静地趴在地上，像是睡着了，又像是在打坐入定。

范小三叹：“天啊，真是神鳖！是鳖精！”

又说：“老吴，你真有能耐，鳖精都能钓上来，佩服！佩服！”

在场没有人注意到于婆婆什么时候进来的，直到听见她说：“小师傅，把这只甲鱼卖给我吧。”

范小三想说不行，忽然小腿一阵剧痛。去年他杀一只甲鱼时，活儿干得不利落，那只甲鱼临死前在他的小腿上狠狠地咬了一口，后来伤虽然好了，但每逢阴雨天旧伤还是会隐隐作痛。

那只神鳖悄然睁开眼睛，范小三与它四目相对，神鳖的眼神像小刀片一样，透出一种轻蔑，一种敌意。森森的寒意从它背上的斑纹发射出来，范小三感到脊背嗖嗖地冒凉气，他不由自主地移开视线，心里觉得邪气，他变得这么胆小，竟然害怕一只甲鱼，不敢和它对视。

“小师傅，把这只甲鱼卖给我吧。”于婆婆又说。范小三打量面前的老人，她穿着一件金丝绒夹衫，墨绿色的，款式是过去的老样子，对襟，一长串布扣从脖颈开始，经过左胸，弯到左边的胳肢窝，然后一直系到左边的腰际。老人满头银发，眼里流露出一种洞察人世的超常的平静。她全身上下都笼罩着慈悲和忍耐的光彩。范小三不由得改了口，“老太太，您要这只甲鱼，我就送给您吧。”

于婆婆淡然一笑，“我这么大年纪了，说话不能不算话，既然说是买就真买。”说完于婆婆从随身的蓝布兜里掏出一把钞票，有几张一百的，有几张十块的，还有几张毛票，也不数，都塞到范小三手里。

神鳖对于婆婆点点头，于婆婆稳稳地坐在它的壳背上。神鳖灵巧地爬了几步，突然加速，继而飞了起来，转眼间便消失得无影无踪。

人们目瞪口呆，对着一鳖一人远去的方向行注目礼。

据目击者说，它飞翔的姿势很像飞碟。

于婆婆来到玉泉河畔时，日已西斜。近了，近了，她蹒跚几步，猛地停下来，像尊雕像一样久久地凝视着玉泉河，这条她生命中的河。八十年的光阴，多少丝丝缕缕的日子如水流过。玉泉河也老了，河水在夕阳下泛着重金属的光泽，河岸上散发甲醛、硫酸和地沟油的气味，两条死鱼在距离她不远的河面上漂浮。一只麻雀从河边飞起，在老槐树上啼啭几声又飞走了。

于婆婆沿着河岸慢慢走，好像寻觅什么遗失的东西，只是走了一会儿，她感到疲倦，生命深处的疲倦，她走不动了，不得不坐在岸边一把供游人休息的木椅上。

于婆婆闭上眼，渐渐陷入冥想，她的眼前出现了波光粼粼的清澈的水面，出现了密密匝匝的青碧的荷叶，出现了随风摇曳的含苞的荷花，她的鼻端似乎嗅到了荷花的清香、丝丝的甜味，还有玉泉河特有的水腥味。她又清楚地看见那棵千年的老槐树，老槐树依然枝繁叶茂，当年她就是在这棵树下完成了脱胎换骨的蜕变，背叛了鲛人的部族，一切都是为了一个男人——从老槐树后面走出来一个人，是于默！他还是当年的模样，穿着笔挺的戎装，年轻俊朗，英气逼人，他全身被涂了一层蓝光，冷中带暖。他的目光依然柔情似水，他用一种非常温和轻柔的声音对她说："渌波，我一直在这里等你，我等了太久太久，不过没有关系，你来了就好了。"他向她走过来——如同激动人心、缠绵悱恻、千回百转的乐曲，在鼓乐齐鸣的最高潮的时刻戛然而止，于婆婆就在这时溘然而逝。

夕阳已经完全褪去了，薄雾般的暮色笼罩了整个玉泉河，也笼罩了河边孤单地逝去的女人，她的眼角有一滴晶莹的眼泪。

半幅《长相守》从她松开的手里掉落，一阵秋风吹过，卷着它无声无息地飞向绵绵远山，渐飞渐远，幻化于无。

十一

于婆婆家的电话铃一直响。

一下，两下，三下……八九下。

无人接。

隔了半天，电话铃又执著地响了。

一下，两下，三下……去哪儿了？怎么没人接。

赛纳河畔，若兰怔怔地攥着手机，脑子里有不祥的念头跳出来，她硬生生把那念头压下去。不，婆婆不会有事的。婆婆身体一直硬朗朗的，婆婆答应过，要等若兰回去看她。

又拨齐振江的号码,依然是那个冷漠的声音:“您拨的用户已停机。”

若兰给自己点着一根烟，深深地吸了一口。最近，准确地说自从她和齐振江失去联系以后，她学会了吸烟。她知道孕妇不能吸烟，尼古丁对胎儿有害，但她还是忍不住想吸。因为寂寞，所以吸烟，吸到后来，往往不知道吸的是烟，还是寂寞。她才二十六岁，她依然美丽年轻，不错，她的脸仍然无褶无纹，但褶子还是打进了她眼睛里，使她的眼神像清澈的湖水落了几片枯树叶，显出几分斑驳迷惘的光芒。

手机铃响，是小赵。小赵曾经帮着齐振江买房子送给若兰，在国内时，她和他谈不上有什么交情，此时听到他的声音却感到一阵温暖，好像他是她一个久别的亲人。小赵支支吾吾，顾左右而言他。怀疑像一朵蘑菇云拔地而起，越摊越大，罩紧了若兰的心头，她小心翼翼地调整着自己的喘息，打断小赵的话头，肯求：“告诉我，齐振江出什么事了？别担心，我能承受，我只想知道真相。”

沉默。终于小赵说：“齐振江因为涉嫌贿赂和贪污，已经被双规了。如果有人来找你调查情况，要懂得保护自己，哪些话该说、哪些话不该说，你要掂掂清楚……”

若兰眼睁睁看着手机从手上滑落，却没有力气去抓住它，浑身就像被抽了筋一样，没有一丝力气。

十二

数月之后，一场拍卖会在北京举办。

拍卖场很大，容纳得下近千人，参会的人很多，场景颇为热闹。随着一件一件物品以令人无语的高价被拍出，现场气氛变得如火山喷发般的沸腾。

中场短暂的休息后，下半场拉开帷幕。拍卖会的主持人随着灯光的移动缓缓出场，跟在她身后的是两个身材高挑的年轻姑娘，小心地抬着一个用红布遮住的东西。

看上去美艳、其实卸妆之后根本不堪入目的主持人环顾四周，好像先让大家猜测一下这件神秘拍卖品究竟是什么宝贝。待她觉得现场期待的情绪酝酿得差不多了，她才上前一步，轻轻揭开宝贝上遮的红布，露出它的真容。原来，那是一幅画，装了宽边涂金的画框，但是细看，这画分明不是笔墨所绘。

主持人娓娓道来："下面拍卖的是一幅绣品《长相守》，准确地说是半幅《长相守》，因为大家看得出，这幅绣品的边缘有断开的丝线，显然是被人剪过的。虽然是半幅，这种残缺却并不影响它的价值，相反会提升它的价值，就像半部《红楼梦》、断臂维纳斯一样。经过专家鉴定，这幅《长相守》应该在20世纪30年代完成，它不是一般的绣品，而是不可多得的珍品。绣者以针线代替笔墨，与书画同为一理，比书画有过之而无不及。这缎布上绣的片片荷叶、朵朵荷花、一弯碧水，还有这个帅哥军官，无不栩栩如生。尤其是这军官的眼神，分明是深情地凝视着一个人，但是他凝视的佳人在哪儿？因为只有半幅《长相守》，这就成了一个谜，一个美丽的谜。就像蒙娜丽莎神秘的微笑一样，因为无法破译才引无数人苦苦求索。”

所有人都屏住呼吸，近千人的会场此刻安静得落针可闻。

主持人莞尔一笑，说：“在这里，我很荣幸地告诉大家，《长相守》的谜已经破译了，这也是这幅珍贵的绣品为后人展示的最神奇的刺绣技法。谜底就在这帅哥军官的眼睛里。我用电脑 PPT 为大家演示一下，大家请看大屏幕。”

主持人熟练地动动鼠标，于是令人难以置信的一幕出现了：军官的眼瞳里隐藏着一个小小的图像，这图像被截取出来，经过放大处理，一个绝世美人的形象清晰地显现出来，她穿一袭华贵的旗袍，手执一把纨扇掩着嘴笑，美人的容颜、衣饰、神态那么鲜活，仿佛可以听见她银铃般的笑声，嗅到她幽兰般的气息。

“五十万人民币。”一个男子大声说，仿佛宣布有钱就是任性似的。

“五十万你个头啊，我出一百万。”有人很鄙视地看了他一眼，说道。

“二百万。”

“三百万。”

……

是，这半幅被拍卖的《长相守》正是于婆婆的《长相守》，根据物质不灭定律，它出现在这世界的任何一个角落似乎都不足为奇。至于它落于何人之手、谁将它送到这里拍卖以及种种细节则不得而知，也无从考证了。

最后，来自香港的一位不愿透露姓名的神秘男士以三千万人民币的价格拍到了这半幅刺绣奇珍。

这一天，在地球的另一端，于若兰在巴黎一家医院分娩了。

拂晓、清晨、上午、中午、下午、傍晚，用度日如年这个词形容已经远远不够了，每一分钟都是那么漫长。撕裂般地痛，痛，痛，她可以喊出来，她应该喊出来，可是她一声不吭。从她的眼睛里读不出爱恨和伤痛，她苍白的脸上看不出什么表情，她微裂的干燥起皮的唇角隐约浮现一抹诡异的笑意，冰凉到冷酷的笑意，她心情的晴雨表——耳朵，也是平静的颜色，没有任何生命体征的平静。模模糊糊地，她的脑海中掠过诗句：好一似食尽鸟投林，落了片白茫茫大地真干净。干净好，结束好，死亡好，一个爱慕虚荣的小三儿在异国他乡死于难产，这样的结局比较符合社会对她这类人的期许吧，若兰就在这时惨叫一声，昏迷过去了。

鲍威尔医生把若兰弄醒了，他用淡蓝色的眼睛注视她，问：“You are Japanese or Chinese?”

“Chinese.”

鲍威尔操着并不熟练的汉语在她耳边一字一顿地说：“凡事包容，凡事相信，凡事盼望，凡事忍耐。爱是永无止息。”这里不是教堂，于若兰也不是基督徒，她不可能知道这是《新约·哥林多前书》第十三章里的一段话。说不清为什么，像很多很多年前的渌波那样，若兰的眼睛里刹那间溢满了泪水。

一个女婴出生了。医生护士都松了口气，母女平安。

夕阳斜斜地映亮了新生女婴的脸，女婴睁开眼睛，露出一尘不染的白眼球和黑眼球。谁相信婴儿的眼睛什么都看不见，只有光感？她黑白分明的眼睛仿佛能看到人的内脏。

但是,有什么地方不对？在本该长着两条腿的地方,却有一条鱼尾，长满金色鳞片的鱼尾。

“Little Mermaid!”

“美人鱼！”